Raúl Eduardo Chao

Viejas Estampas Cubanas

Historias, costumbres y tradiciones de la Cuba Eterna. Relatos nostálgicos de una Cuba Libre que ha dejado de existir, y de caminos ya transitados que queremos retomar con estas lecturas, aunque nunca ni podamos ni pensemos volver atrás.

COLECCION CUBA Y SUS JUECES

DEDICATORIA

Ya no quedan testigos de
la Toma de Posesión de
Tomás Estrada Palma en 1902.
Son pocos los que recuerdan
la Caída de Machado en 1933,
pero no pocos los que no hemos olvidado
del día que Cuba cayó en las
zarpas del Comunismo en 1959.
Este es un libro escrito
por un sobreviviente y
dedicado a otros sobrevivientes,
sus hijos, sus nietos y todos
sus descendientes.

Sus nombres son Eduardo, Raúl, Sergio, Regina,
Rodolfo, Alberto, Sara, Olga, Alfredo, Maggie,
Tomás, Gloria, Alina, Dolores, María, Isis, Luis,
Andrés, Arístides, Jorge, Félix, Felipe, Marcos,
Zoila, Isabel, Mercedes, Vicente, Alex, Diana,
Jesús, Samuel, Antonio, Enrique, Emilio, Zenia,
Ada, Armando, José, Edel, Frank, Zoé, Nidia, Rafael,
Juan, Graciela, Irene, Francisco, Lourdes, Liliam,
Manuel, Julio, Viviana, Pablo, Carmen, Miguel,
Marta, Carlos, Alicia, Graciela, Sol, Augusto, Mirta,
Jacobo, Tere, Mario, Silvia, Ángel, y muchos otros.

La Cuba que conocimos, ya
no existe sino en nuestras
vidas y nuestras memorias,
pero nuestros descendientes la
recordarán por la emoción
conque siempre la hemos
evocado desde nuestro exilio.

EDICIONES UNIVERSAL, Miami, Florida, 2021

DEL MISMO AUTOR:

HISTORIA DE LA QUÍMICA INDUSTRIAL
TOTAL QUALITY AND PRODUCTIVITY MANAGEMENT
PERFORMANCE MANAGEMENT
STRATEGIC PLANNING
MANAGEMENT DEVELOPMENT
PROCESS IMPROVEMENT TEAMS
QUALITY STRATEGIES
GESTIÓN DE FUTURO

CONTRAMAESTRE
BARAGUÁ
POEMAS Y MEMORIAS DE CUBA
JIMAGUAYÚ
GUÁIMARO
FREEDOM EMBATTLED
COLONIAL CUBA
REPUBLICAN CUBA
EXILED CUBA
THREE DAYS IN MARCH
RAÍCES CUBANAS
ÁLBUM DE CUBA
RESCATANDO A MARTÍ
UN FESTÍN DE PALABRAS
DAMN THE REVOLUTION
MADAME SECRETARY
LA GRAN ESTAFA
LA MEMORIAS DEL ALMIRANTE CERVERA
MATANZAS EN LA INDEPENDENCIA DE CUBA
LA GUERRA DEL 1868
LA TREGUA FECUNDA
LA GUERRA DEL 95
OUR CONSUL IN HAVANA
EL DIARIO DE GUERRA DE MÁXIMO GÓMEZ
CUBA BAJO LA BANDERA NORTEAMERICANA
CUBA EN 1958
CUBA EN 1959
CATACLYSM OR HOAX
MARXISTS AT THE GATE
MARXISTAS EN LAS PUERTAS
CROWDS
¡VIVA ESPAÑA!
2020
LAND THAT WE LOVE
THE MARXISTS ARE ALREADY HERE
THROUGH THE NIGHT IN AMERICA
VIEJAS ESTAMPAS CUBANAS

**Cuando recordar no pueda, ¿dónde mi recuerdo irá?
Una cosa es el recuerdo y otra cosa recordar.**
Antonio Machado

**No debe borrarse el pasado por el mero hecho
de que no se ajuste al presente.**
Golda Meir

El pasado es sólo un prólogo.
William Shakespeare

**Deben ser mejores los sueños de un futuro
que la historia del pasado.**
Thomas Jefferson

**Nadie es lo bastante rico como para poder
comprar su pasado.**
Oscar Wilde.

**Mira hacia atrás, y sonríe a los
peligros del pasado.**
Walter Scott

**En la vida, solo puede recordar aquel que
ha estado prestando atención.**
Samuel Johnson

**El ayer no es más que el recuerdo de hoy,
y el mañana es el sueño de hoy.**
Khalil Gibran

**Los recuerdos son engañosos porque están
coloreados con los eventos del presente.**
Albert Einstein

**Todo el mundo se queja de su memoria, pero
nadie de su inteligencia.**
François De La Rochefoucauld

12 del mediodía, Plaza de Armas de Santiago de Cuba, 20 de Mayo de 1902.

Raúl Eduardo Chao

Viejas Estampas Cubanas

Historias, costumbres y tradiciones de la Cuba Eterna. Relatos nostálgicos de una Cuba Libre que ha dejado de existir, y de caminos ya transitados que queremos retomar con estas lecturas, aunque nunca ni podamos ni pensemos volver atrás.

Copyright © 2021 by Raúl Eduardo Chao

―――

Primera edición, 2021

EDICIONES UNIVERSAL
P.O. Box 450353 (Shenandoah Station)
Miami, FL 33245-0353. USA
Tel: (305) 642-3234 Fax: (305) 642-7978
e-mail: ediciones@ediciones.com
http://www.ediciones.com

Library of Congress Catalog Card No.: 2021936448
ISBN: 978-1-59388-321-8

Diseño de la cubierta: Luis García Fresquet

En la Cubierta:
Escenas de historias y tradiciones, lecturas y aventuras que los Cubanos disfrutaban en la Cuba Republicana y hoy recuerdan con nostalgia.

Todos los derechos son reservados. Ninguna parte de este libro puede ser reproducida o transmitida en ninguna forma o por ningún medio electrónico o mecánico, incluyendo fotocopiadoras, grabadoras o sistemas computarizados, sin el permiso por escrito del autor, excepto en el caso de breves citas incorporadas en artículos críticos o en revistas. Para obtener información diríjase a Ediciones Universal.

Índice Temático

Las Aventuras de dos Famosos Piratas Cubanos	13
La Habana bajo la Bandera Inglesa	19
Los Ciclones más raros y fuertes de la Historia de Cuba	25
La Inauguración del Teatro Tacón	31
En Cuba se fabricó el primer barco con propulsión de vapor	39
La Matinée en los cines de Barrio Cubanos	45
El Globo de Matías Pérez	54
Las Maravillosas Cuevas de Bellamar en Matanzas	60
Nos vemos en la Acera del Louvre	67
El Rescate de Sanguily	78
De Bijagual a San Lorenzo con Carlos Manuel de Céspedes	84
Antonio Maceo y la Protesta de Baraguá	94
La Sedición de las Lagunas de Varona	100
La Cabalgata de Don Tomás Estrada Palma	109
El Famoso Cañón de Villalón	118
Terminó como la Fiesta del Guatao	121
La Batalla por la Toma de Santiago	126
Los Repatriados Españoles al Terminar la Guerra del '95	133
Conversaciones entre Patriotas Cubanos durante la Guerra del '95	144
Lo que pasó después de la Explosión del Acorazado Maine	156
Jubilosos, los Cubanos presentan la Nueva Cuba al mundo	165
Los Pregoneros Cubanos	172
Los Cines de Cuba durante la República	178
La Visita de Einstein a La Habana	186
El Ras de Mar de Santa Cruz del Sur	192
La Reunión en que por poco "cepillan" a Batista	197
Chacumbele, el mismito se mató	205
Un famoso autor a la caza de Submarinos Alemanes en Las costas Cubanas	210
Los Terribles y Atroces sucesos del Reparto Orfila	216
La de Atrás viene Vacía	227
Las Rutas de Guaguas de La Habana	235
El Aldabonazo que Conmovió a Cuba	238
El Platillo Volador de La Habana	245
Irma, la Estigmatizada *que se pasó de rosca*	248
El Encuentro entre Castro y Lojendio	254

Introducción

Cuba ha sido siempre un espléndido lugar lleno de fantasías y contradicciones. Cuando Cristóbal Colón tocó la isla en su primer viaje exclamó *"Esta es la isla más bella que ojos humanos han visto..."* Los Cubanos siguen creyendo eso, a pesar de que Colón dijo lo mismo en **San Salvador** (Guanahani, en las Bahamas), **La Española** (Santo Domingo), y en **Tortuga**. En Cuba los Españoles se encontraron con varias clases de nativos, que llamaron *"Indios,"* por no saber a ciencia cierta donde estaban. Pronto encontraron allí los **Guanahatabeyes**, los más vagos de todos los ocupantes de Cuba. Vivían en cuevas en el oeste de Cuba, sin ganas ni necesidad de fabricar casas. Sólo se dedicaban a pescar, bailar y hacer el amor. Cerca de ellos los descubridores encontraron los **Siboneyes**, probablemente el grupo mayor de indígenas en Cuba. Decían los arqueólogos que el término Siboney con el cual designaron los Españoles a esa clase de indios, quería decir *"sin cerámica,"* lo cual ha sido impugnado recientemente.

Por alguna razón los Siboneyes trabajaban duro y los Españoles los asociaban con *"gente que suda mucho."* Tan es así, que en la industria azucarera del siglo XX, cuando hacía falta un obrero para vigilar un punto del ingenio donde había altas temperaturas, los ingenieros daban la orden diciendo *"ponme un siboney aquí..."* El tercer grupo grande de indígenas fueron los **Tainos**. Al igual que los Siboneyes, los Tainos construían y pernoctaban en casas que se conocían bajo el nombre de **bohíos**. Los Tainos decoraban las cuevas y las grandes piedras que encontraban en sus alrededores con dibujos multicolores y simbólicos, a los cuales se dio en años subsiguientes mucha importancia a pesar de nunca poderse descifrar sus significados. A propósito, esas expresiones artísticas fueron construidas en la época en que Miquel Ángel esculpía **La Pietá** en Roma.

Con la llegada de los Españoles, cientos de Tainos, escapándose de los abusos en una isla vecina, emigraron a la isla de Cuba. Entre ellos estaba el cacique **Hatuey**, que todos los Cubanos reconocen con cariño e inmortalizaron dándole su nombre la más famosa cerveza Cubana. Los abusos a los indígenas llamaron la atención del famoso sacerdote Sevillano **Bartolomé de Las Ca-**

sas. Antes de hacerse fraile Dominico e ir a Cuba, Bartolomé era estudiante de *La Universidad de Salamanca*, como correspondía a un descendiente del *Conde de Limonges*. Su padre, Don Pedro de las Casas, se unió a Colón en el segundo viaje, y trajo a España **600 indios** a su regreso. Uno de ellos se lo regaló a Bartolomé para que le sirviera. Más tarde, cuando Bartolomé se hizo fraile, trató infructuosamente de convertir a su indio al Cristianismo. Lleno de frustración decidió tratar de evangelizar a otros indios menos reacios al Evangelio, y en su primera oportunidad partió hacia el Nuevo Mundo.

Isabel I de Castilla patrocinó a Bartolomé en su viaje, pidiéndole que trabajara para evitar que se esclavizaran los indios y se les tratara como fieles súbditos de la corona. Al llegar a Cuba, Bartolomé tuvo la gran idea de traer negros esclavos a la isla para aliviar los trabajos que regularmente hacían los indios. Las Casas se convirtió en el paladín de los derechos de los indios en Cuba y al mismo tiempo en el primer propulsor de la importación de esclavos del África, la detestable **Trata de Negros**.

Fue esa la primera de muchas contradicciones que hicieron célebre a Cuba. En ningún lugar de las Américas se refería nadie a España como *"la madre patria..."* Tampoco a ninguna región del Nuevo Mundo los Españoles la proclamaron como *"la siempre fiel..."* Las estampas que se presentan a continuación son parte de esa tradición de fantasía y contradicciones que ha caracterizado la historia de Cuba.

Viejas Estampas Cubanas

Las Aventuras de dos Famosos Piratas Cubanos

En la Cuba del último cuarto del siglo XVI, el acelerado agotamiento de los lavaderos de oro, la drástica reducción de la población indígena, aniquilada por epidemias, y la Española embriagada por engrosar las múltiples expediciones para la conquista de México y el Perú, dio como resultado que fuera la ganadería la principal fuente de riqueza de la isla. A falta de oro, la carne salada y los cueros se convirtieron en las mercaderías que los pocos pobladores que quedaban en la isla se incorporaran al universo de riquezas que España había descubierto en el nuevo mundo.

De pronto, España hace de Cuba el punto de reunión de los barcos que navegaban hacia la península con las riquezas que se conseguían en tierras Aztecas e Incas. En La Habana se consolidaban los embarques de oro y plata llegados de otros puntos de las Américas y de allí salía la **Flota de Indias**, conocida también como **La Flota del Tesoro Español** o **La Flota Española**. El destino: **Sevilla** o **Cádiz**. Los productos transportados desde La Habana eran plata, oro, gemas, especias, cacao, tabaco, y frutas como fresas y aguacates, mientras que en el viaje de regreso la flota llevaba a Cuba telas, animales, semillas, muebles, correspondencia, aceite, vino, y además traían esclavos a La Habana que luego se mercadeaban a toda la América Española.

Las nuevas riquezas que llegaban a los puertos Cubanos para ser trasladadas a La Habana, crearon un serio problema de fechorías y prevaricación en los puertos de toda Cuba. Piratas, Corsarios, Filibusteros y Bucaneros comenzaron a asediar las costas de Cuba para asaltar los navíos que cargaban el oro del continente hacia La Habana. Aventureros y trotamundos como **Jacques de Sores**, **Francis Drake, Henry Morgan, Francisco Nau El Olonés**, y **Cornelis Cornelizon Jol**, alias "**Pata de Palo**," mantuvieron *"ojo avizor y arma en mano,"* por más de un siglo, mientras acechaban y asaltaban a los habitantes de la isla.

Como consecuencia de la rapiña de los piratas, Cuba comenzó

a prosperar. Una constante infusión de hombres de negocios, marinos, soldados y curiosos viajeros comenzaron a ir a Cuba, trayendo dinero contante y sonante que circulaba en abundancia por los bares y burdeles de La Habana, y de allí pasaba a los hoteles, casas de huéspedes, los establecimientos comerciales, y hasta las mismísimas iglesias y la población en general. También fluyeron en abundancia cuantiosos recursos destinados a financiar la construcción y defensa de las fortificaciones que, como el **Castillo del Morro** y la costosísima fortaleza de **San Carlos de La Cabaña**, guarnecían la bahía Habanera. Todo esto convirtiéndose en una *"danza colonial de los millones,"* la mayor e importantísima fuente de ingresos para Cuba que duró casi un siglo.

De entre los muchos Piratas, Corsarios, Filibusteros y Bucaneros que merodeaban a Cuba, se destacaron dos en forma muy peculiar, un pirata Cubano que se codeó con los grandes de esa actividad, **Diego Grillo**, conocido en su época como el "**Pirata Negro**," y un pirata *semi-Cubano* llamado **Gilberto Girón**, que hizo famoso el escritor Canario *Silvestre de Balboa y Troya de Quesada* en la que se considera primera pieza literaria escrita en la isla, **Espejo de Paciencia.**

Según contó Silvestre de Balboa *en* Espejo de Paciencia...

> *«... la cayería y el litoral de la Ciénaga de Zapata, en el centro de la isla, sirvieron como segura base de operaciones del famoso filibustero Cubano-Francés* **Gilberto Girón**. *En la soledad de la ciénaga ese bandolero de los mares abastecía sus naves con carnes saladas, cueros y otros productos mediante el contrabando que ejercía con los habitantes de las costas Cubanas. Un hecho, sin embargo, lo llevaría a la posteridad, a la muerte como paso previo a la posteridad. Sucedió en el año 1604, en Manzanillo, cuando secuestró al* **Obispo Fray Juan de las Cabezas Altamirano** *y al sacerdote* **Fray Puebla**, *exigiendo como rescate mil cueros curtidos, cien arrobas de carne, doscientos ducados de oro y otras enormes sumas.*
>
> *A favor de la liberación de los religiosos intervinieron dos contrabandistas, al parecer de origen italiano, ofreciendo las monedas que se pedían, pero con la condición de la presencia en tierra de* **Gilberto Girón**. *De ese modo el temible pirata cayó en la trampa y accedió a acudir a la*

*Imágenes, las naos de los piratas en procesión, el pirata **Gilberto Girón**, "El Pirata Negro," y una escena de **piratas distribuyendo** el botín.*

cita, acompañado de **Altamirano** pues prefirió que **Puebla** quedara en el navío.

Al mismo tiempo fue comisionado **Don Gregorio Ramos** al frente de una partida de más de veinte hombres armados y, prestos a efectuar el supuesto canje, ocurrió que los criollos armados atacaron a traición entablándose un feroz combate donde un esclavo, Salvador Golomón, suerte y valor que tuvo el negro, atravesó con un golpe de su lanza el pecho de **Gilberto Girón** quien, instantes después, fue decapitado y encajada su cabeza en una pica y paseada en triunfo...»

El Obispo **Altamirano** adjuntó el relato al informe oficial enviado al monarca Español. ***Espejo de Paciencia*** se convirtió en la versión Cubana de la *Ilíada* y la *Odisea*, un cantar de gesta y caballería, un engendro delicioso en el origen mismo de las letras Cubanas. Con el tiempo, el área de refugio de Gilberto Girón tomó como nombre geográfico su apellido, recordado hoy trágicamente como **Playa Girón**.

El otro pirata Cubano de renombre, fue **Diego Grillo**. Cuenta la leyenda que alrededor de 1560, un Conquistador Español que se dirigía a Tierra Firme, posiblemente en la actual Venezuela, conoció a una bella esclava Africana. De esta unión nació un niño que bautizaron Diego Grillo, nacido en La Habana y apadrinado por el Capitán Español Domingo Galván Romero. Diego fue criado en un entorno hostil, ya que nació esclavo. Cuando tenía trece años escapó de su casa huyendo del cautiverio. Se unió a unos Bucaneros Españoles que comerciaban en el litoral antillano, con los que adquirió grandes habilidades como marinero.

En 1572, su vida cambió cuando fue capturado en Isla de Pinos por el pirata **Francis Drake**, el cual vio a Diego con un gran carisma, audacia y espíritu aventurero, y terminó tomándolo bajo su tutela y llevándolo consigo a Inglaterra. Una vez allí, los ingleses se encariñaron con él, y a sus 22 años se convirtió en un ilustre marinero para la Casa Real, que le dispersaron innumerables honores por sus servicios. Más tarde, cuando su maestro pirata fue nombrado Almirante de Inglaterra, el criollo se dedicó a mandar su propio barco, con una tripulación compuesta por franceses, ingleses y holandeses, convirtiéndose en el azote de las naves de la metrópoli que navegaban en los mares Cubanos. Cuando Francis Drake murió, Grillo fue promovido a Capitán.

Por algún tiempo dejó las aventuras del océano, que le habían dado tanto oro y fama, pero tras ese descanso volvió a las Antillas acompañado por **Cornelio Jols**, uno de los más grandes y conocidos piratas de la historia. Juntos comenzaron una sangrienta etapa en la que atacaron navíos Españoles, matando a todos sus tripulantes. Llegaron incluso a capturar un convoy de once naves, lo que para cualquier otro pirata hubiera sido motivo de retiro para disfrutar las riquezas del botín.

Pero a **Diego Grillo** le faltaba un último golpe. En 1619 planificó y llevó a cabo el asalto a un convoy de seis fragatas en la bahía de **Nuevitas**, entonces refugio temporal de los barcos que se dirigían a España cargados de oro, batalla de la que salió enormemente rico y exitoso.

Después, de aquel acontecimiento, no se supo más de él, pero al parecer el botín fue de tan grandes magnitudes que Diego Grillo, el Pirata Negro, decidió desaparecer del mapa y dejar tras él, una leyenda que lo identifica como uno de los más grandes piratas que existió.

A pesar de ser terriblemente sanguinario, esto nunca afectó su trato como todo un caballero con las mujeres del vencido, algo que demostró lo acontecido con la viuda del Gobernador de Campeche, **Doña Isabel de Caraveo**. Después de haber saqueado aquella villa y para evitar los ultrajes a que estaba expuesta la dama Española por los demás piratas, Diego le colocó una guardia personal para ella, y la llevó a tierra sana y salva, cerca de **Campeche**.

El más mítico de los piratas Cubanos, en un viaje a bordo del galeón "*Persea*" asaltó y saqueó a **Nombre de Dios, Veracruz** y **Cartagena** y asedió **La Habana**, aunque cada vez que lo hacía, era simplemente para visitar y besar a su anciana madre, entonces una negra liberta, y aprovechar el viaje para acariciar algún que otro amor inolvidable.

Su nombre, al igual que el de **Gilberto Girón**, entró en la geografía Cubana con el bautizo del **Cayo de Diego** en la costa septentrional de Pinar del Río. Un merecido homenaje y recuerdo a quien durante muchos años mantuvo su acción por aquellas tierras y logró dejar una eterna huella como el más arrojado y mitológico pirata Cubano.

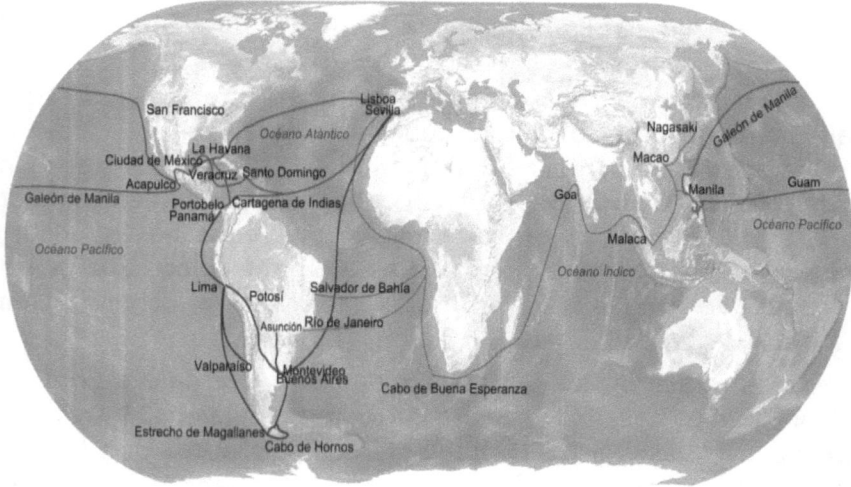

Imágenes: el presunto barco pirata de **Diego Grillo**, un *mapamundi* mostrando las rutas de los piratas alrededor del mundo, y un baúl lleno de Joyas y otras riquezas.

La Habana bajo la Bandera Inglesa

En la segunda mitad del siglo XVIII, el acontecimiento más importante en la historia de Cuba fue la ocupación de La Habana por los Ingleses. El 6 de Junio de 1762 se presentó frente a La Habana una flota comandada por el **Almirante George Pocock** y el **Conde de Albemarle**, desplegando la mayor parte de sus naves de guerra a la entrada de la bahía, pero manteniéndose a una prudente distancia de la artillería del Morro. Ya desde el siglo XVII los ingleses deseaban apoderarse de Cuba, pues la isla era un excelente punto estratégico para la navegación y el control militar del Hemisferio Occidental. La flota Inglesa consistía de 53 buques de guerra, barcos hospitales, y de carga, además de las embarcaciones dedicadas al transporte de unos 15,000 soldados, parte de un total de 25,000 hombres los que participaban en la operación. En el puerto de La Habana, para sorpresa de los Ingleses, había anclados 14 buques de guerra Españoles, una quinta parte del total de las fuerzas navales de España.

Al aproximarse la poderosa escuadra Inglesa, el gobernador de la isla, **Juan de Prado Portocarrero**, adoptó con celeridad las medidas de reforzar La Cabaña, envió tropas a Cojímar, puso en pie de guerra a todos los Habaneros, cerró la entrada del puerto con cadenas, y hundió 3 embarcaciones con el objeto de que sirvieran de obstáculo a las fuerzas navales Inglesas.

Los Ingleses, sin embargo, conocían muy de cerca las defensas de La Habana. El Almirante Inglés **Charles Knowles**, gobernador de Jamaica, había visitado La Habana en 1756, camino a Inglaterra, y había rendido a la corona Inglesa un minucioso informe de la topografía y los fuertes que protegían a la capital Cubana. La entrada directa por el puerto estaba descartada, y la estrategia indicada era dominar la loma de la Cabaña, desembarcando las tropas invasoras por la zona de Cojímar, enviando un batallón hacia Guanabacoa y otro hacia las alturas no fortificadas, con el objeto de hostigar la ciudad y atacar por detrás al Castillo de los Tres Reyes del Morro.

No había habido una mayor movilización militar y naval en las Américas hasta entonces. El 7 de Junio comenzaron las operaciones atacando **Cojímar** y **Bacuranao** para tener acceso a **Guanabacoa**, ocupar **la Cabaña**, y enviar las primeras fuerzas hasta el foso de El Morro. El 30 de Junio, gracias a una mina Inglesa que abrió una brecha en las paredes del Morro, cinco regimientos Ingleses, durante una hora, combatiendo cuerpo a cuerpo, entraron a tropel y ocuparon **El Morro**. En el esfuerzo perecieron del lado Español el **Capitán Luis de Velasco** y el famoso **Marqués González**. Caído el Morro, la ciudad se rindió en menos de una semana. El asedio duró exactamente 64 días.

Dos errores Españoles fundamentales contribuyeron al éxito Inglés. La Cabaña fue abandonada casi sin combatir. Las tres naves que fueron hundidas a la entrada del puerto inhabilitó a la enorme escuadra Española que descansaba en la bahía. En total, el ejército Español sufrió 3,700 bajas y los Ingleses más de 5,000. En el folclore criollo, el héroe de la jornada fue el regidor de Guanabacoa, **José Antonio Gómez de Bullones** (Pepe Antonio), que en realidad no hizo gran cosa desde el punto de vista militar.

La ocupación Inglesa, solamente ejercida en La Habana y sus alrededores, duró sólo once meses, hasta el 6 de Julio de 1763, cuando en virtud del **Tratado de París** se restauró la soberanía Española. En la práctica, la capital militar y política Española de la isla se mantuvo en los alrededores del Cie**nfuegos** de hoy, en la fortaleza de **Nuestra Señora de los Ángeles de Jagua**. La única autoridad representativa de la monarquía Española durante la ocupación Inglesa, fue don **Pedro Morell de Santa Cruz**, obispo de La Habana, al cual los Ingleses nunca molestaron.

La pérdida de La Habana significó un duro golpe para el gobierno de Madrid, reafirmando la hegemonía de **Gran Bretaña** alcanzada tras la Paz de Utrecht (1713). A partir de esta fecha, España pasó a ser en Europa una potencia de segundo orden, y durante todo el siglo XVIII, Ingleses y Franceses se disputaban el control del Nuevo Mundo, a pesar de ser España quien conservaba enormes posesiones en las Américas.

A pesar de la inminente caída de la plaza, las autoridades Españolas no tomaron ninguna medida para sacar de la capital los tesoros de la Corona ni los de los ciudadanos. El botín obtenido fueron varios millones de pesos en plata acuñada, once barcos de guerra intactos, considerables cantidades de azúcar, tabaco, cacao

Dos vistas de la **Toma de La Habana por los Ingleses**. *Al centro*, **George Keppel, Earl de Albemarle** (izquierda) y **Vicealmirante Sir George Pocock**, Comandante de las fuerzas Inglesas que ocuparon La Habana en 1762.

y cueros. Según las costumbres de la época, el **Conde de Albemarle** y el **Almirante Pocock** recibieron más de medio millón de pesos por la dirección de las operaciones, cada uno de los principales jefes recibieron el equivalente a **medio año de sueldo** como bono, cada soldado recibió **20 pesos**, y cada marino poco más que las gracias.

Durante la ocupación, el **Conde de Albemarle**, manifestó su codicia y avidez por las riquezas. Rehusó diferentes presentes como por ejemplo una **guacamaya**, aduciendo que sólo quería **plata**. Cuando algunos criollos adinerados reunieron 300 pesos para hacer un regalo a Albemarle, él lo rechazó aduciendo que una suma respetable debía ascender a por lo menos 1,000 pesos en oro, sugiriendo que se invitara al vecindario a contribuir, y que a los frailes se les asignara por lo menos 20 pesos.

Para los criollos Habaneros, los principales colaboradores con los Ingleses, considerados como traidores a la patria, fueron **Sebastián Peñalver**, lugarteniente del gobernador, y el Alférez Municipal y Teniente **Gonzalo Recio de Oquendo**. Ambos habían adquirido sus posiciones en recompensa por los servicios al nuevo gobierno de Inglaterra en La Habana, y formaban parte de un grupo de desleales o acomodaticios, que "... *prefirieron las bondades del vencedor poniéndose a su servicio, a las dificultades del vencido...* "

Desde el punto de vista comercial la capitulación de la capital Cubana significó el fin del monopolio de la **Real Compañía**, y la apertura del puerto de La Habana al comercio Inglés. Muy pronto desde América del Norte llegaron comerciantes en productos alimenticios, tratantes de caballos y granos, y desde Inglaterra, vendedores de lienzos, lanas y vestidos. Se estableció un activo comercio con las colonias Británicas en toda la América, siendo el **tráfico negrero** el más importante. Ya en 1762 estaba desarrollada una cierta demanda de esclavos en Cuba, pero durante la ocupación se adquirieron 3,262 negros bozales, "*comprados por los vecinos, unos para haciendas y otros para negociar con ellos...*" Un comerciante inglés de apellido Kennion, por ejemplo, recibió autorización para la importación exclusiva de 2,000 esclavos. Durante la ocupación, en La Habana entraron más de **700 barcos mercantes**, cuando nunca en todo un año habían entrado más de 15. De estos barcos sólo **20 eran negreros**, la cuarta parte eran navíos de la América del Norte inglesa, el resto o traían suministros, o evacuaban soldados.

A pesar de eso, los Ingleses no se favorecieron grandemente de la ocupación de La Habana. La falta de beneficios espectaculares fue uno de los motivos que permitió la restitución de la plaza a España. De hecho, los **agentes negreros Ingleses**, por ejemplo, permanecieron en La Habana, después de la devolución de la plaza, poniéndose al servicio de la Real Compañía para la introducción de esclavos.

Durante la ocupación, sólo el **Obispo de La Habana** fue capaz de mantener una actitud desafiante frente a los Ingleses, especialmente con el propio **Conde de Albemarle**, que reiteradamente quería hacer tributar al estamento eclesiástico. Albemarle, en una misiva dirigida al Obispo, le expresó la necesidad de que ofreciera un donativo al gobierno Inglés en aras de una convivencia en concordia. La respuesta del Obispado fue negativa, tanto por la obligatoriedad del "*donativo*" como por el estado ruinoso de la hacienda eclesiástica, que por causa de la guerra, tuvo que entregar las **campanas** de las iglesias al gobierno Inglés. Según costumbre y reglas de las guerras en Europa, cuando una ciudad se rendía por capitulación, estaba obligada a entregarle las campanas y otros objetos metálicos similares al gobierno invasor, o acceder al pago de una suma acordada. El Obispado en Cuba pagó el día 6 de Septiembre unos 10,000 pesos en oro al gobierno Inglés por ese concepto.

Entre los muchos conflictos durante la ocupación Inglesa, uno de los más ásperos ocurrió el 25 de Octubre cuando, campanas o no, Albemarle le planteó un ultimátum al Obispo para que entregara una lista de las Iglesias de La Habana, que le permitiera a Albemarle escoger una y convertirla a la Iglesia Anglicana. El obispo Morell, consciente de su precaria situación, decidió apelar al propio Rey Británico, pero como tampoco quería que su acción fuera considerada como desleal en Madrid, también se dirigió a Carlos III para ponerle al tanto de la situación. Esta actuación precipitó el conflicto **Albemarle-Morell**, dado el gobernador inglés sintió lesionada su autoridad.

En términos generales, la ocupación Inglesa abrió nuevas perspectivas económicas; el comercio se amplió y la introducción de unos 5,000 esclavos en sólo once meses estimuló la producción azucarera. La restauración Española fue acompañada de medidas económicas favorables, que estimularon la fundación de nuevos ingenios. En 1779 había en Cuba más de **600 ingenios**, con una producción total de cerca de **5,600 toneladas**, que abastecía íntegramente el consumo de España. La producción siguió aumentando hasta duplicarse en diez años, pero el mercado Español era limitado, y surgió una crisis de superproducción. La rebelión de Haití, sin embargo, creó en 1792 nuevas condiciones favorables para Cuba.

La conquista de La Habana puso en evidencia la vulnerabilidad del imperio Español y conmocionó profundamente a la Corona, pero a la vez actuó como estímulo para la puesta en marcha del programa reformista de Carlos III. De hecho sirvió también para abrir los ojos a España y hacerle ver las posibilidades económicas de la isla de Cuba. Gracias a las medidas tomadas y los cambios producidos a raíz de tal suceso, Cuba, comenzó a ser considerada como la "**Perla del Caribe**".

Arriba: **42nd Highlanders** y **British Granadiers**, parte de las fuerzas Inglesas que ocuparon La Habana en 1762; *debajo*, una caricatura que, por sus uniformes rojos, se refiere a los soldados Ingleses como **"los mameyes..."**

VIEJAS ESTAMPAS CUBANAS

Los Ciclones más raros y fuertes en la Historia de Cuba

La temporada de ciclones en Cuba se extiende desde el 1 de Julio hasta el 30 de Noviembre. Octubre es el mes de la temporada de huracanes que estadísticamente representa el mayor peligro para Cuba y toto el Caribe occidental. Tanto es así, que desde 1799 al 2021, o sea en 222 años, **más de 40 huracanes** han azotado a Cuba en Octubre, mucho más que en cualquier otro mes de la temporada. Más aun, una gran parte de esos huracanes han sido de gran intensidad, con las Categorías **Saffir-Simpson** de **3** a **5**.

Octubre es el mes de transición entre el verano que va terminando y el invierno que se aproxima. Las aguas del Mar Caribe se mantienen todavía muy calientes y se encuentran con ráfagas de aire a gran altura, los llamados **frentes fríos**, que avanzan de Oeste a Este por sobre el continente Americano.

En Octubre, más que en ningún otro mes del año, es que se forman en el Caribe esas grandes áreas de **bajas presiones** con lluvias, chubascos y tormentas eléctricas que se conocen como **ciclones tropicales**. Las presiones van cayendo paulatinamente y el área de lluvias se concentra. El sistema que se va formado como ciclón tropical se traslada lentamente durante algún tiempo, y cuando penetra del noreste al suroeste, se fortalece con el calor del mar y se convierte en un **huracán**, que busca salida hacia el norte y el noroeste, la dirección en que encuentra Cuba.

En el siglo XIX, el primer gran huracán de importancia comenzó el **26 de Octubre de 1810**, la llamada **Tormenta de la Escarcha Salitrosa**, que resultó ser un terrible huracán nunca antes o después registrados en la historia. Debió su nombre a que al pasar el viento a gran velocidad sobre el mar frente a las costas de La Habana, succionaba agua del mar para depositarla en tierra. La *lluvia salada,* fue intensísima y prolongada durante 12 días. El nombre del evento surgió en Pinar del Río, donde el suelo quedó cubierto por una capa de sal resultante del agua de mar transportada por las rachas. En La Habana se midió una mínima barométrica de 993 milibares; las olas destrozaron la Calzada de San Lázaro, dejándola intransitable, mientras el oleaje alcanzaba 25 pies de altura sobre las astas de las banderas de la **Fortaleza de La Punta** en La Habana, según los registros de la marina Española.

Las olas sobrepasaron a las fortalezas de **El Morro** y **La Punta**, y destrozaron almacenes y depósitos del *Real Arsenal*. Varias embarcaciones fueron llevadas por el mar hasta la esquina de **Obispo** y **San Ignacio**, a 100 metros de la costa. San Lázaro y todo el litoral de **El Vedado**, entonces en extramuros, sufrieron inundaciones, no por la lluvia, sino por invasión del mar. Muchas casas fueron destrozadas, destruidas o llevadas flotando hacia el mar por las aguas. Se perdieron 70 buques en la bahía de La Habana. La crónica de la época contaba que *"las olas del mar, dando en la costa y en las murallas de la ciudad, eran arrebatadas por el huracán y esparcidas a largas distancias en la tierra..."*

La **Tormenta de la Escarcha Salitrosa** fue opacada, también en Octubre, por el más intenso huracán que haya azotado las costas Cubanas, el desastroso huracán llamado la **Tormenta de San Francisco de Borja**, del **10 al 11 de Octubre de 1846**. La presión atmosférica, que normalmente es de alrededor de 1013 a 1015 milibares, se redujo a 916 milibares, un nivel récord de todos los tiempos para Cuba. Como es sabido, la baja presión ambiental puede afectar la salud al provocar episodios coronarios.

Otros ciclones que han abatido la isla de Cuba y producido grandes estragos, se han registrado a lo largo de la historia.

La **Tormenta de San Francisco de Borja** ha sido el único huracán **Categoría 5** que ha atacado la ciudad de La Habana en la historia conocida. La capital fue azotada por vientos huracanados durante casi 20 horas. La velocidad aproximada del viento fue de **160 millas por hora**, basado en las medidas de la presión, pues no había entonces medición de directa de las velocidades del viento. Las rachas se estimaron en el orden de **210 millas por hora**. Los vientos más intensos se extendían unos 25 millas a ambos lados de la trayectoria; la circulación del huracán era **gigantesca**, y los vientos huracanados se registraron hasta una distancia de 125 millas al oeste del centro y 170 millas hacia el este, es decir que cubrían casi la mitad de la isla. Cabe señalar que sólo dos años antes, en **Octubre 4 al 5 de 1844**, otro terrible huracán conocido como la **Tormenta de San Francisco de Asís**, con **Categoría 4**, había azotado a La Habana causando enormes daños y destrozos.

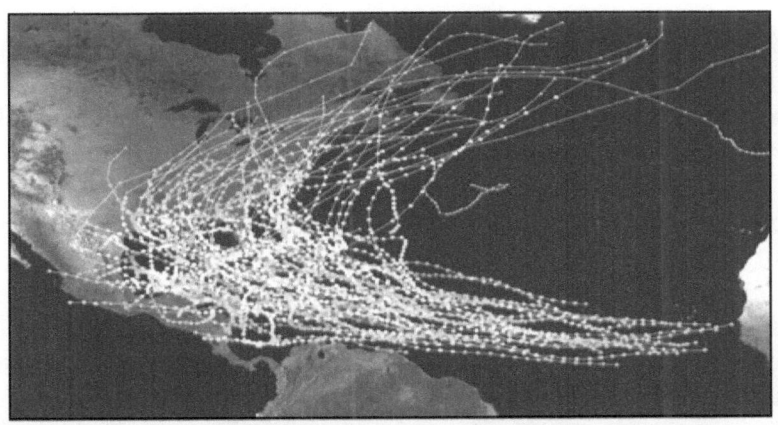

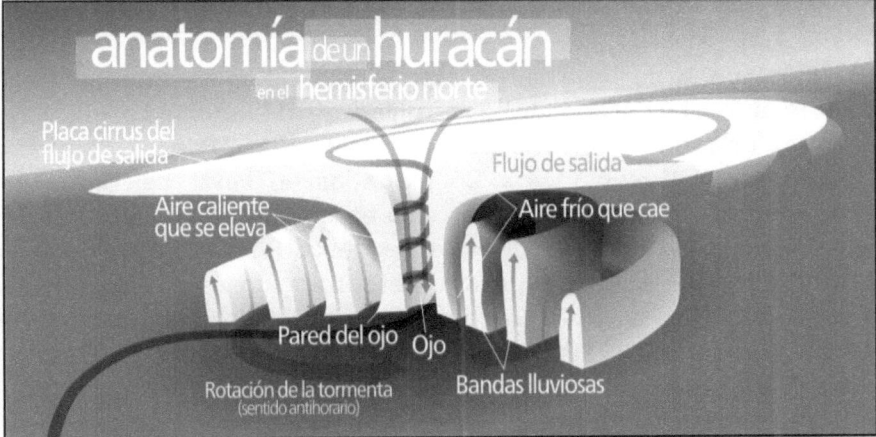

Trayectorias de **Huracanes** que han afectado a Cuba; la **Anatomía de un Huracán**; una imagen publicada en la revista Madrileña *La Ilustración Española y Americana* de **La Tormenta de la Escarcha Salitrosa**.

El peor desastre en el siglo XIX, sin embargo, fue el llamado **Huracán de San Marcos**, ocurrido entre el **7 y el 8 de Octubre de 1870**. La tormenta atacó violentamente la ciudad de **Matanzas**, causando a su paso más de 800 muertes.

Durante el siglo XX, como en el XIX, fue en el mes de Octubre cuando más frecuentes y poderosos resultaron los huracanes en Cuba. El primer gran huracán de la recién estrenada República fue el famoso **"Huracán de los 5 días"**, del **13 al 17 de Octubre de 1910**. Fue un intenso y desastroso ciclón, **Categoría 4**, que curiosamente cruzó una segunda vez por la misma zona de Pinar del Rio, cinco días después del primer azote. El *New York Times* lo calificó como "... *el desastre material más grande de la historia de Cuba...*"

En La Habana se registraron rachas de 130 millas por hora, a pesar de que el centro estaba a millas de distancia. Las lluvias fueron prolongadas y torrenciales, entre el **14 y 18 de Octubre**; 17 pulgadas en Casablanca y 26 pulgadas en Pinar del Río. Fue uno de los desastres más grandes que han ocurrido en Cuba, aunque el número exacto de muertes se desconoce. Tan ancho fue este huracán que los dos expertos meteorológicos de Cuba difirieron en sus opiniones. **Luis García Carbonell**, director del *Observatorio Nacional* en 1910, mantuvo el criterio de que el **Huracán de los 5 días** había sido un solo huracán. El **Padre Gangoiti SJ**, del *Observatorio del Colegio de Belén* en La Habana, declaró que habían sido dos ciclones consecutivos, uno inmediatamente después del otro. En la opinión del **Weather Bureau** de los Estados Unidos, entonces operando como dependencia del Departamento de Agricultura, el fenómeno se interpretó como dos ciclones consecutivos que atravesaron de sur a norte, uno tras otro, en la zona de Pinar del Río, dándole la razón al **Padre Gangoiti**. Por otra parte, **José C. Millás**, el meteorólogo Cubano, entonces ya dedicado al estudio de ciclones, logró demostrar fehacientemente que había sido un sólo y único huracán, que había descrito una trayectoria en lazo, pasando dos veces por el mismo lugar, dándole la razón a Luis García Carbonell. Eventualmente el *Weather Bureau Americano* aceptó como correcta la trayectoria propuesta por García Carbonell. A partir de entonces se comenzó a llamar **La Recurva de Millás**, a ese tipo especial de trayectoria de huracán.

Al **Ciclón de la Recurva**, le siguieron el célebre huracán de **Octubre 20 de 1926**, **Categoría 4**, que ocasionó grandes inundaciones y un verdadero desastre en La Habana, con un saldo de 600 muertes; y el también célebre gran huracán del **18 de Octubre de 1944**, de **Categoría 4**, con una enorme área de vientos fuertes, que llegaron a tener rachas de 165 millas por hora, ocasionando 300 muertes en plena Habana. Sucedidos con 18 años de diferencia, es curioso cómo la gente suele hablar de ellos casi siempre juntos. La causa es que fueron los dos ciclones más tristemente célebres de ambas épocas, debido fundamentalmente a la cantidad de personas que murieron como consecuencia de su impacto.

Entre los huracanes del siglo XX, estuvo también el trágicamente célebre huracán **Flora**, que del **4 al 8 de Octubre de 1963** produjo torrenciales lluvias sobre las provincias de Oriente y Camagüey, con un acumulado máximo de 30 pulgadas en un solo día. Ocasionó inundaciones sin precedentes en el este de Cuba, arrasando poblados enteros. Fallecieron 1,157 personas y es considerado el segundo desastre natural de mayor envergadura ocurrido en la isla, después del provocado por el intenso huracán del **9 de Noviembre de 1932** en Santa Cruz del Sur, Camagüey.

La *"regla de los peores ciclones se dan en Octubre,"* parecía estar fallando en el siglo XXI. **Michelle** fue en Noviembre de 2001, **Charley** e **Iván** en Agosto y Septiembre de 2004, respectivamente; **Dennis** en Julio de 2005, **Gustav** en Agosto de 2008, mientras **Ike** y **Paloma** tuvieron lugar en Septiembre y Noviembre de 2008. La anomalía se deshizo en la segunda década del siglo. **Sandy** corroboró la regla entrando como **Categoría 3** por un punto de la costa sur de Santiago de Cuba en 2012, causando daños materiales considerables. Luego lo haría **Matthew** con **Categoría 4**, al cruzar el extremo oriental del país durante la noche del **4 al 5 de Octubre de 2016**.

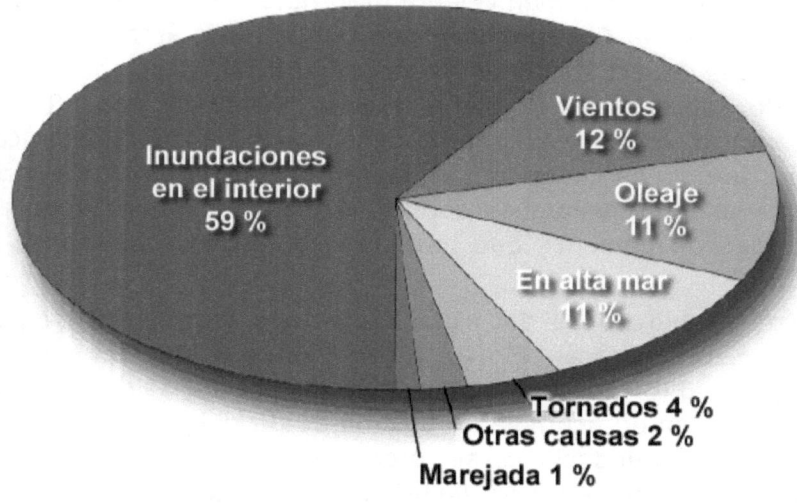

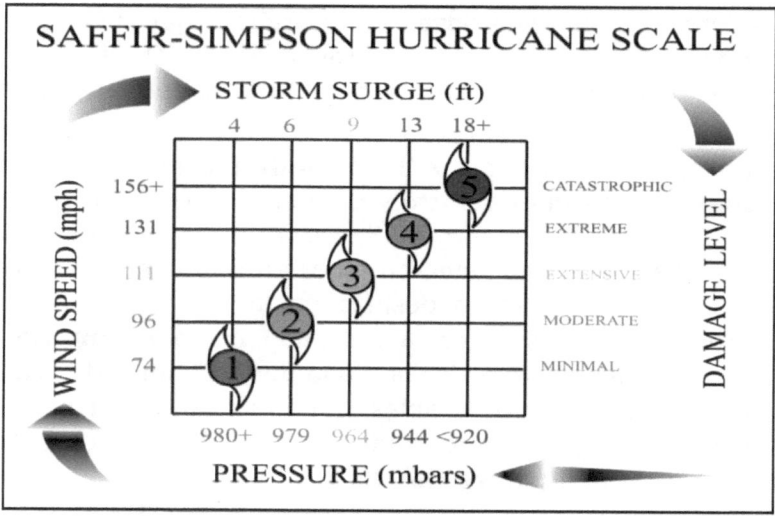

Estadísticas sobre las **muertes producidas por ciclones**; la **escala Saffir-Simpson** que mide la fortaleza de los ciclones, hoy utilizada en el mundo entero, y dos **fotos de Saffir y Simpson**.

La Inauguración Del Teatro Tacón

1838

1834, La Habana solo contaba con una gran sala de espectáculos, el **Teatro Principal**, ubicado al lado de la Alameda de Paula. Dado que el *Principal* tenía una limitada capacidad, el general **Miguel Tacón y Rosique**, Marqués de la Unión de Cuba, gobernador de la isla, encargó la construcción de otro teatro a su amigo **Francisco Marty Torrens**, un empresario catalán, que había llegado a Cuba *"sin un duro y casi analfabeto,"* pero que con el tiempo, gracias al negocio de la trata de esclavos y al mercado de la pescadería, se convirtió en uno de los primeros millonarios de Cuba.

Tacón ofreció para la construcción del teatro toda la piedra de las canteras del Gobierno que fuese necesaria, un solar bien ubicado donde podía edificarse el edificio, peones, brazos de presidio y todos los materiales y, para levantar fondos, las entradas de seis bailes de máscaras durante los carnavales de 1832. El arquitecto fue **Antonio Mayo** y los famosos escultores, el italiano **Giuseppe Moreti,** y el Americano **Geneva Mercer,** estuvieron a cargo de las esculturas. Mas tarde tuvo diferentes dueños, y cambió su nombre por el de **Teatro Nacional** con el establecimiento de la Republica en 1902.

Francisco Marty, por su parte, ofreció desembolsar 200,000 pesos fuertes en oro, y dirigir y supervisar las obras de construcción. El edificio fue localizado en la esquina del Paseo del Prado y San Rafael. Aunque extramuros, estaba situado frente a la puerta de Monserrate y tenía al frente el parque y la estatua de Isabel II.

Los planos del Tacón tenían mayor elegancia y capacidad que el *Teatro Real de Madrid* y el *Liceo de Barcelona*. En el interior, tres órdenes de palcos, noventa en total, y dos graderías: **tertulia** y **cazuela**, un conjunto de asientos de los pisos más altos. En la platea, 520 lunetas tapizadas con exquisito terciopelo. Contaba además con un espacioso y elegante palco para el *Capitán General*. La capacidad normal del teatro era de 2,000 espectadores, pero podía admitir unas 500 personas más en caso de necesidad. La sala era famosa por su *acústica*, por una monumental *araña* regalada por **Miguel Aldama**, un innovador sistema de *telefonía* *interior* diseñado por **Antonio Meucci** que conectaba el escenario, la taquilla, la tramoya y la oficina del gerente, y por su enorme *escenario*. El techo era a cuatro aguas, y el frente que daba a la Alameda del Prado tenía un pórtico dórico de tres arcos sobre pilares con columnas adosadas, sencillas en el centro y dobles en los extremos.

El Tacón ocupaba una superficie de más de 6,000 metros cuadrados, teniendo por el frente tres puertas, seis por la calle San Rafael y tres por la de Consulado y dos que dan a la de San José. En el interior del teatro, la platea y el escenario medían 140 pies de largo, por 68 de ancho y la embocadura 60. Las localidades eran: 56 palcos en dos pisos, 112 butacas en el tercer piso, 552 lunetas, 101 sillones delanteros de tertulia, 500 asientos de tertulia, 102 sillones delanteros de paraíso, 500 asientos adicionales.

En total el teatro daba cabida a 2,287 espectadores, que sumados con 750 más que podían colocarse de pie detrás de los palcos, hacían un total de 3,000 personas asistiendo a una función. El alumbrado constaba de 1,034 quemadores de gas; el decorado eran 751 telones, bastidores, bambalinas, etc.; la sala de armas poseía 605 piezas de diferentes clases; el guardarropa 13,787 trajes; los muebles y útiles de escena llegaban a 782; el archivo guardaba más de 1,200 libretos de obras líricas y dramáticas. No se habían escatimado gastos en la construcción e instalación.

La inauguración fue planeada para el 15 de Abril de 1838, con la puesta en escena de la comedia de cinco actos de Casimir Delavigne "*Don Juan de Austria o la vocación*," protagonizada por el entonces famoso actor Cubano **Francisco Covarrubias**. Previa a esa primera presentación, en los salones del teatro se dio un baile de carnaval el 28 de Febrero, con el objeto de terminar la recaudación de fondos de construcción. La inauguración del teatro incluyó cinco bailes de máscaras durante el primer domingo de Carnaval. Se dice que por el interior del teatro pasaron más de 8,000 personas y en los alrededores se movieron inquietos por no poder entrar, no menos de 15,000 aficionados.

En esos tiempos **Miguel Aldama** andaba por Paris visitando **a Carlos Manuel de Céspedes** y su esposa y prima **María del Carmen** de Céspedes y Loynaz del Castillo, ambos en un viaje de luna de miel luego de haber terminado Carlos Manuel su carrera de Derecho en la Universidad de La Habana. En su residencia de la *Rue de Jacob* en París, María del Carmen recibía clases de piano del virtuoso **Fréderic Chopin**, entonces exiliado de Polonia. Cho-

Tres imágenes del **Teatro Tacón**, en los años de su inauguración.

pin, hijo de un Francés que había emigrado a Polonia en 1787, se sustentaba dando algunos conciertos en París pero, principalmente, vendiendo sus composiciones. Céspedes fue en un tiempo su agente y abogado, mientras Chopin aumentaba sus entradas dando también lecciones de piano, por las que tenía una gran demanda.

Chopin desarrolló una estrecha amistad con Carlos Manuel y María del Carmen y, al conocer la inauguración del **Teatro Tacón** en La Habana y los detalles de su esplendor, aceptó la sugerencia de Carlos Manuel de inaugurar el teatro con una de sus presentaciones. El único requisito que Chopin le pidió a los Céspedes fue que se aseguraran que el teatro adquiría un piano **Pleyel**, un renombrado instrumento musical fabricado en Francia desde 1807 por **Camille Pleyel**, muy utilizado por todas cortes Europeas y preferido por los grandes compositores y pianistas. Aldama gustosamente financió el gran Pleyel que Chopin escogió para el Teatro Chacón y Francisco Marty lo recibió en La Habana unos días después de la fastuosa inauguración.

Desafortunadamente, Chopin tuvo que cancelar a última hora su debut en La Habana. Por las mismas razones que sus conciertos fueron muy limitados en Europa, su viaje a La Habana fue cancelado por sus médicos y su compañera **George Sand** (Aurore Dupin). Sus conciertos ya estaban restringidos a una sola presentación anual en la **Salle Pleyel** de Paris, con una capacidad máxima de 300 personas, y a recitales en sus apartamentos con pequeños grupos. Sus viajes eran limitados al **Festival Musical de Aix-la-Chapelle**, con Berlioz, Liszt, y Mendelssohn, y a **Mallorca**, su lugar de descanso favorito. Meses después, con la ayuda de sus leales admiradores, se mudó al *Hôtel Baudard de Saint-James* en la *Place Vendôme*, donde murió a la edad de 39 años. Los Céspedes ya se habían ido de Paris.

Francisco Marty vendió el edificio en 1857 en 750,000 pesos fuertes a la *Compañía Anónima del Liceo de La Habana*, que entre los años 1858 y 1859 lo cerró para mejorarlo y embellecerlo. Al construirse en 1910 el **Centro Gallego de La Habana**, a un costo de $1.8 Millones de dólares, esta sociedad erigió todo un edificio alrededor del **Teatro Chacón**, en estilo neobarroco, y tomando como modelo las construcciones del Barroco Europeo, por lo que abundan las tallas y esculturas en piedra. La adquisición del Tacón fue con el compromiso de respetar la configuración interna.

Muchas personas asiduas han pensado que las modificaciones realizadas en la estructura malograron un tanto su magnífica acústica.

A tal nivel llegó el lujo de Tacón que por la época se cantaban unas coplas, en las que se decía...

> «...tres cosas tiene La Habana que no las tiene Madrid: El Morro, La Cabaña y la araña del Tacón...»

...refiriéndose a la enorme y llamativa lámpara de vidrio de Murano estilo araña, que **Miguel Aldama** compró en París y regaló al Tacón. Esta colgaba sobre la platea y en más de una ocasión sufrió la ira del público furioso por la mala calidad de una obra.

Durante el siglo XIX, el momento más trascendental que impactó a la sociedad Habanera fue la coronación de **Gertrudis Gómez de Avellaneda** el 27 de Enero de 1860, en el Teatro Tacón. Según las crónicas de la época, ese día, desde horas tempranas, una oleada de coches fue dejando a las puertas del teatro, que era sin lugar a dudas el mejor de las Américas, a los admiradores de la Cubana que 23 años atrás había dejado la Isla, y que luego de alcanzar fama y prestigio en España y Europa, regresaba para ser coronada como la más grande poetisa de la literatura Hispanoamericana.

Por sus escenarios, bajo el nombre de **Teatro Tacón** o **Teatro Nacional** han pasado las grandes compañías de óperas Italianas y Francesas y de zarzuelas Españolas, y las más importantes figuras del espectáculo del mundo como el tenor **Tita Ruffo**, el contrabajista **Giovanni Bettesini**, las actrices **Sarah Bernhardt** y **Eleonora Duse**, las sopranos **Adelina Patti** y **Victoria de los Ángeles**, el tenor **Enrico Caruso**, los bailadores **Carmen Amaya, Antonio Gades, Ivette Shuviret, Maya Plisetkaya, Vladimir Vassiliev** y **Ekaterina Maximova** con sus compañías, los músicos **Teresa Carreño, Louis Moreau Gottschalk, José White, Ignacio Cervantes, Arthur Rubinstein** y **Serguei Rachmáninov**, prestigiosos grupos Españoles como **Cabalgata** y **Coros de España**, y grandes estrellas Cubanas de la eminencia de **Rita Montaner** con **Panchito Naya, Marta Pérez**, así como el gran maestro **Ernesto Lecuona**, entre otros tantos, así como las grandes películas Españolas de CIFESA, **El Clavo, Agustina de Aragón, Alba de América, Pequeñeces, Locura de Amor, Eloisa esté debajo de un Almendro,** y **Malvaloca**.

Arriba, el interior del **Teatro Tacón** en el siglo XIX;
al centro, el día de la inauguración del teatro dentro del **Centro Gallego**;
debajo, la famosa lámpara de araña que **Miguel Aldama** regaló al Teatro Tacón para su inauguración.

Fotos del lujoso interior y el extraordinario exterior del **Teatro Tacón**, que con los años se transformó en el **Teatro Nacional de Cuba**.

Os Pinos.

Que din os rumorosos
na costa verdecente
ao raio transparente
do prácido luar?
Que din as altas copas
de escuro arume arpado
co seu ben compasado
monótono fungar?

Do teu verdor cinguido
e de benignos astros
confín dos verdes castros
e valeroso chan,
non des a esquecemento
da inxuria o rudo encono;
desperta do teu sono
fogar de Breogán.

Os bos e xenerosos
a nosa voz entenden
e con arroubo atenden
o noso ronco son,
mais sóo os iñorantes
e féridos e duros,
imbéciles e escuros
non nos entenden, non.

Os tempos son chegados
dos bardos das edades
que as vosas vaguedades
cumprido fin terán;
pois, donde quer, xigante
a nosa voz pregoa
a redenzón da boa
nazón de Breogán.

Nazón de Breogán

EDUARDO PONDAL
Eduardo María González-Pondal Abente
No centenario do seu pasamento
1917-2017

Antonio Meucci

Antonio Meucci invented the *telephone.* He was born in Florence in 1808. He was admitted to *Florence Academy of Fine* where he studied chemical and mechanical engineering.

Una poesía de **Eduardo Pondal** celebrando la inauguración del **Centro Gallego** y homenajes a **Antonio Meucci**, inventor de los teléfonos que conectaban en 1838 las diferentes áreas del **Teatro Tacón**.

En Cuba se fabricó el primer barco con propulsión de vapor de agua.

1849

Viisitar el pueblo Cubano de **Sagua La Grande** es como hojear las páginas amarillentas de una importante y nunca olvidada novela mágica. La ciudad ostenta dos grandiosas iglesias: la **Purísima Concepción**, fundada en 1860, con frescos, vidrieras y mármol, y "... *enmarcada por calles que terminan en una plaza eclipsada por árboles centenarios de llamas amarillas,*" según cuentan las crónicas de la época; y la **Iglesia del Sagrado Corazón de Jesús**, construida en 1908, para dar albergue a los jesuitas desterrados que volvían al apostolado en la isla.

En la historia de Cuba, muchas cosas de importancia se lograron por primera vez en **Sagua la Grande**: el primer sistema de **alcantarillados** y cloacas que se instaló en Cuba y que aún presta servicio; la primera ciudad que **pavimentó** completamente sus calles, con cunetas, aceras, y jardines; la primera localidad Cubana que tuvo sus **propios ferrocarriles** para conectarse con el puerto de Isabela de Sagua; una de las primeras ciudades Cubanas con un **acueducto moderno**; el lanzamiento de la primera **publicación periódica dedicada a las ciencias** que se publicó en 1883 fuera de la capital Cubana, *"El Eco Científico de Las Villas"*; la apertura del primer **colegio laico** del interior de la isla; la primera **red telefónica** fuera de La Habana; la primera **farmacia**, *Nuestra Señora de Regla*, fuera de la capital; el primer **casino** en el interior de Cuba, el *Casino Chung Wah, fundado en 1880*; la primera **banda de Jazz**, establecida por Cubanos en Cuba, la *Sagua Jazz Band de Pedro Stacholy, fundada en 1914. Inspirado en el Jazz Americano, cuando Stacholy regreso a Sagua lo primero que hizo fue crear una orquesta de Jazz antes que La Habana la tuviera cuando allí se creó la Cuban Jazz Band en 1922*. Primicias de Sagua fueron también la apertura de una de las primeras **fundiciones de acero** de Cuba, la instalación de **alumbrado en las calles** más importantes de la ciudad; ser una de las primeras ciudades Cubanas donde se fundó el primer **Concejo Congo**, el *Cabildo Kunalumbo*, agrupando antiguos esclavos de procedencia Conga o Bantú. Sagua fue también la primera ciudad del interior del país **visitada por Federico García Lorca** entre los a días 22 y 30 de Marzo de 1930; tuvo la primera **estatua dedicada en Cuba a un Capitalista**, el *Conde de Casa Moré,* en Marzo de 1930; y fue el lugar natal del primer **gran pintor** de extracción Cubana, **Wifredo Lam** y el primer **cuadro Cubano** presentado en el *Museo de Arte Moderno de New York*, **La Jungla**; para terminar, fue en Sagua que residió el médico **Joaquín Albarrán**, considerado padre de la urología moderna, nominado al Premio Nobel en 1912, y la cuna de uno de los **grandes músicos** Cubanos, *Rodrigo Prats*, autor de famosos boleros como *Ausencia* y creador pionero del danzón y la zarzuela Cubana.

Pero, sobre todo, Sagua la Grande vio la construcción en 1849 del **primer barco de vapor**, el *Sagua la Grande*, consignado a llevar mercancías, maderas, frutas menores, azúcar, remolques y pasajeros, a través del rio **Undoso**, al puerto de *Isabela de Sagua.* En ese mismo año, se echaba a navegar el primer buque de vapor Americano, el *Mac Kim*, destinado remontar el rio **Sacramento** para a enlazar a San Francisco con la región de las minas de oro. Un gran patrimonio en que los Cubanos se adelantaban a los Americanos.

El **Sagua La Grande,** ese primer barco propulsado por vapor fue fabricado por la firma **Beronda, Hno. y Cía**, antiguos dueños del **Central Resulta** de Sagua la Grande. El trayecto a Isabela de Sagua llevaba tres horas, dedicadas a cabotaje y pasajeros. Ese primer barco Sagua la Grande, alcanzó a navegar con bandera Cubana durante principios de la República, y hoy en día yace en el fondo del río **Undoso**, a medio camino entre Sagua e Isabela.

Años después existió otro buque de igual nombre, que estuvo operando en la primera mitad del siglo XX. Este otro Vapor "**Sagua La Grande**" era propiedad de Don José María Beguiristain Errazti y hacía sus travesías entre Sagua, La Habana y Estados Unidos como parte de los negocios de su dueño, el cual decidió adquirirlo debido a que la empresa de los ferrocarriles le cobraba altas tarifas en los fletes.

Un dato curioso es que a los pasajeros vecinos de Sagua, no se les cobraba el viaje a La Habana por la gentileza de Beguiristain, que tenía su ganancia en la carga y no en el pasaje.

Las riquezas y los días dorados de Sagua la Grande se disiparon cuando el mercado del azúcar cayó al suelo a finales del siglo XIX. El puerto de **Isabela de Sagua** casi cerró y miles de sus jó-

Imágenes de Sagua la Grande en el siglo XIX. **Isabela de Sagua**, la **Calle Maceo** y el **Parque de la Libertad** y la **Iglesia mayor**.

venes vecinos se trasladaron a los Estados Unidos. Alguien escribió que "...*sólo los gorriones visitan el Casino Español en 1908...*"

Los comerciantes Españoles se mantuvieron en sus puestos, especialmente cuando el lujoso **Hotel Sagua** abrió sus puertas con gran fanfarria en 1925. El escritor español **Federico García Lorca** y la poeta chilena **Gabriela Mistral** visitaron Sagua la Grande en esos tiempos. Después de permanecer abandonado durante décadas, el Hotel **Encanto Sagua**, con sus 84 habitaciones, restaurante, piscina y bar en la azotea, abrió sus puertas y los turistas comenzaron a frecuentar el **Palacio Arenas** y las siete maravillas arquitectónicas de Sagua. Una de ellas fueron las maravillosas **selvas de caoba y cedro** de los alrededores de Sagua, que habían sido utilizadas en la decoración y las puertas del **Monasterio del Escorial** en la época de Felipe II.

Los *Sagualagrandeños* (sic) recuerdan siempre a su más popular gobernante colonial, **Don Joaquín Fernández Casariego**, Jefe Superior de la Policía de Cuba durante los tiempos coloniales y más tarde **Teniente Gobernador de Sagua la Grande**. Su historial y su nombre están ligados para siempre a Sagua. No hay documento relacionado con ella que no lo cite y su recuerdo persiste entre los Sagüeros y en cada rincón de la ciudad. Los historiadores detallan, hasta la exhaustividad, la gran huella que dejó en la villa. Sagua la Grande sufrió un devastador **incendio en 1822**, y cuando Casariego llegó como Gobernador, encabezó un proceso de reconstrucción que lo llevó a implicarse y a dedicarle lo mejor de sí mismo a Sagua, para recuperar su desarrollo social e industrial. Lo primero que hizo fue un Plan de reconstrucción para rejuvenecerla, en el que participaron los vecinos.

Pavimentó calles, construyó aceras, jardines y carreteras para dar salida a los productos de la zona y a las mercancías que entraban por el puerto. Propició la instalación de la **fundición** de hierro, la adquisición del **ferrocarril** y el primer **Banco** en 1856. Consiguió una estación de **telégrafos**, construyó la **Iglesia** y el nuevo **cementerio** y facilitó la apertura de 40 **ingenios azucareros**; limpió el **río**, edificó **puentes** como el de Isabel II, el del **Triunfo**, y el **Carolina**, y levantó el **muelle** principal. A lo largo del mandato, instaló el **alumbrado**, fundó **escuelas** y proyectó el **hospital** civil.

Bajo el suelo del parque de La Libertad, en el centro mismo de **Sagua la Grande**, yace una pequeña columna que, sobre granito negro, tiene estampada la siguiente inscripción: *«1er período 1850-1854, 2do período 1857-1860. Sagua la Grande. A la memoria del Teniente Coronel don Joaquín Fernández Casariego por su labor constructiva...su memoria ni la llevará el viento ni la borrará la lluvia...»*

Cuando llegó a la ciudad, ésta apenas contaba con 15,000 habitantes y, cuando la dejó siete años después, superaba los 35,200. El auge económico y la prosperidad que experimentó la región fueron tan grandes que las poderosas familias locales no se conformaron con vivir la discreta vida de provincias y colaboraron en la edificación de un escenario acorde con sus riquezas.

No puede cerrarse la historia de Sagua la Grande sin mencionar a **José Lugo Padrón**, natural de Lugo, que se casó con la Cubana **Leoncia Machín** y tuvo 15 hijos, uno de los cuales fue el popular **Antonio Lugo Machín** que, tras trabajar como abañil, alcanzó fama mundial con boleros como **Angelitos Negros**, **Dos Gardenias** y **El Manisero**, el primer éxito millonario en ventas de la música Cubana.

Tampoco puede dejar de mencionarse a la hija de **Luciano Sampedro**, hacendado del azúcar en Sagua la Grande, y la Asturiana **Edelmira Robato**. Juntos dieron a Sagua repercusiones mundiales con su bellísima hija **Edelmira Sampedro**. En los años 30 del siglo XX, Edelmira conoció en un sanatorio de Suiza a **Alfonso de Borbón y Battemberg**, hijo de Alfonso XIII y por entonces *Príncipe de Asturias*, que recibía un tratamiento médico contra la hemofilia. El Príncipe se enamoró perdidamente de Edelmira y contra viento y marea se casó con ella en Lausana en 1933. Como ella no pertenecía a ninguna familia real, requisito que debía cumplirse para no perder derechos de sucesión al trono, el príncipe Alfonso renunció a todos sus privilegios y derechos por escrito. El matrimonio no tuvo hijos y cuatro años después, en 1937, se divorciaron en La Habana. La Cubana fue la única mujer que la Familia Real reconoció como esposa del Príncipe. La apodaban **La Puchunga**, le dieron una pensión de viudez y algunas joyas a la muerte de su suegra, **Victoria Eugenia**. Nunca se volvió a casar y jamás concedió entrevista alguna. Su fortuna nunca llegó a tener impacto alguno en **Sagua la Grande**.

Imágenes de Sagua la Grande en el siglo XIX. El segundo vapor **Isabela de Sagua** en los años '30, el **Teatro Principal** y un mapa de la región norte de Las Villas.

La Matinée en los Cines de Barrio Cubanos

El origen de las películas de cine se remonta a los trabajos de los hermanos **Louis Jean** y **Auguste Marie Lumière**, cuya invención, después de recorrer varias capitales Europeas y Americanas, llegó a La Habana, el 24 de Enero de 1897, traído desde México por **Gabriel Veyre**, un productor Francés que recorrió varios países como empleado de los hermanos Lumière. La primera presentación se realizó en el Paseo del Prado # 126, a un costado del **Teatro Tacón**, donde se proyectaron cuatro cortometrajes titulados *Partida de Cartas*, *El Tren*, *El Regador y el Muchacho* y *El sombrero cómico*. Los boletos se vendieron a un precio de 50¢ y 20¢ para niños y militares. Poco después, Veyre protagonizó la primera película producida en la isla, *Simulacro de Incendio*, un documental sobre los bomberos de La Habana.

En esa primera fase de introducción del cine en Cuba hubo varias localizaciones dedicadas al novedoso espectáculo: **Panorama Soler**, un salón de variedades o ilusiones ópticas en Paseo del Prado # 118, **Vitascopio**, auspiciado por Thomas Edison en la famosa acera del Louvre, y el **Teatro Irioja** (luego *Teatro Martí*) fue la primera sala en presentar el cine como uno de sus atractivos.

En los seis o siete años previos a la Primera Guerra Mundial, el cine se expandió y estabilizó como negocio en las ciudades más importantes de América Latina. Cuba, al igual que el resto de los países del continente, vivió esos primeros años con exhibiciones itinerantes y esporádicas, pasando de proveedores Europeos a proveedores Norteamericanos, a medida que se creaban las grandes empresas de Hollywood.

El primer género ambicioso en el continente fueron probablemente las reseñas históricas. En Cuba destacan películas como **El Capitán Mambí** y **Libertadores o Guerrilleros** (1914), de Enríque Díaz de Quesada, que contaba con el apoyo del **Gral. Mario García Menocal**. De ahí en adelante el cine se convirtió en la gran diversión de los Cubanos, y cientos de salas comenzaron a surgir en Cuba.

Desde entonces, el cine ha sido siempre una pasión deliberada de los Cubanos, desde los de edad escolar hasta los abuelos y bisabuelos, que quizás habían perdido el interés de salir a pasear pero nunca abandonaron la afición por el cine. Toda Cuba quedó fascinada con la maravilla de las imágenes en movimiento. No había ciudad en el mundo que superara las ciudades Cubanas en la cantidad y calidad de los cines, desde los fastuosos y arquitectónicamente notables, que se caracterizaban por proyectar *"películas de estreno,"* hasta los llamados *"cines de barrio,"* generalmente en zonas residenciales de los distritos de clase alta, media y popular, en los que lo único necesario eran asientos relativamente cómodos y un proyector decente, posiblemente adquirido de uso, proveniente de una de las grandes salas que modernizaban constantemente su equipo. Como saben muchos de los viejos amantes del cine, en muchas ocasiones, en los cines de barrio del interior de la República, no era necesario que la audiencia estuviera resguardada por un techo y había que posponer las funciones en caso de lluvia.

En los años '40 y '50, los Cubanos no visitaban ningún cine donde no se proyectaran dos películas. El cine era el entretenimiento económico por excelencia, y una función completa consistía de algunos **anuncios** de comercios o productos, uno o dos **noticieros** de actualidad, como los de Manolo Alonso o Eduardo Hernández (Guayo) y el **NODO** (Noticias y Documentales) Español y un **sketch cómico**, generalmente con Garrido y Piñeiro. Le seguían los **avances** de películas que serían exhibidas próximamente y, de repente, **la película principal** con actores y directores reconocidos y que era el gancho para atraer al público. Al terminar la película principal, venía lo que se llamaba *"el **relleno**"*, cuyo nombre comercial era *"la película de clase B."*

En Cuba, al hablar de la historia del cine, es necesario hacer un paréntesis para describir por separado lo que eran las **matinées**.

Matinée, es un término de origen Francés que viene del latín *"matinum"*, y se refiere a una función cinematográfica, teatral o musical, o a un acto social o cultural, que estrictamente se celebra por la mañana, pero que en la práctica abarca funciones al mediodía o en las primeras horas de la tarde.

En Cuba la **matinée** era ese momento de la semana en que los muchachos (no los niños) iban al cine, según **Eladio Secades**, el costumbrista Cubano...

Seis figuras clave en el desarrollo del Cine en Cuba y en su prodigalidad. De Arriba a debajo: Los hermanos **Louis Jean** y **Auguste Marie Lumière**, **Gabriel Veyre**, **Enríque Díaz de Quesada**, **Eladio Secades**, **Buster Crabbe**, y **Manolo Alonso**, productor, director y realizador de películas y noticieros.

«... para saber el desenlace de película de la semana anterior, que terminó cuando el héroe principal estaba a punto de ser devorado por un pulpo gigante u otro monstruo, lo iban a colgar de un árbol o estaba gravemente herido o a punto de ahogarse, pero siempre salía ileso de ese reto y la semana siguiente sucedía algo parecido, que aseguraba la asistencia a la próxima matinée, después de una semana de elucubrar lo que iba a pasar... si nos preguntaran cuántas horas hemos pasado cuando niños en las matinés del cine de barrio, probablemente ninguno sería capaz de responder, pero de lo que si no hay duda es de que estuvieron entre los momentos más felices de nuestra niñez....»

La estructura de las matinés era similar en todos los cines del barrio. Había primero que soportar los anuncios de los negocios del barrio: la botica, la bodega, el fumigador, la lavandería de los chinos, la panadería y dulcería, la ferretería, y tantos otros. Después seguían anuncios de los capítulos de la serie de la semana siguiente, antes del capítulo que continuaba el de la semana pasada, para que no nos las perdiéramos. Le seguían muñequitos o dibujos animados que posiblemente ya habían sido presentados, pero que los repetían si no tenían uno nuevo. El cine, por supuesto, estaba a lleno completo. La mayoría de los muchachos (casi todos) y muchachas (también bastantes) iban en grupo o solos, con los amigos del barrio o de la escuela, que toda la semana habían especulado lo que iba a suceder en la serie que se presentaba en la matinées.

Los personajes habituales de las series solían ser **Dick Tracy**, el mejor detective del mundo y protagonistas fantásticos como **Buck Rogers**, con sus cohetes que parecían globos inmersos en correrías del siglo XXV, o las de **Flash Gordon**, siempre en crisis pero siempre victorioso, así las atrayentes naves que echaban chispas parecidas a un poste de electricidad en cortocircuito, una invasión de hombres con alas y la maldad de un científico con nombre Ruso, el **Dr. Zarkov**, por no decir de **Rin Tin**, un perro que actuaba mejor y era más inteligente que el resto de actores de la serie. Nunca nadie se daba cuenta que **Buster Crabbe,** el dos veces nadador olímpico y actor de cine y televisión, era el mismo que interpretaba tres de los personajes más populares de las series, **Tarzán**, **Flash Gordon** y **Buck Rogers**, y otros héroes del planeta **Mongo**. Había que ser mongo o mongólico para creerse cualquiera de esas historias.

Entre las series más interesantes pero absurdas, estaban las del oeste. Los personajes eran extravagantes, gente que se peleaba con cowboys o con indios, se arrastraban por el suelo, caían del caballo, le clavaban una fecha, lo mordía una serpiente de cascabel y le daban un tiro del cual nunca sangraban y nunca se despeinaban, se ensuciaban o se les caía el sombrero. Por no hablar de **Hopalong Cassidy** (¿por qué un nombre que ni su madre podía pronunciar bien?) y de **Roy Rogers**, o del **Zorro**, de **Tim McCoy** y su compañero Cherokee **Iron Eyes** (ojos de hierro), o **Tom Mix**.

Todos usaban unos sombreros ridículos que parecían un barquillo de helado puesto al revés y nunca se ensuciaban a pesar de arrastrarse en el suelo polvoriento de los pueblos remotos del Oeste, pero al menos no cantaban ni cogían una guitarrita de mentira. Por no hablar de **Bela Lugosi**, el vampiro que dormía en un ataúd. Nadie tampoco se daba cuenta que los cowboys no se bañaban y vivían como unos salvajes, y que casi nunca eran de la raza negra. Siempre hacían el papel de "***buenos***," mientras los indios, eran todos unos asesinos y cazadores de cueros cabelludos, y les gustaba raptar mujeres blancas que, tarde o temprano, eran rescatadas de las aldeas en que estaban presas pero pasando el tiempo aprendiendo la lengua **Cherokee**.

Todo eso era muy divertido, pero más lo era cuando el cine explotaba por los gritos al aparecer el **personaje principal**, con el que se compartía sus victorias y derrotas, su alegría o su tristeza, y por el cual uno se estremecía cuando estaba en peligro, aunque se sabía por experiencia que iba a salir del problema y no iba a pasar nada.

No importaba que lo hubieran golpeado casi hasta matarlo, (pero nunca sangraba), o lo amarraran con cadenas dentro de un tanque que se iba llenando poco a poco de agua, del cual, a lo mejor, salían de repente tiburones, caimanes o pulpos gigantes, o que dentro del tanque, lo iban a partir en dos con una sierra gigante, o estaba indefenso amarrado a la línea del tren o a punto de caerse de un alto acantilado, agarrado a un arbusto con una mano herida porque en la otra tenía la pistola que siempre lo sacaba de los apuros. En ese momento, todos los muchachos del barrio brincaban de gusto y felicidad, sólo esperando que llegara la justicia y los malos obtuvieran su merecido. Ilusiones vanas, ya

Arriba, Cines de Estreno (**América** y **Fausto**) y Cines de Barrio (**Majestric** y **Rex-Duplex**) en La Habana.
Debajo, derecha, la película Cubana que vieron todos los Cubanos: **Casta de Roble.**

que al hacernos mayores, descubrimos que en la vida real los buenos no siempre ganan.

Sin embargo, esos momentos no eran lo que nos llevaba religiosamente al cine de barrio todas las semanas. Lo que esperábamos ansiosamente, era que el rollo de la película se trabara o rompiera, y aparecieran unas manchas en la pantalla y se encendieran las luces. Era entonces que todos los muchachos aprovechaban para gritar a todo pulmón: *"¡Mariquita, suelta la botella!"* y chiflar hasta el cansancio. En el caso del autor de este libro, los gritos en el Cine **Los Ángeles**, situado en *Juan Delgado y Lacret*, en la Víbora, era una canción que todos los asistentes sabíamos,

«... ♫ ♪ **Mandraque fue a la guerra montado en una perra...** ♪ ♫ .»

Mandraque, por supuesto, era el vigilante del cine, que en muchas ocasiones, no pudiendo callar a la chiquillería, avanzaba sobre una de las filas del cine y enarbolando un dedo acusatorio exclamaba...

«... *Todos los de esta fila, salgan del cine inmediatamente...*»

Los gritos, sin embargo, sólo se acallaban cuando apagaban nuevamente la luz y el proyector continuaba su labor. Entonces los muchachos volvían a la realidad y, a la usanza de la época, aparecía en la pantalla "**Fin**" o "**The End**", y todos los muchachos formaban fila para abandonar el recinto, con la convicción de que todo lo que habían visto era real, que no había trucos, dobles ni balas o explosiones fingidas o de utilería, ni efectos especiales, y que **Cassidi**, **Rin Tin Tin**, el **Zorro** y **Tarzán** eran unos verdaderos héroes por hacer lo que hacían, de ahí que fueran tan famosos y respetados.

La **Matinée** era el momento de crecer "*de mentirita,*" entrando al cine con una cajetilla de **El Cuño**, ya que en Cuba se podía fumar dentro del cine. La sala, al final de la función, siempre tenía el ambiente lleno de humo de la *Estación de Ferrocarriles* de Egido y Arsenal en la Habana Vieja. **Mandraque** nos esperaba a la salida, para recordar nuestras caras y estar prevenido para el siguiente Sábado.

Siempre nos íbamos complacidos de lo que habíamos visto y lo que habíamos hecho. Lo único que faltaba hacer, era deshacernos de la cajetilla de **El Cuño** antes de llegar a casa.

Películas de una tarde típica de Matinée: **Tarzán,** *el rey de la Selva*, **Dick Tracy**, *el afamado detective*, **Hopalong Cassidy**, *el más astuto de los cow-boys*, **Rin Tin**, *el perro más inteligente del universo*, **Bela Lugosi** *en* **Drácula** *y el temerario* **Zorro**.

VIEJAS ESTAMPAS CUBANAS

Imágenes, de arriba a debajo: la primera película Cubana, **Simulacro de Incendio**, la sala de un cine criollo en plena **matinée**, el **Teatro Radiocentro** y los estudios de la **CMQ**, ambos pioneros del arte cinematográfico y radial en Cuba, y la pantalla de introducción del **Noticiero Español NODO**.

VIEJAS ESTAMPAS CUBANAS

El Globo de Matías Pérez
1856

El deseo de volar ha sido una constante en la historia del hombre. Aunque en la mitología clásica aparecen relatos sobre vuelos de *"hombres pájaros"* como **Ícaro** y **Dédalo**, y en la Edad Media Española hubo intentos como el de **Ibn Firnás** en la Córdoba musulmana del año 852, parece que el primer exitoso vuelo humano del mundo hispano fue el que realizó a principios del siglo XVI un tal **Rodrigo Alemán** desde un torreón de la Catedral de Plasencia, cuando construyó unas alas imitando la forma de volar de esas grandes aves y se lanzó al aire. Sorprendentemente logró *"volar"* sin resultar herido y fue sometido a las serias y dolorosas represalias por la **Inquisición**. Alemán fue calificado de irreverente por esa hazaña y el Cabildo catedralicio lo encarceló en una de las elevadas estancias del edificio por él deshonrado.

Más de 200 años después, en 1782, un hombre de 42 años, **Joseph Michel**, observó que el aire caliente, si era perfectamente retenido por una envoltura de seda, tenía una tendencia irresistible a subir a las alturas. Estos principios ya habían sido formulados 2000 años antes en Siracusa por **Arquímedes**, pero en el siglo XIX abrieron las puertas a una multitud de individuos arriesgados que popularizaron los globos en Europa, particularmente en París, a partir del intento exitoso del "aeronauta" **Étienne Jacques**. En materia de tratar de "volar," como veremos, los Cubanos no fueron una excepción.

Las ascensiones aerostáticas se conocían en la villa de San Cristóbal de La Habana desde 1796, cuando fue lanzado un globo sin pasajeros desde una casa de altos a la entrada de la calle Sol. Años después, en Marzo de 1828, cuando el Obispo **Juan José Díaz de Espada y Fernández de Landa**, celebró una misa con la que dejaba inaugurado El Templete, las fiestas duraron tres días en la Plaza de Armas, desde donde fue lanzado al aire un globo, de nuevo, sin pasajeros a bordo. En esa ocasión, uno de los espectadores más impresionados fue el Capitán General **Francisco Dionisio Vives**, que se había unido a los miles de espectadores en la plaza. El viento primaveral de aquella tarde llevó la nave hasta un potrero situado en Nazareno, cerca del pueblo de Managua. Además de sentar precedentes en la ciudad y estimular a otros a imitarlo, **Eugenio Roberson**, el francés que había diseñado el globo, fue premiado con la suma de 15,000 pesos.

Con el éxito de Roberson, una fiebre de globos voladores comenzó a azotar a La Habana. Varios lugares públicos de la capital fueron utilizados para esa nueva gran diversión. Entre los lugares seleccionados por su ubicación y espacio abierto, el favorito siempre fue el **Campo de Marte**, la plaza dedicada a ejercicios militares, hoy llamada el *Parque de la Fraternidad*. Ya a mitad del XIX, la ascensión de globos en La Habana era un acontecimiento saboreado por los capitalinos, que daba fama y fortuna a los intrépidos pilotos que se atrevían a subir a las alturas con sus rudimentarios artefactos. El regodeo general incluyó un globo del Francés **Boudrias de Morat**, que diseñó una barquilla en la base del artefacto con una mesa con capacidad para cuatro comensales, quienes por la suma de tres onzas de oro per cápita podrían disfrutar un intrépido viaje. De más está decir que no hubo comensales para tan arriesgada cena.

Uno de los más intrépidos y notables fue un exmarino Portugués llamado **Matías Pérez**.

Matías era sastre, pero además tenía un negocio de fabricar velas para barcos. En La Habana se le ocurrió adoptar la profesión de "*toldero*" (el oficio de fabricar toldos), y llegó a ser conocido como "El Rey de los Toldos." Mucha gente lo conocían en la ciudad, y tenía una ganada reputación como hombre progresista, muy osado y valiente. En La Habana de mitad del siglo XIX, los toldos eran uno de los elementos que distinguían a la ciudad, los cuales con sus formas, múltiples colores y anuncios de los comercios, daban sombra a los transeúntes y alegraban la vida citadina. Por lo que el oficio de "*toldero*" significaba un trabajo muy remunerativo e importante. La pasión de Matías, sin embargo, eran los globos y su deseo de convertirse en "aeronauta." Estudiaba incansablemente temas aeronáuticos, de todo lo publicado y tratado, incluidos los dibujos de Leonardo da Vinci. Su deseo de aprender lo llevó a ser asistente del francés **Eugenio Godard**, un aeronauta galo que por esa época era famoso en La Habana. Matías se las arregló para ser ayudante de Godard en tres de sus ascensiones. Preparaba las condiciones previas al vuelo, revisaba todos los instrumentos y lanzaba los pequeños globos pilotos para saber la dirección del viento. Finalmente terminó comprándole el globo a Eugenio Godard por 1,250 pesos.

Dueño ya del globo de Godard, nombrado "Ville de Paris," el 12 de Junio de 1856, Matías Pérez emprendió su primer vuelo. ¡Era un sueño hecho realidad! Despegó del Campo de Marte y tras algunas peripecias por dificultades técnicas resueltas en pleno vuelo, aterrizó en la Quinta Palatino, propiedad de Rosalía Abreu en el barrio del Cerro. *"Volar"* se convirtió en una obsesión. Hizo dos nuevos intentos que tuvo que abandonar por inclemencias del tiempo. Por fin, el Domingo 28 de Junio, en una Plaza de Marte repleta de público, con una orquesta amenizando el evento, Matías emprendió el vuelo que lo llevaría a la inmortalidad en la historia de Cuba. A pocos minutos de elevarse, la multitud contempló consternada que una fuerte ráfaga de viento que lo arrastró hacia las alturas y lo llevó sobre el mar. Ya en lo alto, el globo comenzó a descender con cierta rapidez, lo que hizo pensar a los espectadores que la tela se había roto. Miles de sus admiradores lo vieron alejarse a bajo nivel, convertirse en una ave pasajera y desaparecer. Esa tarde, unos pescadores lo vieron pasar sobre el Torreón de la Chorrera, donde el río Almendares se une con el mar. Al darse cuenta de que Matías estaba en dificultades, los pescadores lo conminaron a bajar, pero él les respondió dejando caer sacos de arena e internándose mar adentro. Nunca más se supo de él.

El Capitán General Español José Gutiérrez de la Concha, dio órdenes de llevar a cabo una búsqueda meticulosa en las provincias de Pinar del Río y La Habana. No se encontraron rastros del globo o de Matías. Su desventurada hazaña se convirtió en parte del folklore de Cuba: cuando alguien o algo desaparece, los Cubanos dicen: «**Voló como Matías Pérez.**» En Cuba, se celebró el centenario del vuelo de Matías Pérez con una *«edición de primer día»* el 29 de Junio de 1956, y se le honró de nuevo como uno de los primeros pilotos cubanos con dos sellos con valor 3 y 13 centavos, respectivamente, mostrando la Plaza de Marte, el lugar desde donde realizó su primer vuelo como propietario del globo, y el fuerte Chorrera, donde se le divisó por última vez.

Nota Adicional:

José Domingo Blinó, fue el primer cubano que voló en un globo, pero la historia fue ingrata con él y nunca lo hizo popular como a Matías Pérez. El 3 Mayo de 1831, un anuncio en el Diario de la Marina destacó la intención de Blinó de realizar una ascensión en globo desde el **Campo de Marte** en la capital Cubana.

El día 30 el valiente Blinó ascendió en su globo mientras lo vitoreaba una multitud enloquecida de entusiasmo al ver como el primer aeronauta Cubano no sólo se alzaba a los aires sino que **lanzaba desde la altura, flores, palomas, versos y hasta dos chivos en paracaídas que aterrizaron sanos y salvos entre los asistentes al espectáculo.** El evento tuvo un final feliz. Blinó, entre fuertes vientos, descendió en un potrero en las cercanías de **Quiebra Hacha** en Pinar del Río, donde debió causar más de un susto entre los ingenuos guajiros del lugar. Entusiasmado por su éxito, Blinó marchó a New York para adquirir un globo de mayor tamaño y mejor calidad. De regreso a Cuba, enfermó y murió durante la travesía. Nunca se supo si pudo o no encontrar un globo de diseño más avanzado. Acorde a las costumbres de la época, su cadáver fue lanzado al mar.

Matías Pérez, al centro, a bordo del globo que lo hizo famoso.

El **Campo de Marte** en 1856
(Hoy Parque de la Fraternidad)

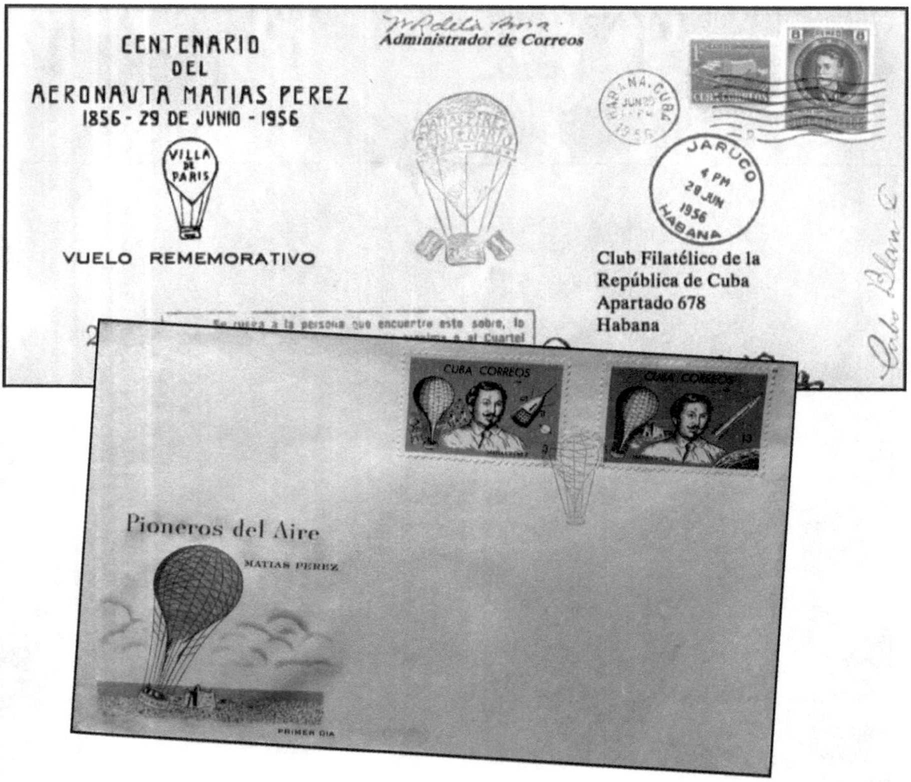

El 28 de Junio de 1956, Correos de Cuba emitió un **sello** y sobre de **Primer Día** conmemorativo del vuelo de **Matías Pérez**.

VIEJAS ESTAMPAS CUBANAS

El globo de **Matías Pérez**, visto al norte del **Paseo del Prado** en 1856

Debajo, una imagen de 1831 donde se muestra la foto de **José Domingo Blinó**, el pr mer aeronauta Cubano que piloteó un globo partiendo del **Campo de Marte**. A pesar de haber sido un vuelo exitoso que aterrizó intacto en **Quiebra Hacha**, Pinar del Río, Blinó ha sido olvidado por la historia.

VIEJAS ESTAMPAS CUBANAS

Las Maravillosas Cuevas de Bellamar En Matanzas

1861

Matanzas, la ciudad que por su cultura los Cubanos conocen como "*La Atenas de Cuba*," fue fundada en Octubre de 1693 bajo el título de *San Carlos y San Severino de Matanzas*, en el lugar donde los ríos **Yumurí**, **San Juan** y **Canímar** desembocan en una de las más profundas, bien protegidas y hermosas bahías de Cuba. A lo largo de la historia ha sido un lugar clave para el desarrollo económico de Cuba debido a su importante industria azucarera. Es la cuna del **Danzón**, que puede considerarse como "*el baile nacional de Cuba*," y en sus alrededores se encuentra una hermosa e imponente montaña que los Matanceros han bautizado como **"La Bella Durmiente."** Entre los muchos atributos que se dicen de Matanzas, uno de los más trascendentales es ser la sede de una de las más encantadoras y maravillosas formaciones subterráneas del planeta, las **Cuevas de Bellamar**.

Las galerías y pasadizos de las Cuevas de Bellamar comenzaron a formarse hace 30 millones de años. Originalmente la *planicie* donde están las cuevas, a 3 millas de la ciudad, se encontraba bajo el mar, siendo parte de la bahía de Matanzas. A lo largo de la llamada **Falla de Bellamar** el agua subterránea, en combinación con el carbón dióxido, fue disolviendo la roca calcárea y fue creando cámaras subterráneas en el subsuelo; bajo el fondo del mar. Mientras que estas *cavernas* permanecieron bajo el nivel del mar estaban llenas de agua. Hace miles de años, como consecuencia de movimientos tectónicos, la *planicie* se elevó, formando las terrazas marinas que se notan en los terrenos en la ciudad de Matanzas y sus alrededores.

Las *cavernas* fueron entonces secándose y desaguándose, siendo aun cavidades que estaban a gran profundidad bajo el nivel del mar. Con el tiempo comenzaron las filtraciones por entre las rocas sobre el techo de las cuevas. Estas filtraciones de agua con carbonato de cal disuelto fueron dejando residuos donde goteaban, formándose las **estalactitas** que cuelgan del techo y las **es-**

talagmitas que surgen dl suelo. Las estalactitas son inicialmente cilíndricas, pero a medida que sus tamaños aumentan toman una forma cónica. Las estalagmitas usualmente son cónicas o aplanadas, como helados en proceso de derretirse. Tanto las estalactitas como las estalagmitas crecen, formándose columnas cuando las dos se unen. Cuando varias estalactitas están relativamente cerca unas de otras, se van uniendo, dando lugar a las formaciones llamadas **matos**. Otras veces corren próximas a la pared, y esas son conocidas como **cascadas**.

En las **Cuevas de Bellamar** se ven todas estas formaciones y aún más interesante es que, a pesar de que se han formado durante miles de años, en términos **espeleológicos** (la ciencia que estudia la morfología de las cavidades naturales del subsuelo), Bellamar es una comunidad de cuevas y cavernas **relativamente joven**. En las Cuevas de Bellamar, interesantemente, hay muchas superficies cristalinas de aspecto transparente y brilloso. Esos cristales se forman cuando después de haberse secado, ciertas cámaras volvieron a inundarse, y en sus superficies se depositaron cristales de Carbonato de Calcio. Estas cámaras presentan una rara belleza, muy poco común en el mundo de las cavernas. En Bellamar, hay decenas de ellas, lo cual las hace casi únicas en el mundo.

La entrada a las Cuevas de Bellamar es por la cavidad llamada **Salón Gótico**, una cámara de forma cuadricular que mide unos 270 pies de largo por unos 80 de ancho. En ese salón se les ha dado nombre a algunas de las formaciones: **El Huerto de las Zanahorias**, **La Capilla de los Doce Apóstoles**, **Doña Mamerta**, y el famoso **Manto de Colón**, una estalactita con más de 32 siglos de vida y una altura de 40 pies. Las Cuevas de Bellamar se extienden hacia el este y el oeste, logrando una longitud que sobrepasa las dos millas de largo. Se estima que son en realidad mucho más grandes, con cámaras aun totalmente inundadas. Existen también todo un conjunto de cavidades que corren paralelas al Salón Gótico. En ellas se encuentran la **Galería de los Dos Lagos**, el **Salón de las Esponjas**, la **Galería de los Enanos**, la **Galería de los Perezosos**, el **Pasadizo de Hatuey**, el **Salón de las Damas**, el **Lago de las Dalias**, el **Baño de la Americana**, El **Túnel del Amor**, la **Garganta del Diablo**, la **Capilla de los Doce Apóstoles**, el **Salón de las Nieves**, el **Salón de las Damas**, el **Paso de la Lluvia** y los **Templos a San Pedro**.

Entradas a las **Cuevas de Bellamar.**

Las **Cuevas de Bellamar** fueron descubiertas por pura casualidad en Febrero de 1861, cuando **Justo Wong,** un esclavo chino, perdió su **barreta** (*«se la tragó la tierra»*) cuando trataba de abrir un hueco en el suelo para remover una roca de cal. Tanto el esclavo, como su mayoral, se imaginaron que la tierra se había tragado la barreta, y aquello causo espanto. **Don Manuel Santos Parga**, el dueño de la finca **La Alcancía**, donde extraían esas rocas para llevarlas a un **horno de cal**, pidió explicaciones y al cabo de dos meses de no recibir respuestas ni del esclavo ni del mayoral, que estaban aterrados, se dirigió al lugar de los hechos. **Praga** era entendido en cuestiones de minas y cuevas, y ordenó excavar un espacio de poco más de tres pies alrededor de donde se había ido la barreta. Por el agujero que habían hecho, salió una gran corriente de aire **repugnante** de olor, **caliente** y **humeante**. Parga se dio cuenta de que aquello era la entrada de una cueva y con un arrojo que rayaba en temeridad, siguió ensanchando la abertura y después se aventuró a hacer un descenso empleando una larga escalera hasta llegar al suelo, que lo encontró envuelto en tinieblas.

Praga enseguida supo, según sus palabras, que *"había descubierto un mundo tan importante como el mundo que había encontrado Cristóbal Colón." De inmediato* comenzó a preparar la cueva para que los visitantes pudieran disfrutarla. Se sacaron muchas piedras; se hicieron escaleras de mampostería que aún están en uso; a las escaleras le instaló pasamanos; y tan pronto fue una realidad, instaló luz eléctrica. Entonces él o uno de los guías bajo su empleo llevaban a los turistas por los pasadizos de la cueva mientras con lujo de detalles explicaban lo que estaban viendo. más de dos mil personas visitaron las Cuevas de Bellamar en los primeros cinco años. Fue un éxito rotundo tanto turístico como científico, en la época en que Varadero era todavía una playa deshabitada, llena de mosquitos y aguas malas. A lo largo de siglo y medio, las únicas cuevas comparables a **Bellamar** han sido la **Mammoth Caves** en Kentucky y el **Jewel Cave** en las Black Hills de South Dakota.

En un sitio tan interesante como las **Cuevas de Bellamar**, considerado Monumento Nacional de Cuba, no podía estar exento de leyendas. La más conocida se relaciona con *La Fuente Misteriosa*. Se cuenta que en cierta ocasión una dama se bañó en sus aguas y desapareció sin dejar rastro. A partir de entonces se conoce ese lugar como **El Baño de la Americana.** Con el decursar del tiempo, varias jóvenes se han bañado en esas aguas, y hasta donde se sabe, ninguna ha desparecido.

Otra leyenda más reciente se relaciona con la posible existencia en el lugar de un **güije,** un tipo de duende característico de la cultura **Cubana**. Dicen que en una fotografía que se tomó una pareja de jóvenes apareció la sombra de un güije detrás de ellos. Jesús Castellanos, un guía de *las Cuevas de Bellamar*, estuvo presente en el momento en que se tomó la fotografía y siempre ha afirmado no haber trampa ni montaje en el episodio, aunque tampoco rechaza la posibilidad de que pudiera corresponder a *«un problema de las luces»*.

Esquemas de la **formación** y
El **plano** de las **Cuevas de Bellamar**.

Plano de la ciudad de Matanzas
y vistas en el interior de las **Cuevas de Bellamar**.

Vistas del interior de las **Cuevas de Bellamar**.

Nos vemos en La Acera del Louvre

1898

Cuenta la historia que en 1844, en La Habana extramuros, en el número 146 de la **Alameda de Isabel II**, frente al parque del mismo nombre, se abrió en la esquina de lo que después fue el **Hotel Inglaterra**, un elegante café llamado **El Salón Escauriza**, propiedad de **Don Juan Escauriza y Lastra**, un comerciante vasco nacido en Barakaldo, Vizcaya. El establecimiento, que entonces no contaba con portales y sólo atesoraba al frente una estrecha acera, tenía como rivales el **Café Brunet**, abierto en el vestíbulo del **Gran Teatro Tacón**, con billar, dulcería y confitería, el vecino **Café del Hotel Legrand**, y un tanto alejada, la chocolatería **La Bayonera**, a una cuadra de distancia en la esquina de la Alameda y la calle San Rafael. La forma en que el Escauriza atraía clientes fue idea de Don Juan, su dueño, que abrió centro del café un **Gabinete de Lecturas**, donde los clientes disfrutaban la lectura de periódicos sin tener que comprarlos, y un **Libro de Avisos**, de uso también gratuito, que ayudaba a concertar citas románticas o de negocios.

Con el curso de los años la zona contó con otros lugares de solaz y diversión: el café-restaurante **Cosmopolita**; los **Helados de París**, punto de encuentro de la alta sociedad capitalina; el **Hotel Telégrafo**; la **Bodega de Alonso**, el paradero oficial de los coches de alquiler, más arde conocido como *"la piquera,"* el **Circo Pubillones**, enclavado donde luego se construyó el **Hotel Plaza**, con un viejo elefante, **Romeo**, que deleitaba a los niños; el teatro **Payret**; el Gran **Teatro Tacón**; el **Cuartel de los Bomberos del Comercio** y el elegante **Teatro Campoamor**, propiedad de los futuros circenses Pablo Santos y Jesús Artigas; y el lujoso Hotel Inglaterra en 1877, que despuntó como el mejor de su época, hospedando a numerosas y destacadas personalidades del mundo entero.

Sin embargo, en 1844 no todo era perfecto en la zona. El Parque Isabel II no estaba muy bien arreglado. Originalmente en ese terreno había una pequeña laguna que fue desecada y cubierta de incómodas piedras, en el centro de la cual se colocó una poco desgarbada estatua de bronce de **Isabel II**, sufragada por el **Conde de la Casa Brunet**, y montada en un pedestal de piedra protegido por una verja de hierro. Aún no existían en esos tiempos los butacones de hierro que más tarde se instalaron en el parque para que los visitantes disfrutaran de retretas musicales auspiciadas por el Municipio de La Habana. El **Conde de la Casa Brunet**, a propósito, de afiliación Reformista y muy amigo de **José Antonio Saco**, era dueño de las Casas-Quintas de La Habana y Trinidad, el Palacio Brunet y el Teatro Brunet, el molino "*San Nicolás*" en Cienfuegos, y el "*Yaguaramas*" en Trinidad, así como numerosas haciendas y terrenos por toda la isla.

A principios de la segunda mitad del siglo XIX el café "**Escauriza**," que gozaba de gran popularidad y recibía a gran parte de la juventud criolla Habanera, cambió de nombre al ser comprado por **Don Joaquín Payret** en 1863. Se convirtió entonces en el **"Café del Louvre,"** y se transformó en un glamoroso lugar de reuniones serias y festivas, dándole su nombre a la histórica acera que lo bordeaba, conocida desde entonces y hasta hoy como la **Acera del Louvre**.

La juventud de ideales independentistas convirtieron los portales y la acera del Café en el lugar habitual de sus reuniones, y con el tiempo la **Acera del Louvre** se hizo célebre por sus famosas **tertulias patrióticas**, donde se daba rienda suelta a los ideales separatistas de aquella generación de Cubanos. A esos jóvenes se les empezó a llamar **los jóvenes de La Acera del Louvre.** Con cierta mesura, protagonizaron incidentes con las autoridades Españolas en incontables ocasiones en que sus abiertas posiciones estaba en desacuerdo con la política oficial de España en Cuba.

Las ideas separatistas de la juventud criolla cobraron vida en incidentes con las autoridades Españolas. Ejemplo de ello fue la conocida **Batalla del Ponche de Leche**, cuando se declaró una prohibición de efectuar bailes en el café. Las autoridades Españolas prohibieron los bailes en el Louvre, para proteger en su exclusividad a los que tenían lugar en el teatro Tacón. Este hecho molestó a la "*superficial y bullanguera*" juventud criolla que frecuentaba el Café. Los jóvenes, en protesta, lanzaron sus batidos de fresa, chocolate y vainilla sobre los uniformes de los voluntarios.

En 1866, los jóvenes se enfrentaron a golpes con un grupo de Españoles que habían ofendido la memoria del destacado científico

LOUVRE Y PARQUE CENTRAL. LOUVRE & CENTRAL PARK.

Tres imágenes de la época de **La Acera del Louvre**: en la parte superior, los portales y la entrada al **Hotel Inglaterra**, en el centro puede observarse la estatua de **Isabel II** debajo el parque ya terminado de pavimentar y arreglar en 1891.

Cubano **Ramón Zambrana**, cuando botaron al suelo las papeletas que les estaban ofreciendo para una función de beneficio en el Teatro Tacón en favor de la viuda. Fue notable que los jóvenes que retaron a los Españoles, habían recibido en un gimnasio cercano al café El Louvre, un entrenamiento pagado por **Domingo del Monte**, representante de la burguesía criolla. En ese gimnasio, los ejercicios calisténicos, la práctica de tiros y el manejo de espadas y sables, constituyeron el adiestramiento necesario, ese día para defender el acto en favor de la viuda de Zambrana, y más tarde para su incorporación a la manigua con el inicio de la Guerra de Independencia del '68. Años más tarde, en 1927 se develó en una pared del Café una tarja de bronce con 40 nombres de *"los muchachos de la Acera del Louvre"* caídos en la Guerra de los Diez Años.

La Acera del Louvre fue también escenario del Capitán Español **Nicolás Estévanez** rompiendo indignado su espada al escuchar los disparos del injusto fusilamiento de los Ocho Estudiantes de Medicina el 27 de Noviembre de 1871. Mientras lo hacía declaró unas palabras que fueron inscritas en una placa dentro del Café...

> *«... En esta Acera del Louvre, siendo capitán del Ejército Español, Nicolás Estévanez dio ejemplo excepcional de dignidad, valor y civismo. Abandonó la isla, renunció a su carrera, se negó a reingresar en la milicia; fue en tiempos de la Primera República Española, diputado y ministro de la guerra; y jamás se arrepintió de aquella nobilísima actitud ni de sus palabras: Por encima de la patria España, está la unidad y la justicia... »*

Dos camareros le cogieron por el brazo y lo escondieron en un patiecito detrás del Café.

Don Joaquín Payret vendió **El Louvre** en el año 1875 para construir el Teatro Payret al otro lado de la Avenida, en una esquina diagonal al Café, justo en la intersección de San José y la **Alameda de Isabel II**, abriendo sus puertas en 1877.

En 1879, el Héroe Nacional de Cuba, **José Martí**, en un encuentro organizado por el Partido Liberal pronuncia en los altos del café El Louvre su conocido discurso ***"Honrar honra"***, en homenaje al periodista **Adolfo Márquez Sterling**, que a su vez fue un pretexto para expresarse contra el autonomismo.

Fueron tan encendidas las palabras del Apóstol que llegaron hasta el capitán general **Ramón Blanco**, quien al día siguiente fue a oírlo personalmente en el Liceo de Guanabacoa, donde Martí hablaría acerca del violinista Díaz Albertini. Las palabras de José Martí impresionaron fuertemente al gobernante Español, que comentó: "

> «... Voy a pensar que este hombre José Martí es un loco, pero creo que es un loco peligroso... »

Además de José Martí, otros nombres se vinculan a la historia de ese lugar. Entre ellos resalta el **Mayor General Antonio Maceo y Grajales**, conocido como el *"Titán de Bronce"* que en el año 1890 y por un período de aproximadamente seis meses se hospedó en el **Hotel Inglaterra**. Maceo, durante su estancia en el hotel, contactó a los generales **Aguirre** y **Sanguily** y conoció a los muchachos que frecuentaban esa acera, muchos de los cuales se alistaron entre las filas de los mambises que defendían la soberanía Cubana durante la llamada **Guerra Necesaria**, a partir de 1895.

Entre los llamados "**Muchachos de la Acera del Louvre**," se encontraba el Mayor General **Ignacio Agramonte**, héroe de la **Guerra de los Diez Años** en 1968, y otros 40 que dieron sus vidas en la manigua redentora durante la **Guerra del '95**, quedando demostrado así que, por mucho tiempo, fue en extremo fecunda para Cuba **La Acera del Louvre**.

En Diciembre de 1890, el entonces corresponsal del *Daily Graphic* de Londres, **Sir Winston Churchill**, eligió al Hotel Inglaterra para hospedarse y relató el uso del machete por los mambises como arma nacional.

Se comenta, además, que el *"Caballero de París"*, personaje popular que deambulaba por las calles de La Habana, trabajó como sirviente en los hoteles **Inglaterra**, **Telégrafo** y **Sevilla** y que fue en la **Acera del Louvre** que se le comenzó a llamar *"El Caballero de París."* Otras personalidades se hospedaron en el **Hotel Inglaterra** en diferentes momentos de su historia, entre ellos, el poeta Cubano **Julián del Casal**, la famosa bailarina Rusa **Anna Pavlova**, la exquisita poetisa **Gabriela Mistral**, **Rubén Darío**, la cantante Francesa **Sara Bernhart**, la actriz Mexicana **María Félix**, el enormemente popular cantante José Mujica y el famoso actor y cantante mexicano **Jorge Negrete**.

En las dos imágenes de arriba, los jóvenes de **la Acera del Louvre**; en la foto inferior, el estado presente del **Hotel Inglaterra**, y el **parque central de La Habana** y, a la izquierda, el **Centro Gallego**.

Entre los personajes y visitantes ilustres que han dejado su huella en la **Acera del Louvre** y el **Hotel Inglaterra**, no puede dejar de mencionarse también a **Julio Sanguily**, General de la Guerra de los Diez Años, **Juan Gualberto Gómez**, célebre periodista y revolucionario, **Manuel de la Cruz** y **Francisco de Paula Coronado**, escritores y periodistas, y el tenor italiano **Enrico Caruso**, quien contaba que todos los días al salir del teatro se dirigía al Louvre a tomar ponche de leche, **José Raúl Capablanca**, monarca del orbe de ajedrez, **Ramón Fonst**, esgrimista olímpico, y el torero **Luis Mazzantini**.

Por último, fue en La Acera del Louvre donde ocurrió el **último combate** entre criollos y peninsulares. El incidente ocurrió el 11 de Diciembre de 1898, un día después de firmarse el **Tratado de París** entre los representantes de España y los Estados Unidos, dando fin oficial a la guerra Hispano-Cubano-Americana.

Según lo firmado en el Tratado, España renunciaba a todo derecho de soberanía y propiedad sobre Cuba y la isla pasaría a ser ocupada por los Estados Unidos una vez evacuada por España. Mientras durara la ocupación, los Estados Unidos cumplirían las obligaciones que, por el hecho de ocuparla, les imponía el **Derecho Internacional**, para la protección de vidas y haciendas.

En esta fecha, el 11 de Diciembre, las tropas de ocupación Americanas habían reemplazado a los soldados Españoles en todas las plazas militares de la isla menos en la ciudad de La Habana donde el cambio se realizó por barrios, escalonadamente. Cada vez que un barrio era evacuado por las fuerzas Españolas, los cubanos cambiaban el escenario callejero adornándolo con banderas cubanas y comenzaba el estallido de voladores, los tiros al aire de escopetas y revólveres. Niños, mujeres y hombres llenos de alegría bailaban en las calles al toque de los tambores formando comparsas improvisadas; desde los balcones, ventanas y azoteas lanzaban flores y por todos lados fuertes y repetidos gritos de **¡Viva Cuba Libre!**

Un capitán Cubano **Juan Manuel Pérez de Alderete**, ayudante del General **Calixto García**, que se encontraba en Washington en gestiones oficiales, **Pepe D'Estrampes**, **Enrique Regueira** y otros libertadores que se identificaban por el sombrero a la mambisa con escarapela, estaban alegres pues eran aclamados por el público cuando pasaban por las calles. En su andar decidieron tomar un trago en el **Café Tacón**, frente al **Parque Isabel II**, luego

Parque Central de La Habana.

El popular historiador Cubano **Gustavo Robreño** contó con lujo de detalles lo que sucedió después:

*«...El capitán **Alderete** había llegado con aire de triunfo al Café Tacón, pidiendo en voz alta una copa de Cognac. Eso le chocó a un numeroso grupo de oficiales Españoles que comentaban, dándose tragos, la derrota sufrida. Como es natural, los comentarios no conformaban con su situación de vencidos. Uno de ellos miró con altivez a **Alderete**, haciéndole, borracho, un gesto grotesco e irreverente simulando un saludo militar mientras pronunciaba estas palabras: ¡A la orden mi general!... »*

Alderete, justamente ofendido por semejante burla, respondió al agravio con una agresión que, a su vez, el oficial Español trato de repeler; se agriaron los ánimos y comenzaron a relucir los revólveres y los sables de los demás oficiales Españoles. Gracias a la intervención del General Cubano **Armando Riva**, pudo evitarse, por el momento, el escándalo, pues dominando la situación y aun admitiendo que **Alderete** había interpretado mal el saludo respetuoso de un oficial enemigo, **Armando Riva** sugirió el arreglo de la cuestión, por los medios usuales entre caballeros, mucho más si eran militares.

El incidente casi estaba terminado cuando inesperadamente, los oficiales Españoles trataron de agredir a **Alderete**. El capitán Cubano había obedecido los buenos oficios de su superior, mas no así sus adversarios, que le persiguieron hasta el hotel Inglaterra donde se estaba hospedando y había entrado.

Ocurrió que los generales Cubanos **Julio Sanguily** y **José Lacret de Mola** estaban en el Hotel con sus escoltas. Cuando oyeron el tiroteo, a duras penas pudieron refugiarse en el piso superior. Les siguió el General **Armando de la Riva** que se hallaba en el **Café Tacón**, lugar donde se había iniciado el conflicto. De la Riva trató de apaciguar los ánimos sin lograrlo. Todos ellos estaban desarmados y milagrosamente escaparon de la balacera. Como se había producido un verdadero tumulto alguien, desde la **Acera del Louvre**, gritó previsoramente...

« ¡Salven al General Sanguily y al General Lacret... por ahí vienen los Españoles a matarlos!»

Los soldados y oficiales Cubanos, que no tenían armas, subieron

Nicolás Estévanez Murphy (1838-1914), nació en Las Palmas de Gran Canaria, de padre Malagueño y madre Irlandesa, en el edificio donde se hallaba instalada la Inquisición. Creció en el seno de una familia burguesa que tenía su residencia habitual en la isla de **Tenerife**. El 27 de Noviembre de 1871, estando destinado en Cuba como Capitán, en calidad de remplazo, supo que la sentencia contra Ocho Estudiantes de Medicina que habían sido condenados en Consejo de Guerra se había cumplido. Nicolás Estévanez se indignó y manifestó con ira su desacuerdo contra el fusilamiento de los jóvenes Cubanos, diciendo ...

«*...antes que la patria están la humanidad y la justicia...* »

Lleno de coraje, solicitó su baja en el Ejército Español, porque no podía permanecer ni un día más. Todos los años, desde 27 de Noviembre de 1937, fecha en la que se instaló una placa en fachada del **Hotel Inglaterra** en La Habana, en la **Acera del Louvre**, los Cubanos celebran el aniversario con marchas escolares y diversos actos y conferencias, y también se acuerdan este día de la valiente actitud de **Nicolás Estévanez**, que como consecuencia de la experiencia vivida, abandonó definitivamente el Ejército Español, indignado y avergonzado ante semejante injusticia y afrenta.

de inmediato las escaleras del hotel. Al ver entrar en el café a oficiales y soldados Españoles armados y en actitud agresiva, se produjo el natural revuelo.

Felipe Romero, a quien sorprendió el incidente cerca del mostrador, no sabiendo que partido tomar, les dijo a sus amigos, entre bromas y veras,

> *... Deja ver si haciéndome pasar por dependiente, me respetan... »*

Y despojándose del saco, el chaleco, el cuello y la corbata, se arrolló las mangas de la camisa y se puso a fregar unos vasos. Mientras tanto, los Españoles buscaban sin cesar a **Alderete** que se había escudado detrás de **Lacret** y como trataron de apuntarle, un tal **Artidiello**, que era el único armado entre los Cubanos, sacó su revólver para defender al General.

> *«... No... déjame a mí, que soy su ayudante, dijo **Jesús Sotolongo**, arrebatándole el arma rápidamente y disparando contra los Españoles...»*

Fue entonces que un soldado Español, rodilla en tierra, descargó su fusil contra **Sotolongo**, hiriéndole mortalmente. Sonaron entonces otros tiros. **Arturo Tousset** fue herido mientras subía la escalera del hotel, lugar donde los Españoles dirigían sus disparos principalmente.

Los hermanos **Guillermo** y **Eduardo Soto**, éste último, comandante del Ejército Libertador, pudieron contener en algo el avance de los agresores. Con sus certeros disparos de revólver y exponiéndose heroicamente al fuego mortífero de la fusilería Española, hicieron algunas bajas y casi repelieron el ataque. Pero la mecha ya estaba encendida y a los pocos minutos, todo el Batallón de Colon Nº 1, encargado de guarnecer la plaza de La Habana, siendo el último que había quedado para rendir honores a la bandera Española que iba a arriarse en el Morro, se situó frente al Hotel Inglaterra, en actitud de asalto.

Los Cubanos de la Acera, por su parte, se armaron también como pudieron, a pesar de que el uso de armas les estaba prohibido. Fue entonces que el Coronel **Rafael Peña**, que procedía del campamento del General Menocal, en Marianao, lanzó un movimiento de avance sobre el Hotel, descargando su revólver contra los del Batallón de Colon, que arremetieron con saña, causando algunas bajas y recibiendo otras. Su número jamás pudo saberse, pues el ejército Español lo ocultó cuidadosamente.

Despejada por un momento la Acera, acertó a pasar por allí un joven sordo, de apellido **Jiménez**. Ignorante de lo que allí estaba pasado, se detuvo a averiguarlo en la puerta del Hotel Inglaterra, donde fue muerto a culatazos por un grupo de soldados.

Por último, los oficiales que trataban de ocupar el hotel para capturar a los Cubanos, fueron apresados por el general Americano Green, que hizo acto de presencia tardíamente. Al día siguiente continuaron los desórdenes en el entierro del valiente oficial **Jesús Sotolongo**, el ultimo muchacho de la Acera, que ofreció, noblemente, su vida para defender a sus compatriotas.

Una tarja en la pared de **La Acera del Louvre** conmemorando la *"dignidad, valor y civismo,"* del Capitán Español **Nicolás Estévanez** al saber del fusilamiento de los Estudiantes de Medicina en 1871.
Debajo, una foto de **Juan Manuel Pérez de Alderete**, ayudante del General Calixto García, que supo defender el honor de Cuba frente a una soldadesca borracha que ofendía su Patria.

El Rescate de Sanguily

1871

Uno de los combates más brillantes y audaces de la Guerra de los Diez Años (1868-1878) en Cuba fue el rescate del Brigadier **Julio Sanguily**, llevado a cabo por 35 jinetes a las órdenes del Mayor General **Ignacio Agramonte y Loynaz**. Esta hazaña ocurrió el 8 de Octubre de 1871 cerca de la ciudad de Puerto Príncipe, hoy llamada Camagüey.

En 1871, tres años después de comenzada, la **Guerra de los Diez Años** vivía momentos muy difíciles en la región Camagüeyana, por las periódicas victorias de las tropas Españolas y las entregas a las autoridades Españolas de varias huestes mambisas con sus oficiales.

En Camagüey, desde los primeros años de lucha, Agramonte había creado un destacamento que llegó a ser una de las fuerzas militares más eficaces del Ejército Libertador: la **Caballería Camagüeyana**, cuya estrategia se basaba en causar el mayor daño posible al enemigo con poco sacrificio de hombres y municiones. A base de un extraordinario plan de entrenamiento, Agramonte logró que los jinetes, aun al galope, fueran expertos tiradores, logrando también que la caballería y la infantería coordinaran sus movimientos y transiciones tácticas durante pleno combate.

Uno de los hombres de más confianza de Agramonte era Julio Sanguily Garrite. Había nacido en La Habana el 9 de Noviembre de 1845. A la edad de 23 años, el 12 de Octubre de 1868, dos días después de haber comenzado la Guerra de los Diez Años en Cuba, Sanguily viajó a Nassau, en las Islas Bahamas, para incorporarse a la expedición de la goleta **Galvanic**, la cual desembarcó fuerzas y armamentos en **La Guanaja**, en el norte de Camagüey.

A partir de entonces, **Julio Sanguily** intervino en numerosos combates y fue ascendiendo constantemente en la jerarquía militar mambisa hasta el grado de **Mayor General**. El 4 de Junio de 1870, en un desafortunado combate, las tropas Españolas le infligieron una grave herida en la pierna izquierda, la cual quedó destrozada e inutilizada. Desde entonces era necesario darle ayuda al montarlo a caballo, había que amarrarlo a la montura para que pudiera combatir, y necesitaba de los soldados a su mando para desmontarlo de su caballo.

En los primeros días de Octubre de 1871, durante un alto en las hostilidades, Sanguily, solicitó permiso y fue autorizado por Agramonte para visitar junto a sus escoltas el rancho cercano de **Cirila López Quintero**, a fin de que le lavaran su ropa, descansar de la marcha y recuperarse de unas heridas y llevar allí a varios heridos y ponerlos bajo el cuidado de Cirila López. Agramonte aprovechó la ocasión para una vez más recordarle a Sanguily que... *"el día menos pensado tus audacias te van a poner en manos de los Españoles."*

Agramonte había acampado con 70 jinetes en el potrero **Consuegra** al sur de la ciudad de Puerto Príncipe, cerca del área de **Jimaguayú.** Era un merecido descanso, después de varias semanas de incesantes y largas marchas y contramarchas por la región.

El día 8 de Octubre, de mañana, Sanguily se trasladó al cercano rancho de Cirila López, y dejó allí 3 enfermos a su cuidado; lo acompañaba **Luciano Caballero**, su escolta y asistente. Una vez cumplida esta gestión, Sanguily se desvistió y se cubrió con una manta mientras le lavaban la ropa. No habían pasado diez minutos cuando Sanguily y Caballero fueron sorprendidos por una columna Española. Sanguily ordenó a Caballero y a las mujeres del rancho que huyeran al bosque.

Caballero, sin embargo, trató de organizar un escape. Despreciando su vida, ofreció sus espaldas a Sanguily, gritándole: *¡Monte mi Brigadier!* Sanguily sorprendido ante aquel gesto de heroísmo de Caballero, al ver que se le venía encima el enemigo dándole voces de "Alto" y haciéndoles fuego, se agarró a las ramas de un árbol, quedándose colgado por los brazos, mientras le ordenaba a su fiel escolta: *¡Corre, corre, sálvate tú!*

Segundos después, un grito imperativo de *"date preso"*, salido de los labios de un Sargento español de apellido **Fernández**, lo sorprendió. Le estaba apuntando al pecho con un rifle. *"¿No ves que no puedo moverme?"* respondió Sanguily, identificándose con el valor que lo caracterizaba: *"Soy el Brigadier Julio Sanguily. Pertenezco al Estado Mayor del Mayor General Agramonte, y estoy a cargo de su caballería Camagüeyana."*

El Sargento le ofreció sus espaldas como lo había hecho el escolta, y Sanguily fue conducido de nuevo al rancho de doña Cirila. El oficial Español lo saludó militarmente en señal de cortesía, tratándolo con corrección; le dio ropa para cubrir su cuerpo desnudo y al romper la aurora la fuerza emprendió el regreso, jubilosa por que conducían como prisionero nada menos que al Brigadier Sanguily.

La noticia corrió veloz; en Puerto Príncipe los edificios se engalanaron, las autoridades civiles y militares se disponían a lucir sus mejores galas ante el espectáculo que se les prometía. Las bandas militares agujereaban el aire con las notas de las marchas, triunfales. **"¡Prisionero el Brigadier Sanguily!"**

Muchos residentes de Puerto Príncipe rindieron honores al ejército Español, una caballería montada de 100 hombres, conocida como el **Batallón de Pizarro** a las órdenes del Comandante **César Matos**. Mientras eso ocurría en la ciudad, **Luciano Caballero**, el escolta de Sanguily, se presentó en el campamento de Agramonte. Ignacio Agramonte rápidamente formó un grupo de voluntarios de su tropa para darle alcance al enemigo. Sus palabras fueron *"Todo el que esté dispuesto a rescatar a Sanguily o a morir, que dé un paso al frente."* La tropa entera se ofreció y Agramonte tuvo que escoger sólo 35 de ellos.

No había tiempo que perder. Era necesario hacer esfuerzos desesperados a favor de un Cubano patriótico. Agramonte salió con ellos, logrando alcanzar al enemigo en la finca *"La Esperanza,"* de Antonio Torres. Junto a Agramonte estaban el Capitán **Francisco Palomino Loret de Mola** y el Comandante **Henry Reeve**, que los Cubanos habían bautizado como **"el Inglesito."**

Los Españoles habían partido de Puerto Príncipe con su famoso prisionero y se detuvieron a descansar brevemente y beber agua alrededor de un pozo situado en *Potreros de Consuegra* en la finca *"La Esperanza."* Contaban con cuatro veces más soldados bien armados, pero fueron sorprendidos, frente a frente, por una fulminante carga al machete.

Ese día, la llanura resonaba como un tambor, golpeada por los cascos de la caballería mambisa. A la cabeza de sus 35 jinetes, dando la cara al enemigo, el Mayor **Ignacio Agramonte** exhortaba a sus hombres, que avanzaban con machetes en alto. Los 35 machetes rebrillaban al sol como relámpagos de gloria. Al acercarse los Cubanos, el enemigo trató de formar un cuadro cerrado, calando las bayonetas para oponerse al alud que les alcanzaba. El cuadro no tuvo tiempo de organizarse.

El grupo de Agramonte cargó por la retaguardia con armas blancas, y a la invocación del nombre y la salvación del general prisionero, sin vacilar ante el número ni ante la persistencia del enemigo, se arrojó impetuosamente sobre las tropas Españolas.

En medio de la trifulca, el sargento **Fernández**, que custodiaba a Sanguily, lo derribó del caballo y le hizo un disparo a corta distancia hiriéndole la mano. Antes de que pudiera matar a Sanguily, el sargento cayó muerto de un sablazo. Sanguily, no sólo baldado de una pierna sino también herido en un brazo, se dio cuenta que era un blanco perfecto para sus hermanos Cubanos ya que lo habían vestido con un uniforme militar Español. Inteligentemente salvó su vida gritando varias veces y a voz en cuello *"¡Viva Cuba Libre!"*

En medio de la confusión y la sorpresa, los jinetes Cubanos atravesaron la columna Española de un lado a otro. A mitad de camino, un titánico y atlético mambí negro, cabalgando a galope forzado, extendió sólo uno de sus fornidos brazos y arrebató de las manos Españolas al General Julio Sanguily, montándolo en el anca de su caballo.

Los hombres del **Batallón de Pizarro** fueron derrotados y huyeron. Resultaron muertos 11 Españoles y un Cubano en el combate. La caballería mambisa había capturado 60 caballos, 40 monturas, una tienda de campaña y una buena cantidad de balas, revólveres y sables.

Agramonte, muy emocionado, estrechó en sus brazos a Julio Sanguily. Más tarde cuando se refería a lo ocurrido decía de sus mambises: **"Mis soldados no pelearon como hombres, lucharon como fieras..."**

Por muchos años, los Cubanos hemos repetido con orgullo la generosa y heroica hazaña del rescate de Sanguily. Desafortunadamente, los Marxistas Cubanos, tratando de borrar nuestra historia, han tratado de deshonrar la imagen de Julio Sanguily. Lo han acusado de ser alcohólico, espía, jugador y aficionado a las *"francachelas"* con mujeres, de traficar con mercancía robada en la manigua, de haber recibido dinero del General Español Polavieja, de haber robado y estafado dinero de los tabacaleros de Cayo Hueso, de haber sido un delator el 24 de Febrero de 1895, de pasarle información a *Dupuy de Lòme*, de haber adquirido la ciudadanía Norteamericana al exiliarse en New York al final de la Guerra de los Diez Años, de haber sido un agente doble de España y los Estados Unidos, de haber denunciado y causado la muerte en la manigua de Manuel García en una emboscada, de haber denunciado a Martí ante el gobierno Americano, causando el fracaso de Fernandina, de conspirar para que Martí no sufragara la expedición de Antonio Maceo desde Costa Rica, de haber sido rechazado por traidor por Estrada Palma en 1895, de haber sido un anexionista enmascarado y de ser, con Estrada Palma y Gonzalo de Quesada, los tres grandes traidores de la historia de Cuba.

Julio Sanguily Echarte
1845-1906

Cirila López Quintero
Patriota Camagüeyana
1845-1906

Placa con los nombres de los miembros del Ejército Libertador que participaron en el **Rescate de Sanguily**.

Friso sobre **el Rescate de Sanguily** en el Monumento erigido a la memoria de **Ignacio Agramonte**, en Camagüey.

El Rescate de Sanguily. Dibujo en Plumilla.

El Rescate de Sanguily. Dibujo en Carboncillo.

1873-1874 — De Bijagual a San Lorenzo con Carlos Manuel de Céspedes

Las relativamente pocas victorias entre 1872 y 1873 en la **Guerra de los Diez Años**, se vieron opacadas por las disensiones políticas en el seno de la dirección del gobierno, que, tarde o temprano, iban a hacer crisis y conducir a la destitución de **Carlos Manuel de Céspedes** como presidente. Casi siglo y medio después, el drama de la destitución del primer Presidente de la República de Cuba en Armas aun provoca estudio y polémicas. La destitución sirvió de detonante de una cadena de acontecimientos nefastos que llevaron al fracaso de la **Guerra de los Diez Años**.

Céspedes, que reconocía y acataba la **Constitución de Guáimaro**, creía que la dirección de la guerra no era competencia de los representantes de la **Cámara**; esta, por su parte, resentía el celo con que el presidente defendía sus fueros y potestades, y se sentía molesta por ciertos rasgos dictatoriales que creía ver en la personalidad de Céspedes.

Una de las figuras que al inicio de la Revolución había manifestado dificultades con Céspedes era **Ignacio Agramonte**, que inspirado en sus principios democráticos, por mucho tiempo y dada la importancia de la unidad para el logro del triunfo, pasó por alto esos rasgos autoritarios de Céspedes. Agramonte vio en la práctica las razones de Céspedes al abogar por un mando militar fuerte. Es una opinión mayoritaria, que él nunca hubiese permitido en vida lo que luego se hizo con Céspedes.

Calixto García también tenía que serenarse después de algunas conversaciones con Céspedes que giraban en torno a la organización militar y las estrategias para conducir la guerra. Calixto consideraba necesario organizar grandes unidades de tropas para atacar al enemigo en sus plazas fuertes y enfrentarle sus columnas militares. Céspedes creía que pequeñas unidades atacando en múltiples lugares era más efectivo y menos riesgoso.

Para colmo de males, los alzados **Camagüeyanos** tomaron la decisión de no acatar la autoridad de Céspedes, opuestos radicalmente a lo que consideraban una dictadura; su influencia determinó que los **Villareños**, que inicialmente estaban dispuestos a seguir a Céspedes, se unieran a esa posición, que era la misma de los jóvenes intelectuales llegados de La Habana para sumarse al esfuerzo libertario.

A esas diferencias se sumaban los desacuerdos por la decisión de Céspedes de deponer al vicepresidente **Francisco Vicente Aguilera** por su prolongada ausencia en el exterior, adonde había sido enviado para solventar las discrepancias en el seno de la emigración. También las intrigas de los **Aldamistas** desde Estados Unidos, por haber nombrado Céspedes a su cuñado, **Manuel de Quesada**, Comisionado en el Exterior.

El 27 de Octubre de 1873, reunida la **Cámara de Representantes** de la República en Armas en el Campamento de **Bijagual**, en Jiguaní, Departamento Oriental, y basada en las facultades y prerrogativas otorgadas a ella por la **Constitución de Guáimaro**, con el respaldo de 1,500 hombres al mando del general **Calixto García**, se acordó deponer a Carlos Manuel de Céspedes del cargo del presidente de la Republica. Esa votación, preparada con antelación y un tanto amañada, despojaron del poder conferido por la Asamblea y Constitución aprobadas en **Guáimaro**, Camagüey, al hombre que el 10 de Octubre de 1868 tuvo la osadía y el valor de dar el grito de **Independencia o Muerte** contra el dominio colonial Español en la isla.

Los sucesos de **Bijagual** llevaron a la presidencia a una de las principales figuras opuestas a Céspedes, **Salvador Cisneros Betancourt**. Céspedes acató la resolución, dirigió ur manifiesto al país para explicar su conducta y el 2 de Noviembre solicitó un permiso para trasladarse al extranjero, que el nuevo presidente Cisneros denegó.

Lleno de dolor, Céspedes tomó refugió en **San Lorenzo**, en una finca en el lado sur de la Sierra Maestra. Allí, sin escolta ni fondos económicos para subsistir, construyó una casita de madera para enseñar a leer a los niños de la zona. El 27 de Febrero de 1874, cuando regresaba de dar sus elecciones del cía, en desigual combate contra fuerzas superiores del enemigo, fue sorprendido y muerto por una columna Española del **Batallón de San Quintín**.

La destitución de Céspedes se produjo como resultado de viejas disputas sobre el papel de civiles y militares en la Guerra de Independencia. Ese tema aparente pero no definitivamente, había sido planteado en la **Asamblea de Guáimaro**, pero seguía latente. Allí

Imágenes del **Ingenio la Demajagua** de **Carlos Manuel de Céspedes**.

habían estado congregados y presentes los mayores generales **Calixto García, Vicente García, Modesto Díaz** y **Manuel (Tita) Calvar**, así como personalidades civiles como **Salvador Cisneros Betancourt** y **Tomás Estrada Palma**. El conflicto militar-civil fue agudizado por la designación de **Quesada** como agente especial de Cuba en los Estados Unidos. La muerte del mayor general **Ignacio Agramonte y Loynaz**, el 11 de Mayo de 1873, le dejó las manos libres a la **Cámara** para actuar contra el presidente **Céspedes**, algo que nunca hubiera respaldado Agramonte. La presencia de 1,500 hombres armados concentrados en **Bijarú**, cerca de **Bijagual**, evidenció que la Cámara no tenía fuerza propia para adoptar acuerdo tan significativo como la destitución de Céspedes.

En realidad, en **Guáimaro** se había adoptado un sistema que daba poderes decisivos al Legislativo sobre el Ejecutivo, haciendo de la **República de Cuba en Armas** una entidad parlamentarista, que Céspedes aceptó a pesar de no estar de acuerdo con ese concepto. A la Cámara de Representantes le dieron la facultad de **nombrar y deponer** al Presidente de la República y al General en Jefe del Ejército Libertador. La Cámara tenía facultad para legislar sobre cualquier tema incluyendo, si fuese necesario, la decisión de prevalecer en última instancia sobre la voluntad del Presidente.

A la Cámara incumbía proponer y ratificar a los Ministros. Al Presidente le correspondía emitir circulares y nombrar Embajadores y Agentes en el exterior. En una señal de cooperación, halago, conformidad y aprobación del pensamiento de Céspedes, la Cámara decretó por el **Artículo 24**, la **abolición de la esclavitud**, declarando libres a todos los habitantes de la futura República. Esa buena voluntad hacia la presidencia, claramente expresada, no significó una disminución del sentido de **prepotencia** con que la Cámara veía su superioridad con relación a la presidencia.

En medio de los choques constantes entre Céspedes y la Cámara, esta aprobó en Abril de 1872 la **Ley de Reorganización Militar**, que fue vetada por el Presidente, quien, con poca fortuna en sus iniciativas bélicas, había incurrido en errores atribuidos por sus adversarios a la falta de aptitudes y conocimientos militares. Prueba de ello era la destitución de **Máximo Gómez** como Jefe de la División Cuba y el nombramiento de **Antonio Maceo** en su lugar.

Mientras tanto, en **Estados Unidos** se habían formado dos

tendencias entre los independentistas emigrados; una liderada por **Miguel Aldama**, compuesta por ricos liberales de tendencia esclavista, y la otra, por **Manuel de Quesada**, emisario de Céspedes, quien envió al Vicepresidente, **Francisco Vicente Aguilera**, a tratar de resolver el problema, pero luego decidió dejar sin efecto la mediación de Aguilera y nombró como sus agentes confidenciales a su cuñado **Quesada** y a **Carlos del Castillo**, enemigo declarado de la **Casa de Aldama**.

En **Bijagual**, la Cámara reunió a 9 de 16 de sus miembros, el mínimo requerido para hacer cuórum. Ocho de ellos votaron a favor de la destitución de Céspedes, por lo que la decisión fue adoptada por una minoría. Teniendo en cuenta que el mayor general **Francisco Vicente Aguilera**, vicepresidente de la República en Armas, por derecho propio debía cubrir la vacante al Céspedes ser destituido, pero cumplía misiones en el extranjero y además se encontraba enfermo y no podía regresar a Cuba, la Cámara nombró a su presidente, **Salvador Cisneros Betancourt**, como presidente provisional de la República en Armas en sustitución de Céspedes. Con la deposición de **Céspedes**, la Cámara daba un paso en falso de nefastas consecuencias para el ulterior desarrollo de la guerra. Se abrieron las puertas a la división interna y se dejó sentado un precedente. La autoridad de la Cámara era meramente teórica, lo que desembocaría años más tarde en la **Sedición de Lagunas de Varona** por **Vicente García** y otros desacatos contra la dirección de la Guerra de los Diez Años.

Carlos Manuel de Céspedes tuvo una posición digna; aceptó la destitución sin poner obstáculos, ni resistencia alguna a pesar de la intención de sus adictos de oponerse por la fuerza, y manifestó:

> *«... Doy las más expresivas gracias a ese cuerpo por haberme librado del gran peso que ha gravitado sobre mi mientras he estado a cargo del gobierno, sin que pueda decirse que he abandonado mi puesto ni atribuirse a cansancio o a la debilidad... »*

Fue un acto imprudente e irresponsable, fruto de querellas y rivalidades, urdido mediante intrigas, el resultado de una maniobra de los civiles de la Cámara contra los mandos militares. El resultado significó no solo un cambio de Presidente, sino también de orientación política, pues asumió el poder el grupo representado por los Aldamistas, compuestos principalmente de terratenientes orientales y camagüeyanos.

Líderes Cubanos de la Guerra de los Diez Años; **Salvador Cisneros Betancourt, Miguel Aldama, Ignacio Agramonte, Antonio Maceo, Francisco Vicente Aguilera** y **Máximo Gómez**, en una caricatura de la época.

VIEJAS ESTAMPAS CUBANAS

Prueba del ensañamiento personal contra Céspedes fue que dos días después, la Cámara le retiró la escolta y se le obligó a seguir al gobierno en su peregrinar por los campos de Cuba, con el pretexto de que debía dar a conocer a su sucesor, **Salvador Cisneros**, todos los detalles en los archivos y papelería del gobierno. Cisneros y el Secretario de la Guerra, **Félix Figueredo**, se opusieron a la petición de Céspedes de que le permitieran retirarse al lugar de su elección y le dieran pasaporte con vista para marchar al exterior a unirse con su esposa **Ana**, que le esperaba en New York.

Céspedes, sin escolta ni armas, llegó a la finca de San Lorenzo en la mañana del 23 de Enero de 1874, acompañado por su hijo **Carlitos**, alojándose en la finca del prefecto **José Lacret Morlot**. Un mes y cuatro días después de su arribo, y cuatro meses después de su destitución, el 27 de Febrero de 1874, lo sorprendió el **Batallón de San Quintín** en misión punitiva, al que hizo frente solo, con su revólver, hasta precipitarse mortalmente herido por un barranco.

Al final del precipicio encontraron el cadáver de Céspedes, con una herida de bala encima de la tetilla izquierda, justo sobre el corazón, y un golpe encima del ojo derecho que le desfiguró el cráneo. Sus perseguidores alzaron el cuerpo y lo arrastraron hasta frente a la casa de Lacret. Al verlo, **Carlitos**, su hijo, que había oído los disparos en la distancia, apenas pudo recoger del suelo fragmentos del pelo y sus ropas. El cadáver fue expuesto en Santiago de Cuba y enterrado en una fosa común; el 28 de Marzo de 1879, un pequeño grupo de soldados Cubanos exhumó su cadáver y lo escondió.

La historia ha demostrado que con los sucesos de Bijagual y San Lorenzo, se había dado un golpe mortal a la **Guerra de los Diez Años**.

En una de sus últimas cartas a su esposa Ana en 1872, Céspedes le había escrito desde San Lorenzo...

> «... he presenciado el espectáculo de la marea después de tres años y medio que dejé de verlo en La Demajagua. Me trajo a la memoria entre otros recuerdos, mi antiguo estado de señor de esclavos, en que todo me sobraba; lo comparé con este en que ahora me veo,   pobre, falto de todo, esclavo de innumerables señores, pero libre del yugo de la tiranía Española, y eso me bastó: prefiero mi actual condición... »

Las denuncias de **dictador** rondaron siempre a Céspedes. Unas veces las vio entrelazadas con las decisiones prontas y radicales que eran necesarias para que triunfara una gesta independentista en pleno crecimiento; otras aparecieron bajo la envidia, la manipulación y la mentira de sus enemigos.

José Martí se expresó sobre Céspedes en estos términos...

> «... la independencia de la patria tuvo para Céspedes una urgencia inmediata. La Cámara tenía otra visión... lo que sería Cuba después de la independencia. Los dos tenían razón; pero en el momento de la lucha, a la Cámara no le correspondía prevalecer...»

En **Guáimaro**, cuando concluyeron las sesiones de la **Asamblea Constituyente**, el recién electo General en Jefe del Ejército Libertador, **Manuel de Quesada**, invitó a Céspedes a comer en su residencia. Allí Céspedes conoció a **Ana de Quesada**, hermana de Manuel. Ya Céspedes había enviudado al morir Carmen María, su primera esposa. A los cinco meses de Guáimaro, Céspedes llevó a Ana de Quesada al altar. Nunca imaginó que tener como jefe militar a su cuñado iba a traerle tantos ataques y su eventual deposición como presidente.

Originalmente, el 6 de Octubre de 1869, **Manuel Quesada** había expresado ante la Cámara que él no quería poder, "*porque el poder abruma.*" Años más tarde prácticamente le estaba implorando: "*Lo que pido, lo que quiero, lo que me hace falta, suma falta, es la confianza del Gobierno.*" Sus reclamos encontraron oídos sordos, la Cámara mantuvo un grupo de leyes que prácticamente hacían imposible las decisiones y los fondos económicos que Quesada necesitaba para dirigir las campañas. Exasperado, el 15 de Diciembre del '69, Quesada convocó a una junta en el **Horcón de Najasa** donde solicitó mayor independencia para el mando militar...

> «... . "*El Ejército necesita comer; las leyes colocan fuera de mis atribuciones el ocuparme de los medios de mantener al pueblo y al Ejército... El Ejército necesita calzarse; las leyes no me autorizan para procurarle calzado... El Ejército necesita pertrecharse; no hay municiones, ni la ley me autoriza para procurarlas; empero si no establezco fábricas de pólvora y de fulminantes, dentro de un mes habría que suspender las operaciones. ¿Qué hago? ¿Cumplo con la ley o no la cumplo? ...* »

Escenas de Mambises publicada en 1880; una foto de **Candelaria Acosta** (*Cambula*) la mujer que cosió la primera Bandera Cubana; Céspedes dándole clases a los niños en **San Lorenzo**; un dibujo de **Carlos Manuel de Céspedes** y el lugar donde cayó muerto en San Lorenzo.

La Cámara vio aquellos pedidos como un intento por implantar la temida dictadura y dos días más tarde destituyó a Quesada. Céspedes no estuvo de acuerdo con la decisión y en clara muestra de inconformidad, el 4 de Enero de 1870 lo nombró **Agente Especial del Gobierno en Estados Unidos**. Sin sospecharlo, le esperaba una dura realidad con la rivalidad de Miguel Aldama. La despedida de Quesada camino a Washington fue visionaria:

«... tenga cuidado, ciudadano Presidente, que desde hoy mismo comenzar los esfuerzos para su deposición... »

Céspedes nunca sospechó que la designación de Quesada para esa posición importante iba a convertirse en una de las causas utilizadas por la Cámara para deponerle. El documento de deposición incluía...

«... *Céspedes ha repartido grados y cargos a familiares, se ha extralimitado en sus funciones, ha cohibido el derecho al sufragio, ha abandonado a las fuerzas de Las Villas, ha violado el derecho de petición, se ha inmiscuido en las cuestiones judiciales...* »

¿Hubo pruebas reales contra él? Ninguna. Solo palabras y más palabras. Era como si recíprocamente los Representantes trataran de convencerse ellos mismos de por qué debían cometer tamaña torpeza.

La **Guerra de los Diez Años** llegó a tener más problemas internos que los que le presentaban las tropas Españolas. A partir de la muerte de Céspedes cundió la desconfianza y la animadversión entre las filas mambisas, proliferaron las indisciplinas y sediciones. Algunos se cansaron de luchar y pactaron con el enemigo. Y muy pronto llegó el Zanjón.

Una placa conmemorativa en **San Lorenzo** y la estatua de **Céspedes** en la **Plaza de Armas** de **La Habana**.

Antonio Maceo y la Protesta de Baraguá

1878

La guerra en Cuba no iba bien en 1877. Los antagonismos personales, las diferentes perspectivas de los líderes, la falta de disciplina y el regionalismo eran tales que frecuentemente se ignoraban las órdenes que venían del gobierno central. Maceo lo sabía y su enfoque para combatir el cansancio y el desencanto era acelerar el curso de la guerra para que acabase pronto. En una conversación con Máximo Gómez, le había dicho que si no triunfaban pronto el ejército Cubano iba a fracasar por la falta de confianza y por la indisciplina. En **Camagüey**, sólo quedaba un regimiento; en **Las Villas**, se peleaba en **Sancti Spíritus** y **Remedios**, pero no en **Cienfuegos**, **Santa Clara** o **Sagua**. Martínez Campos se estaba reuniendo en *El Chorrillo* con **Vicente García**, prometiéndole villas y castillos.

Martínez Campos también lo sabía y trató de beneficiarse de la baja moral y la inseguridad de los mambises. Su oferta a los que se rindieran era tentadora: 30,000 pesos por cada cien hombres que se rindieran y 75 a los que lo hicieran armados; 40,000 por cada cien hombres si se rendían en un grupos de más de 500. 15,000 pesos por cada oficial, fuera cual fuera su rango. Para los que se rindieran, diez años sin pagar impuestos. Para los que no poseían tierras, **una caballería** (33 acres) con irrigación en el lugar de su nacimiento.

El 21 de Diciembre de 1878, la Cámara de Representantes se reunió en presencia de Vicente García y Martínez Campos. Acordaron suspender el **Principio de Spotorno** (pena de muerte al que anunciara una rendición) y hablar con los rebeldes de Las Villas y de Oriente para poder actuar en unísono. Ese día la Cámara se disolvió y pasó su mando a un **Comité del Centro**. Francisco Javier de Céspedes, Presidente de la República en Armas, renunció y fue reemplazado por Manuel de Jesús (Tita) Calvar. El 12 de Febrero, Emilio Luaces y Ramón Roa firmaron el deshonroso Pacto del Zanjón. Serafín Sánchez y Carlos Roloff firmaron por Las Villas; Luis Figueredo lo hizo por Oriente. Vicente García, Antonio

Una imagen de la reunión de **Mangos de Baraguá** en Marzo del '78; un mapa del lugar de la reunión, y debajo un **sello Cubano de 1933** con una vista del lugar y el **Monumento a Antonio Maceo** en el Malecón de La Habana.

Maceo, Flor Crombet y Guillermón Moncada, rechazaron el Pacto. El único que siguió tercamente peleando fue Ramón Leocadio Bonachea.

En el campamento de Antonio Maceo en **Piloto Abajo**, cerca de San Luis, Rafael Rodríguez, José Enrique Collazo y Máximo Gómez se reunieron con Maceo el 18 de Febrero. No pudieron convencerlo para que aceptara el Pacto, aun cuando reconoció que no tenía ni armas ni municiones para sus tropas. José Enrique Collazo se marchó a Holguín y **Máximo Gómez** tomó el camino a Santo Domingo. A Maceo lo estaban dejando solo.

Seis días después, Maceo emboscó tropas Españolas armadas en camino de Palma Soriano a Florida Blanca, los derrotó y se apropió de buena parte del armamento de ese convoy. Tres días más tarde, en Aguada de la Ceiba, cerca de San Ulpiano, sus tropas se enfrentaron al **Batallón de San Quintín**, los atacaron ferozmente y ganaron, sabiendo que vengaban la muerte de Carlos Manuel de Céspedes, el *"presidente viejo,"* meses atrás. Maceo entonces pidió una reunión con Martínez Campos, que accedió a reunirse en **Mangos de Baraguá**, una arboleda casi impenetrable de árboles de mango, llenos de flores amarillas y con fruta, el 15 de Marzo. Martínez Campos escogió la fecha y la hora, y Maceo tuvo la última palabra en cuanto al lugar y al número de acompañantes de cada parte. El día escogido, Manuel Calvar, Donato Mármol, Flor Crombet, Pedro Martínez Freire, Ríus Rivera, José Lacret, Fernando Figueredo Socarrás, Belisario Grave de Peralta, José Maceo, Vicente García y Payito León, acompañando las tropas de Holguín, Guantánamo, Jiguaní y Tunas, se apostaron en los alrededores de Baraguá.

Ese día, Maceo, Calvar, Figueredo y Ríus pusieron sus hamacas en un claro pequeño en el bosque y prepararon un igual número de hamacas para los Españoles. Martínez Campos, montando un caballo moro precioso, tan negro que parecía tener destellos azules, se apareció acompañado de los generales Prendergast, Morales de los Ríos, Cassola y Polavieja. Lo primero que dijo al desmontar fue *"¿Quién de Uds. es Antonio Maceo?"* Maceo se identificó y presentó a todos los oficiales de su cortejo. Repitieron lo mismo con los de Martínez Campos y ambos se sentaron entonces en las hamacas.

Martínez Campos comenzó las conversaciones mostrándole a Maceo una carta anónima que había recibido el día anterior, la cual decía que Maceo lo asesinaría. Maceo respondió: *"Aunque ambos estuvimos de acuerdo en venir con no más de 15 oficiales, encuentro muy raro que Ud. se sienta inseguro, habiendo desplazado un escuadrón español de caballería a menos de 300 metros de aquí."* Al darse cuenta de que los scouts de Maceo le habían seguido la pista desde que salió de San Luis, al norte de Santiago, Martínez Campos se sentó y sonrió.

Comenzada la reunión, Martínez Campos le dijo a Maceo que **Vicente García** no compartía su punto de vista y que ya había firmado el documento de rendición. Maceo le respondió con furia contenida: *"¿Quiere saber dónde está García? García está en el bosque, a su derecha, con más de tres mil hombres por si Ud. ha pensado en hacer una traición. De hecho, general, si todos ustedes están vivos y libres es gracias a la clemencia, el honor y la nobleza del ejército rebelde Cubano."*

El resto de la reunión fue cortés pero cada lado completamente firme en sus puntos de vista. Al final, Martínez Campos, que hasta ese momento se había referido a Maceo como *"Señor,"* en lugar de *"General,"* se puso de pie, montó su caballo y, después de un saludo militar a Maceo, le dijo: **"La historia verá quien tuvo la razón en esta cuestión."** Las líneas telegráficas se saturaron con la noticia del rechazo de Antonio Maceo al **Pacto del Zanjón**. Máximo Gómez se enteró de la postura de Maceo estando aún en Santiago de Cuba y exclamó: *"Estaba equivocado: con hombres de este calibre, más tarde o más temprano la independencia de Cuba está asegurada. Este hombre ha rescatado el honor de Cuba él solo."*

Dos semanas más tarde, 104 oficiales y cientos de hombres del ejército Mambí visitaron el campamento de Maceo. Pero la persecución feroz por parte de las tropas Españoles y la impotencia de los Mambises al no tener armamentos y municiones, determinó tomar un curso nuevo. Fernando Figueredo Socarrás, Manuel de Jesús Calvar y Leonardo del Mármol convencieron a Maceo que solamente él podría encender el fervor entre los exilados de New York para procurar los recursos y proseguir la guerra. El 10 de Mayo Antonio Maceo abordó el navío español *Fernando el Católico* en Santiago de Cuba, con destino a Jamaica. La Guerra de los Diez Años por la Independencia Cubana había llegado a su fin.

La entrada al área de **Mangos de Baraguá**, hoy un parque conmemorativo importante; varios sellos en homenaje a la vida del **Titán de Bronce** y, debajo, el retrato de **Antonio Maceo** en el billete Cubano de $20 pesos.

Imágenes de arriba a debajo:
Alegoría a Antonio Maceo; dos obras del gran pintor Cubano **Armando Menocal, Tropas de Mambises** y la **Muerte de Antonio Maceo.**

La Sedición de Las Lagunas de Varona

1878

En el invierno de 1873 y la primavera de 1874 Máximo Gómez había ganado las Batallas en **La Sacra**, **Palo Seco**, **El Naranjo**, **Mojacasabe** y **Las Guásimas**, un área de batalla que abarcaba todo el territorio alrededor de Guáimaro y Puerto Príncipe, Camagüey, causando cerca de 2,000 bajas al ejército Español.

Antes de fines de 1874, **Víctor Hugo** había enviado varias proclamas a favor de la independencia de Cuba y «... estaba *recibiendo generosamente a los exiliados Cubanos que llegaban a París*», según el semanario francés *La Gazette*. **Calixto García** había sido capturado en *San Antonio de Baja*, cerca de *Bayamo*, y había sobrevivido un intento de suicidio para evitar caer en manos Españolas. Fue reemplazado en su mando por el general **Vicente García**, al que pronto llamarían el **León de Santa Rita**.

Mientras tanto, en España, **Práxedes Mateo Sagasta** formaba un nuevo gobierno, **Arsenio Martínez Campos** provocaba un pronunciamiento en Sagunto y **Cánovas del Castillo** se convirtió en Ministro-Regente de toda España y sus colonias.

En Cuba, **José Gutiérrez de la Concha** había asumido por tercera vez el cargo de Capitán General, y comenzó a construir el *Acueducto de Albear* y la *Plaza del Vapor*. El 27 de Diciembre, en un estadio en *Palmar del Junco*, en lo que hoy se conoce como *Pueblo Nuevo*, **Matanzas**, varios jóvenes jugaron Baseball por primera vez en Cuba.

El año 1875 comenzó con **Máximo Gómez** cruzando la *Trocha de Júcaro a Morón*, una línea de fortificaciones construida por España para evitar el salto de la guerra hacia la zona occidental de Cuba. Gómez triunfó en su primera batalla en *El Jíbaro*, **Las Villas**. En un episodio disruptivo y turbulento, el general **Vicente García**, negándose a dejar su zona de nacimiento en *Las Tunas* para unirse a Máximo Gómez en su plan para invadir Las Villas, inició una protesta más tarde conocida como **La Sedición de Lagunas de Varona**. Con ella, Vicente García, un destacado patriota que en sobradas ocasiones había hecho gala de sus dotes como líder y estratega militar, declaraba su oposición al gobierno de **Salvador Cisneros Betancourt**, proponiendo, entre otra serie de demandas su deposición. A su protesta se unieron varios miembros de la familia de Carlos Manuel de Céspedes, que con ello pretendían vengar la injusta destitución de Céspedes en Octubre de 1873. La sedición era un acto de indisciplina militar, de carácter regionalista, y una manifestación caudillista, el resultado de una profunda diferencia que ya se estaba notando, entre el poder civil y el militar dentro de la República en Armas. Aparte de los familiares y amigos del ya fallecido Céspedes, participaban los amigos personales y numerosos allegados a Vicente García, los soldados que iban descontentos por salir del territorio de Holguín y Las Tunas para integrar el contingente de Las Villas, además de los combatientes desafectos al Presidente Cisneros. Luego de una paralización que duró dos meses, el general García, sin dar cuenta ni ser censurado aun por su rebelión, tomó el mando de las provincias de Oriente y Camagüey, mientras Cisneros Betancourt era reemplazado por un nuevo presidente, **Juan Bautista Spotorno**. Un agravante que catalizó las contradicciones entre **Cisneros Betancourt** y **Vicente García**, y por consecuencia entre todos los sectores que se habían ido conformando, fue el "*caso Calvar*". En el mes de Febrero Vicente García había recibido de Tomás Estrada Palma una información de que próximamente se trasladaría un convoy Español desde Cauto a Bayamo. Para tomarlo, García ordenó que se le incorporasen fuerzas directamente al mando de **Manuel de Jesús (Tita) Calvar**, sin consultárselo previamente a Calvar, que tenía el rango de Mayor General. La acción fue una gran victoria, pero profundizó las discordias. Calvar redactó su renuncia como Jefe de la Primera División y marchó a la residencia del Gobierno a plantear una queja por la actitud de su superior. Al llegar a la sede del Ejecutivo se encontró con una comunicación de **Vicente García** quejándose de la forma irrespetuosa con que Calvar dejó su cargo. La Administración estaba en una situación difícil: **García o Calvar**. Se decidió reprender a Calvar oficialmente y por escrito. Las diferencias se agudizaron más aun cuando, como si hubiese sido un premio a la indisciplina, según criterio Vicentino, el Tunero tuvo que entregarle la jefatura de Oriente a **Calvar** (14 de marzo de 1875) para ocupar la de Camagüey en ausencia de Gómez. La *República de Cuba en Armas* se parecía cada vez más a los gobiernos convulsos e inestables de España. Para atenuar la devastación moral creada por el incidente de **Lagunas de**

Imágenes, de arriba a debajo e izquierda a derecha:
Un mapa de la **Región Camagüeyana**; **Vicente García**, **Arsenio Martínez Campos**, **Julio Sanguily** y **Salvador Cisneros Betancourt**.

Varona, un grupo de periodistas reformistas de La Habana dio publicidad a un documento escrito por el **Capitán General Lersundi,** entre cuyas respuestas a la guerra del '68, estuvo la constitución de un grupo de 35,000 hombres, los denominados *Voluntarios de la Isla de Cuba*, formado en torno al Casino de La Habana. En el documento Lersundi declaraba... «*...Cuba será Española o la abandonaremos convertida en cenizas...*»

La sedición de Vicente García el 30 de Abril de 1875 en Lagunas de Varona, la publicación de sus demandas del 5 de Mayo contra el presidente Betancourt Cisneros y su Manifiesto del 11 de Junio contra la presidencia y el Poder Legislativo de la República de Cuba en Armas, afectó gravemente la moral de las fuerzas rebeldes.

El 1 de Mayo, el presidente **Salvador Cisneros** y el general **Bartolomé Masó**, ambos sin escolta, se presentaron en la sede de Vicente García tratando de persuadirlo de que abandonara su desafío ante las autoridades constitucionalmente establecidas. García los recibió cordialmente pero reiteró los motivos de su protesta, alegando que sus hombres no estarían de acuerdo en luchar por la liberación de otros territorios que no fueran Las Tunas.

Tan pronto como **Antonio Maceo** recibió el manifiesto, escribió una carta de reproche al general García rechazando sus puntos de vista y pidiendo disciplina y retractación pública. **Máximo Gómez**, con gran peligro personal, tomó un breve destacamento a **Loma de Sevilla** y tuvo una reunión el 24 de Junio con **Vicente García** para sugerirle cortés pero enérgicamente que tenía que elegir entre la disciplina o el destierro y su destitución de las fuerzas independentistas. El presidente Salvador Cisneros Betancourt, herido pero dispuesto a adaptarse a la situación, renunció a su cargo y **Juan Bautista Spotorno** asumió temporalmente la presidencia.

Fue la crisis constitucional más grave que enfrentaron las fuerzas cubanas, segunda y muy cercana en tiempo y alcance a la destitución de Céspedes. Spotorno intentó conciliar a todas las partes y probablemente tomó la peor decisión posible. Ascendió a **Vicente García** a la máxima autoridad militar tanto en Camagüey como en Oriente, con la promesa de García de asumir el mando de las tropas de Camagüey de inmediato. Después de casi un mes intentando mediar en la crisis, **Máximo Gómez** regresó a mediados de Julio a Las Villas; encontró allí entre sus hombres el mismo malestar y desasosiego que había dejado en Oriente. En dos cartas a **Miguel Aldama** en Nueva York y a **Antonio Maceo** en Oriente, expresó sus dudas de que las fuerzas independentistas pudieran recuperarse de este episodio de Sedición. Era una situación desesperada en un momento en que Madrid había devuelto a un hombre tan despiadado y despiadado como el **Conde de Valmaseda** a la Capitanía General de Cuba.

Las consecuencias del intento de sedición comenzaron a sentirse muy pronto a través de las líneas del ejército independentista Cubano. En Marzo de 1876 **Julio Sanguily** dimitió de su puesto asignado al mando del territorio de Las Villas. Dio como razón que sus hombres, empoderados por el ejemplo de Lagunas de Varona, estaban rechazando su derecho a dar órdenes lejos de su tierra natal de Camagüey. Fue reemplazado por el general **Carlos Roloff**. El 29 de Marzo, en una reunión en La Matilde, Camagüey, finca propiedad de la familia de **Ignacio Agramonte**, la Cámara de Diputados de Cuba eligió a **Tomás Estrada Palma** como presidente de la República en Armas. La guerra estaba lentamente llegando a un final inevitable. Los hombres estaban cansados y confundidos. Muchos cuestionaban la posibilidad de éxito. La mayoría había perdido la fe en el liderazgo. Algunas acciones, aunque potencialmente dramáticas en su impacto, no fueron suficientes para elevar una vez más su espíritu combativo. Otros acontecimientos importantes tuvieron lugar antes del último día de las hostilidades:

En España, la Tercera Guerra Carlista concluyó y los Borbones abandonaron España. Sólo las tropas españolas del Fuerte San Hilario en Nuevitas se habían unido a los Carlistas en Cuba. En Ciego de Ávila, José González Guerra, jefe del ejército Cubano en Cienfuegos, resultó herido y, por falta de tratamiento, murió de tétano como consecuencia de las heridas recibidas en un combate en Baraguá; fue sustituido por el general de brigada **Henry Reeve**, (el Inglesito), que moriría el 4 de Agosto de 1876. Un nuevo Capitán General, **Joaquín Jovellar Soler**, fue nombrado por segunda vez por Madrid en Enero de 1876. El general Vicente García, todavía en Oriente, tomó Las Tunas después de una feroz lucha, el 22 de Septiembre de 1876. Quemó el pueblo hasta los cimientos. El general **Arsenio Martínez Campos** llegó a Cuba el 3 de Noviembre, trayendo consigo 28,000 proscritos dispuestos a reprimir la insurrección en el Oriente de Cuba. Máximo Gómez, en un intento de levantar el ánimo, dejó a Roloff solo en Las Villas y

Imágenes de la **Guerra de Independencia Cubana de 1868**,
publicadas por la revista **La Ilustración Española y Americana**
en Madrid, durante el curso de la Guerra.

VIEJAS ESTAMPAS CUBANAS

se trasladó a Camagüey, esperando de lleno una campaña agresiva y contundente por parte de Martínez Campos. El presidente Estrada Palma le ofreció el título de General en Jefe, pero lo rechazó, alegando que debía otorgarse a un general nacido en Cuba.

Estrada Palma, creyendo en el cambio sincero de opinión y transformación del general Vicente García, lo nombró Jefe Militar de Las Villas el 21 de Febrero de 1877.

La Cámara de Diputados, también probando la postura reformada de García, declaró que Las Tunas era parte del área de mando de Oriente y ya no formaba parte de la de Camagüey. Vicente García envió un mensaje descortés e irrespetuoso a la Cámara; las tropas de Las Tunas, amotinadas en Santa Rita, se negaron a aceptar órdenes de nadie más que de García. Los alborotados soldados de Santa Rita exigieron la destitución de Estrada Palma y la disolución de la Cámara de Diputados de Cuba. Vicente García no hizo ningún esfuerzo por enderezarlos; por el contrario, hizo un pronunciamiento y dirigió sus tropas hacia Las Tunas en lugar de Las Villas.

Maceo recibió una carta de García el 3 de Junio en la que le pedía que uniera fuerzas para apoderarse de todo el territorio de Oriente. Maceo se negó y le envió una carta recordándole que Las Tunas ya no era su territorio para defender o conquistar. Tristemente, Máximo Gómez reforzó su opinión de que la guerra estaba irremediablemente perdida. Antonio Maceo no estuvo de acuerdo pero no pudo explicar por qué.

En un combate en Los *Mangos de Mejía*, Oriente, **Antonio Maceo** resultó gravemente herido. El médico a cargo limpió sus heridas y extrajo seis de las ocho balas que recibió de rifles .44 Remington. Lo reemplazó temporalmente el general **(Tita) Calvar**. Los hombres de Maceo se negaron a aceptar el mando del Calvar y expresaron su protesta a Maceo mientras estaba en su propio lecho de enfermo.

El 4 de Octubre de 1877 Máximo Gómez detuvo a cuatro altos funcionarios Cubanos: Antonio Bello, Jaime Santiesteban, Esteban de Varona y José Castellanos. Fueron hallados culpables de acercarse al enemigo para concertar arreglos de paz. Tres de ellos fueron condenados a muerte; Santiesteban se salvó, probablemente debido a sus muchos y antiguos esfuerzos en apoyo de la independencia Cubana.

En Octubre de 1877, **Tomás Estrada Palma** cayó en manos del ejército español en *Las Tasajeras*, cerca de Holguín. Fue deportado a España, donde permaneció prisionero en Gerona hasta el final de la guerra; fue reemplazado en la República de Armas de Cuba por su vicepresidente Francisco Javier de Céspedes, hermano de Carlos Manuel. El general Vicente García fue designado su sucesor como nuevo presidente electo de Cuba.

El 18 de Noviembre **Vicente García** tomó posesión como nuevo presidente de la República en Armas; el ejército Cubano venció a las tropas Españolas en **Nuevas de Jobosí**, cerca de Sancti Spíritus, Las Villas. Hubo numerosas bajas de ambos bandos y miembros del Ejército Cubano, entre ellos **Máximo Gómez**, comenzaron a mirar con mejores ojos las conversaciones con España sobre una tregua. **Martínez Campos**, en campaña en Sierra Maestra, Oriente, se apresuró a conocer las noticias y tomó un barco en Santiago rumbo a Santa Cruz del Sur, Camagüey, donde se reuniría con Esteban Duque Estrada y Enrique Collazo. Al llegar a Camagüey, Martínez Campos ordenó un cese táctico unilateral de hostilidades.

En reunión con la Cámara de Diputados en **San Agustín del Brazo**, Camagüey, el 7 de Febrero del '78, el general **Vicente García** se enteró de las conversaciones de paz con Martínez Campos. Pidió una reunión con el general Español al día siguiente en **El Chorrillo**, Camagüey. Martínez Campos le sugirió disolver la Cámara de Diputados y reemplazarla por un **Comité del Centro**. Vicente García no estuvo de acuerdo con esa sugerencia y abandonó la reunión. El Comité se formó el y se le encomendó la tarea de definir y dar seguimiento a la Oferta de Paz Española. Dos días después, el 10 de Febrero, los rebeldes acordaron realizar una ceremonia en **San Agustín del Brazo** para firmar el acuerdo de paz. La tarea de informar a otros rebeldes en Oriente y Camagüey, sólo envolvió a Máximo Gómez y Antonio Maceo.

Los sucesos de Varona no constituyeron un hecho sombrío que seres malintencionados realizaban para romper una ya inexistente unidad de los insurrectos; en sentido estricto, Vicente García, trató de darle un rumbo a la Guerra del '68 hacia las estrategias y directivas que él consideraba propicias para alcanzar la libertad de Cuba. Pero **La Sedición de Lagunas de Varona** fue el evento que terminó la desmoralización de las fuerzas independentistas y dio lugar al fracaso de la Guerra del '68. Vicente García partió ha cia Venezuela, en el vapor *Guadalquivir*. Se estableció en Rio Chico, donde fundó una cooperativa con su familia. Continuó apoyando la libertad de Cuba, hasta que fue asesinado el 4 de Marzo de 1888. Nunca se pudo determinar si fue muerto por los Españoles o por los Cubanos que le acusaban de haber desgastado la Guerra de Independencia del '68.

Imágenes, de arriba a debajo e izquierda a derecha: **Bartolomé Masó**, **Tita Calvar**, **Carlos Roloff**, **Estrada Palma**, el **Conde de Valmaseda** y **Francisco Lersundi**.

La Cabalgata de Don Tomás Estrada Palma

1902

Una vez concluida la Asamblea Constituyente de 1901, los Cubanos tenían que elegir un Primer Presidente de la República. Candidatos no faltaban. Eran evidentes los patriotas que habían ocupado la presidencia de *Cuba en Armas*, **Salvador Cisneros Betancourt, Juan Bautista Spotorno, Tomás Estrada Palma, Francisco Javier de Céspedes**, y **Bartolomé Masó**. Entre ellos, posiblemente, el más favorecido siempre fue **Tomás Estrada Palma**. Su historial era impecable: **Bayamés** que formó parte de la insurrección junto a Carlos Manuel de Céspedes en 1868, Presidente de **Cuba en Armas** en 1876, durante la Guerra de los Diez Años, **prisionero** de las tropas Españolas en 1877, encarcelado en el **Morro** y **exiliado** en Figueras, España, había **rechazado el Pacto del Zanjón** en 1878, íntimo **amigo de José Martí** en New York en 1892, líder del **Partido Revolucionario Cubano**, Ministro Plenipotenciario y **diplomático en Washington** durante la Guerra del 95, **líder de la Junta Patriótica Cubana** en New York y Director de **Patria** después de la muerte de Martí, y finalmente fundador y Director desde 1879 de una escuela privada multilingüe y co-educacional en **Central Valley**, a una hora en tren desde Manhattan. La única dificultad era que Estrada Palma en 1901, tenía la intención de retirarse de la vida pública, de reanudar su instituto y tal vez expandirlo en una universidad.

Después de múltiples declaraciones de que no pensaba regresar a Cuba a ocupar ningún cargo público, una visita del Generalísimo **Máximo Gómez** a Central Valley, le hizo cambiar de opinión. Gómez había llegado a Nueva York el 29 de Junio de 1901 con su hijo Urbano y se hospedó un par de días en el hotel **Waldorf Astoria**, mientras celebraba con los exiliados Cubanos de New York la inminente independencia de Cuba. El 2 de Julio se fue a Washington, hospedándose en el **Hotel Shoreham**. Al día siguiente se reunió por media hora con el **Presidente McKinley**, y en la noche fue objeto de una fastuosa cena en su homenaje en la **Casa Blanca**. Dos días después se trasladó por tren a **Central**

Valley, New York, para sostener una larga entrevista con Estrada Palma, al cual cariñosamente llamaba **Tomasito**. Allí fue Máximo Gómez recibido con una banda de música, y una multitud de vecinos y estudiantes, coronando el recibimiento con una buena dosis de fuegos artificiales.

Con gran calma, en el remanso bucólico de **Central Valley**, después de largas conversaciones, Máximo Gómez llegó a convencer a Don Tomás de que era él el único Cubano capaz de lanzar la nueva República por un camino de paz, unión, honestidad y progreso. La indiscutible y reconocida **integridad** de Don Tomás, sus experiencias de **constante esfuerzo y trabajo**, su **prudencia** y **moderación**, su inquebrantable **visión democrática**, su aversión al "*caudillismo*," y su conocimiento del **sistema** y del pueblo Norteamericano y su **facilidad de hacer buenas relaciones** con personajes importantes, eran cualidades imprescindibles para en este momento decisivo en la historia de Cuba. Para Máximo Gómez, no había nadie mejor que Tomás Estrada Palma para ser el primer presidente de Cuba libre.

De regreso a Cuba, Máximo Gómez les dijo a todos que veía muy favorablemente una posible candidatura de Estrada Palma para presidente de la República. Los Cubanos, prácticamente en unísono, compartieron esa opinión. Los oficiales veteranos del Ejército Libertador necesitaban una prueba más precisa de la disponibilidad de Estrada Palma y una clara idea de sus planes para Cuba si fuera electo como primer presidente. **Juan Rius Rivera** fue comisionado para escribir a Estrada Palma a Central Valley. Estrada Palma le contestó con una clara indicación de su **nuevo compromiso** con Cuba. El 28 de Septiembre de 1901, la alta dirección de los Cubanos de la isla publicó un **Manifiesto al Pueblo de Cuba** apoyando la candidatura de Estrada Palma. Nueve Generales, incluyendo a Máximo Gómez, dos Coroneles, y dieciocho prominentes civiles lo firmaron. Don Tomás aceptó la nominación, indicando que serviría solo durante un período, aludiendo a su avanzada edad (66 años).

Para cerciorarse del apoyo popular que le habían manifestado los amigos que le pidieron que aceptara la candidatura, Estrada Palma **no hizo campaña** política alguna en Cuba. No siguió las normas prevalecientes en la política Americana, **no estrechó las manos** de sus compatriotas, **no asistió a mítines**, **no cargó a chiquillos**, **no saludó al público** desde la altura de un vehículo

Imágenes, de arriba a debajo: La escuela de Tomás Estrada Palma en **Central Valley**, New York; una foto de **Don Tomás** en su despacho presidencial en Cuba; el primer **Gabinete de la República de Cuba**, en 1902. **Estrada Palma** a la extrema derecha.

con altavoces. Sólo **Ulysses S. Grant** en Estados Unidos y **Domingo Faustino Sarmiento** en Argentina se habían comportado en la misma forma.

El 31 de Diciembre de 1901, cientos de hombres blancos y negros (las mujeres todavía no podían votar en ninguna parte del mundo) concurrieron en masa a las urnas. La decisión era entre **Estrada Palma** (con **Luis Estévez Romero** como Vice-Presidente) y **Bartolomé Masó** (con el **Dr. Eusebio Hernández** como Vice-Presidente). Estrada Palma y Estévez ganaron fácilmente.

En Central Valley, Estrada Palma recibió la noticia el 1 de Enero del 1902. La noche anterior sus tres hijos mayores **José**, **Tomás** y **Candita** habían ido al **Baile de Año Nuevo** en el **Club Social de Central Valley**. De repente, Estrada Palma se convirtió en el residente más famoso de Central Valley. Todavía, más de un siglo después, Central Valley es famoso por haber vivido allí Don Tomás Estrada Palma, el primer presidente Cubano.

El 15 de Abril de 1902, decenas de sus amigos lo acompañaron hasta la estación del ferrocarril para decirle adiós. El administrador del **Ferrocarril de Erie** puso a su disposición un vagón privado para él, su esposa Genoveva Guardiola, sus hijos y sus invitados. El viaje a New York duró una hora. Allí se hospedó en el **hotel Muro**, en el 116 de la Calle 14. Al día siguiente partieron todos en barco hacia Cuba, el **Almirante Farragut**, propiedad de la **American Mail Steamship Line**. Los administradores de la línea desviaron el barco de su recorrido habitual, Boston-Jamaica, para acomoda al futuro presidente Cubano. La ruta los llevó a **Gibara**, al norte de la provincia de Oriente, el mismo punto desde donde salió como prisionero a España 25 años atrás. Don Tomás quería saludar a la mayor cantidad de Cubanos posibles en su recorrido hasta la capital Habanera y disfrutar de la campiña Cubana después de la devastación que sufriera durante la Guerra de Independencia, pero sobre todo quería propagar su mensaje de unidad y esperanza. La solución fue no utilizar vehículos para llegar a La Habana sino organizar **una cabalgata** que lo llevara por las tierras Cubanas que había conocido como insurrecto.

La ya famosa **Cabalgata** tuvo que esperar en Gibara a que se terminaran los festejos de despedida, embarcaciones con banderas Cubanas, aplausos ininterrumpidos y gran gritería de agasajo junto al muelle. Hasta varios Españoles se habían unido a las ceremonias. Cuando Estrada Palma pisó tierra Cubana, un muchacho tuvo la ocurrencia de recoger un puñado de tierra donde Estrada Palma había pisado Cuba por primera vez a su regreso. En una urna de mármol, ese puñado de tierra pasó a ser parte del Archivo Nacional en 1929.

La caballería se formó en un parque decorado con hojas de palma que formaban un gran arco conmemorativo. Estrada Palma se mezcló con el pueblo e hizo una escala en el **Club Español**, que conmovió a sus antiguos rivales de dos guerras. A caballo partieron los jinetes de la Cabalgata hacia **Holguín**, donde pernoctaron en la misma "*Periquera*" donde Don Tomás había estado prisionero de España. La "*Periquera*," era el apodo que los mambises Cubanos le dieron al hotel en la Guerra de los Diez Años, cuando Voluntarios Españoles con uniformes rojos y cintas amarillas, habían buscado refugio y se asomaban por las ventanas de vez en cuando. Cuando se les veía, los Cubanos les gritaban *"!Salgan de ahí, pericos!,"* y de ahí el nombre que se le quedó al hotel.

En la madrugada del 22 de Abril, los jinetes de la Cabalgata marcharon a **Bayamo**. Don Tomás visitó su antigua casa y estuvo brevemente en el pequeño poblado de **Cauto Embarcadero**. Estrada Palma lloró brevemente ante el recuerdo de su madre Doña Yaya, que lo siguió en el '68 al salir de Bayamo, pero por el esfuerzo que representaban sus más de 70 años, falleció en los brazos de Don Tomás. En su tumba Estrada mandó a inscribir el siguiente epitafio "Candelaria Palma, aquí caíste cansada y enferma, siguiendo a tu hijo que luchaba por la libertad de la patria..."

El 29 de Abril, la Cabalgata entró en Manzanillo. Allí lo estaba esperando Bartolomé Masó, que lo abrazó calurosamente. Los dos opositores de esas elecciones de 1901, en un inconfundible gesto de unidad, entraron en Manzanillo cabalgando juntos. Don Tomás pasó la noche en la casa de Masó. Allí los jinetes tomaron un barco, el **Reina de los Ángeles**, para visitar Santiago de Cuba. En Santiago las festividades fueron imponentes y abrumadoras, recibiendo a la comitiva de Estrada con un gran desfile de dos escuadrones de caballería, una batería de artillería, y una banda militar para escoltarlos. Don Tomás terminó pronunciando 32 discursos en los tres días que estuvo en Santiago, y visitó en dos ocasiones el **Cementerio de Santa Ifigenia**, donde estaban los sepulcros de José Martí y de tantos gigantes de la historia de Cuba. Hasta ese momento había recorrido 150 kilómetros a caballo por tierras orientales.

Imágenes de arriba a debajo: la única foto que existe de la **Cabalgata de Estrada Palma** al entrar en **Bayamo**; dos fotos de las multitudes De Cubanos que esperaron a Estrada Palma a la **entrada de La Habana**.

El 4 de Mayo Estrada Palma y su séquito abordaron el vapor **Julia**, navegando hacia **Santa Cruz del Sur**, en la provincia de Camagüey, y el día 5 desembarcaron en **Cienfuegos**, en la provincia de Santa Clara. Mientras esto ocurría en tierra Cubana, su esposa **Genoveva**, y cinco de sus hijos, unidos a un grupo de personalidades de **Central Valley**, abordaban en Nueva York un vapor de la **Línea Wards** para ir directamente a La Habana. José, el hijo mayor de los Estrada, esperó hasta el último momento para no perder muchas clases en la **Universidad de Columbia**, y partió el 15 de Mayo.

Desde Cienfuegos, a caballo por tierra otra vez, Estrada Palma y sus acompañantes se dirigieron al norte hacia la ciudad de **Santa Clara** donde permanecieron dos días. En Santa Clara vivía su buena amiga **Marta Abreu y Arencibia**, gran amiga de los Estrada que había donado miles de pesos para la revolución Cubana. Marta Abreu estaba casada con Luis Estévez Romero, el candidato a Vice-Presidente en la boleta de Estrada Palma. Marta había no solamente ayudado a la causa de la Independencia, sino utilizó su vasta fortuna para el mejoramiento de su ciudad natal y de sus habitantes, fundando y patrocinando tres escuelas, un asilo para ancianos pobres, el teatro **La Caridad**, una estación meteorológica, un puesto de bomberos, una clínica, un puente y una planta eléctrica en la ciudad de Santa Clara, aparte de su tenaz y generosa ayuda a los prisioneros e insurgentes Cubanos en las fortalezas Españolas de **Ceuta** y **Chafarinas** en África cuando ella estaba exiliada en París.

Al terminar en **Las Villas**, la Cabalgata se dirigió a la ciudad de **Matanzas**, a 180 kilómetros de distancia, donde llegaron el 9 de Mayo. Los vecinos de todos los pueblos y caseríos los esperaban y vitoreaban con pancartas, banderas y flores. En Matanzas, las multitudes recibieron el nuevo presidente con la misma demostración de afecto y entusiasmo. En uno de sus discursos en esa ciudad, conocida ya como "la Atenas de Cuba," Don Tomás afirmó una vez su intención expandir y mejorar la educación primaria, y hacerla una prioridad de su administración.

A la 1 de la madrugada del 11 de Mayo, la comitiva abordó de nuevo el vapor **Julia** para la última etapa de su viaje, la capital de la República, la hermosa y opulenta ciudad de La Habana. Fue una apoteosis lo que le estaba esperando en la capital. Desde la zona de Cojímar, dos líneas de barcos, yates y remolcadores decorados con banderas Cubanas los escoltaron hasta La Habana. Cuando el **Julia** fue divisado por vigías en el **Castillo del Morro** a las 7 de la mañana, la bandera Cubana fue izada temporalmente en la fortaleza por primera vez en honor a Estrada Palma. Las campanas de las Iglesias comenzaron a repicar estruendosamente y un bullicio de alegría se propagó dentro de la multitud que había estado esperando en el Malecón desde muy temprano. A las 8:45 AM, el **Julia** dobló por el Morro y entró en la boca del puerto. Lanchas, barquitos de vela, barcos de pesca, remolcadores, todos llenos de público, rodeaban al **Julia** sonando cualquier bocina, sirena o silbato que la nave tuviera. Las tripulaciones de los barcos americanos **USS Kanawha** y **USS Dixie**, fondeados en la bahía, tenían toda la tripulación formada en cubierta. Los restos del Maine todavía podían verse. Las explosiones de fuegos artificiales, raramente vistas de día, venían de todas direcciones en medio del bullicio de voces humanas. El **Julia** atracó en el **Muelle de Luz** donde se había erigido un estrado donde esperaban los dignatarios. Cientos de vecinos de Regla y Casablanca al otro lado de la bahía, se destacaban por estar vestidos con ropa blanca. Después del recibimiento en el muelle por el Alcalde de La Habana y por un grupo de niñas llevando banderas Cubanas y de todos los países latinoamericanos, se dirigieron al Palacio de los Capitanes Generales, donde el gobernador Americano, general **Leonard Wood**, y el generalísimo **Máximo Gómez**, Comandante en Jefe del Ejército Libertador, estaban esperando rodeados de los miembros de los grupos más importantes de la nueva sociedad Cubana. Fue así como terminó la famosa Cabalgata de Tomás Estrada Palma, un espectáculo patriótico festivo como el que nunca había ocurrido en Cuba. El mundo tuvo que esperar hasta la terminación de la Primera Guerra Mundial para ver una celebración tan contundente.

La bandera Americana **arriada** y la bandera Cubana **alzada**, en el antiguo Palacio de los Capitanes Generales en La Habana el **20 de Mayo de 1902**.

Imágenes, arriba: la **Toma de Posesión de Estrada Palma** en el antiguo *Palacio de los Capitanes Generales* en La Habana, en presencia de **Leonard Wood** y **Máximo Gómez**. *Debajo*, dos **Monumentos a Estrada Palma**, uno en la Habana, el otro en Santiago de Cuba, ambos **destrozados por el Comunismo en Cuba** cuando, calumnió a Don Tomás como *traidor y vendepatria*, tratando de borrar la memoria histórica de los Cubanos.

El Famoso Cañón de Villalón

1896

El día 19 de Agosto de 1896, **Estrada Palma** había anunciado desde Central Valley, New York, que el Brigadier **Juan Rius Rivera** al mando de una expedición, llegaría a Cabo Corrientes, Pinar del Rio, a finales de mes. Al recibir esas noticias, el Teniente General **Antonio Maceo** se situó en Tumbas de Estorino con sus tropas y una cuantiosa impedimenta. Las fuerzas mambises occidentales habían atacado a San Juan y Martínez y Mantua para facilitar los movimientos de Maceo. El territorio mostraba los estragos causados por los desmanes de Valeriano Weyler. Maceo, sin noticias frescas sobre la expedición, movió sus tropas por Hato Yaguasas, Guane, Babineyes y Puerta la Güira.

El 18 de Septiembre Maceo recibió al fin la anticipada expedición, al mismo tiempo que conoció la mala noticia de la muerte de su hermano José. Con Rius Rivera, a bordo del vapor **Tres Amigos**, abrazaron a Maceo **Panchito Gómez**, hijo del General Máximo Gómez y el Coronel **José Ramón Villalón**, que le mostró a Maceo un cañón neumático construido por él. La expedición traía 730 rifles Remington calibre 43, 50 Mausers y 200 otros rifles, 2,000 libras de dinamita cartuchos.

El famoso **Cañón de Villalón** utilizaba pólvora sin humo que detonaba en una corriente de aire que, recorriendo a gran velocidad un tubo central, llegaba con una presión enorme a la carga de dinamita del cañón. Esta explotaba con gran ruido y luminosos destellos que aterrorizaban y desorientaban al enemigo.

El grupo, encabezado por Maceo, avanzó desde Puerta la Güira, atravesando un territorio sumamente hostil, hasta acampar en Guane. Apenas terminado de organizar el campamento fueron atacados por una columna enemiga procedente de Loma China. A las 9 PM el ruido era ensordecedor y Maceo le pidió a Villalón que emplazara su cañón neumático. Pronto los proyectiles del cañón, disparando cada 10 y 15 minutos sobre el campamento Español, alumbraron las montañas mientras el enemigo respondía con artillería pesada.

A las 2 AM cesó el fuego, que se reanudó al amanecer. Los Cubanos ocupaban la Loma de San Felipe y la Loma China. Las tropas Españolas trataron de flanquear las fuerzas de Maceo, pero los fogonazos del cañón los hicieron retroceder. A horas de la tarde los Cubanos contaron sus muertos y heridos. 68 bajas de un total de 400 combatientes. Por varios días los Españoles trataron de impedir a la columna Cubana la entrada en la Sierra. Maceo se puso al frente y volvió a acudir a **Villalón** y su cañón. Se desarrolló una lucha a brazo partido. El enemigo abandonó sus posiciones, dejando detrás mulos, proyectiles y armamentos. Los Mambises Cubanos los persiguieron hasta las cinco de la tarde, cuando los Españoles se dispersaron. Un aguacero y la creciente del rio dio término al combate. El día le correspondió a Villalón y su cañón. Así se lo hizo saber el General Antonio Maceo con un abrazo.

El célebre **cañón de Villalón** continuó llenando de honor a los Mambises Cubanos. En Octubre de 1896, retumbó en el Combate de Galalón, cerca de Consolación del Sur; pocos días después lo hizo en el bombardeo de Artemisa y en el Combate de la Meseta de Soroa. Fue utilizado en las acciones de Tumbas de Estorino, en los encuentros de la línea de Viñales y en Ceja del Negro.

Desde Loma China, el Coronel **José Ramón Villalón Sánchez**, con apenas 30 años, se convirtió en el brazo derecho de Antonio Maceo en asuntos de artillería. Sólo la falta de pólvora sin humo y de cartuchos de dinamita silenció al cañón mambí. **José Ramón Villalón** lo desarmó para abandonarlo por el exceso de carga, no sin antes guardar algunas piezas críticas para evitar que cayeran en manos del enemigo. El General Español **Valeriano Weyler** encontró los restos del cañón a 5 kilómetros al sureste de Candelaria y lo conservó, remitiéndolo al Parque de Artillería en Madrid como un espectacular trofeo de guerra.

El Coronel **José Ramón Villalón y Sánchez**, nació en Santiago de Cuba el día 8 de Septiembre de 1864. Se graduó de ingeniero civil en la Universidad de Lehigh, en Pennsylvania. Sirvió a la causa Cubana fundando la Sociedad de Beneficencia denominada *"Martí Charity Association,"* junto a un grupo de Cubanos patriotas que simpatizaban con la causa de los mambises. La sociedad tenía el noble propósito de socorrer a los familiares de los Cubanos que se alistaban en las filas expedicionarias a Cuba. Al final de la Guerra del '95, Villalón sirvió durante el gobierno de Leonard Wood, participó de la Asamblea de Santa Cruz y en la Constituyente de 1901, fue electo como representante de Pinar del Rio, y fungió como Secretario de Obras Pública en el primer gobierno de Mario García Menocal. En 1921 fue electo Senador de la República.

En la cubierta del vapor **Tres Amigos**. En un círculo, el Coronel **José Ramón Villalón**. La flecha señala al Brigadier **Rius Rivera**. Detrás de él, **Panchito Gómez Toro**, hijo de Máximo Gómez.

Arriba, a la izquierda, el Coronel **José Ramón Villalón**. A la derecha, dos fotos, la **apertura de carga** y una de las pocas fotos existentes del **cañón**.

Terminó como la fiesta del Guatao

1896

No hay Cubano en el mundo entero que no sepa lo que quiere decir la frase **"Terminó como la fiesta del Guatao."** Sin embargo, a lo largo de muchos años, cientos de escritores, eruditos, filólogos, narradores, novelistas e historiadores, han tratado de esclarecer a lo que se refiere ese famoso dicho Cubano. Todos saben que la frase describe cualquier evento que acabe mal, pero nadie sabe ni donde, ni cuando, ni en qué fecha ocurrió tan célebre evento.

El **Guatao** es un barrio en las afueras de La Habana que forma parte del pueblo de **Punta Brava**, en zona conocida como La Lisa. Fue ahí donde, supuestamente, tuvo lugar una **riña tumultuaria** durante una festividad popular a finales del siglo XIX, cuando se enfrentaron por lo menos dos bandos rivales.

El Guatao se fundó en 1750 en las tierras que cedió gratuitamente **Esteban Godina** a la vera del camino real que iba de La Habana a Vuelta Abajo. Sobre esa vía se edificaron también los caseríos de *Mordazo, La Ceiba, Curazao, Quemados y Marianao,* y además *El Cano, Corralillo y Guayabal.* Pero la tierra era baja y pantanosa y para trazar una calzada hasta Guanajay se buscó una base más firme. La nueva vía pasó paralela, pero a unos dos kilómetros del viejo camino real y *El Cano,* **Guatao**, *Corralillo y Guayabal* quedaron a un lado, abandonados. Entonces, sobre la nueva ruta, por cada uno de esos caseríos surgió uno nuevo: *Arroyo Arenas por El Cano,* **Punta Brava** *por* **Guatao**, *Hoyo Colorado o Bauta por Corralillo y Caimito del Guayabal por Guayabal*. Luego sobre la antigua calzada se hizo la **Carretera Central** y las nuevas poblaciones florecieron. Los pueblos a la orilla del viejo camino real, ya sin uso, quedaron abandonados a su suerte.

En cuanto a la famosa **fiesta del Guatao**, existen, por lo menos, cinco versiones que tratan de explicar el por qué esa fiesta terminó en mala forma, dando origen a la popular expresión. Entre las teorías que se manejan están **una discusión durante una celebración religiosa afrocubana**; un **ataque de soldados Españoles**, un **conflicto amoroso causado por celos**, y otras más.

En primer lugar, está la versión que señala que una mujer conocida como **mamá Kindimba** acostumbraba a realizar pequeños guateques en su casa. En dichas fiestas, llamadas **"Tambor de Yuca"** y realizadas los fines de semana, participaban los vecinos, quienes se reunían para bailar, beber aguardiente y conversar. En una de esas celebraciones, un par de esclavos de las fábricas de San Antonio de Macastá y San Joaquín, llamados **Taoro** y **Maurín**, comenzaron a discutir y poco a poco el ambiente se fue calentando. Dada la cantidad de bebidas que todos en la fiesta estaban consumiendo, un grupo de esclavos, contrariados por los comentarios que oían, comenzaron a atacar a **Taoro** y **Maurín** con fuertes palabras y golpes. Tarde o temprano la situación se salió fuera de control, convirtiendo la alegría de la **fiesta del Guatao** en una violenta y desmedida pelea.

Ciertos eruditos señalan que esa no fue la historia. Afirman que hacia el año 1896 un grupo de Cubanos se reunió para festejar las victorias en la **Guerra del '95** contra España. Mientras que los insurrectos disfrutaban de un improvisado jolgorio, fueron sorprendidos por 200 soldados Españoles quienes, bajo el mando de un tal **Capitán Calvo**, ejecutaron una terrible matanza. Como resultado del ataque de soldados Españoles, la **fiesta del Guatao** terminó con un saldo de 18 muertos y 32 heridos que posteriormente fallecieron.

Una tercera versión se refiere a un serio **conflicto amoroso** causado por los celos. Una bella y exquisita joven llamada **Irmita**, a quien le gustaba coquetear con varios hombres haciendo derroche de su atractivo, estaba en un popular **guateque** en el Guatao. A todos esos hombres, Irmita les solía dar falsas esperanzas de preferirlos. Ella, sin embargo compartía y bailaba con todos ellos. Finalmente, uno de ellos, de nombre **Gustavo**, en uno de los días festivos en el barrio del **Guatao**, le quiso exigir exclusividad e Irmita lo rechazó.

Gustavo se llenó de gran ira y arremetió contra cualquiera que siquiera mirar a Irmita, arrojando tablas y hasta instrumentos musicales. Como es natural, se armó **una gran trifulca** entre los asistentes a la fiesta, que terminó en medio de golpes, peleas y heridos.

De acuerdo a una cuarta versión, se celebraba una fiesta para celebrar el fin de la **Guerra del '95** contra España, a la que asistió todo el pueblo del Guatao. Fue allí donde un tal **Ángel Bildosa** prohibió a su esposa, **Mercedes Amador**, que asistiera a la fiesta; sin embargo ella, que era notable por su coquetería habitual, lo ignoró, y no solo acudió al festejo sino que además se hizo acompañar de un avalentonado voluntario Español, un tal **Teniente Abad**. Al ver la irreverencia de su mujer, **Bildosa** se llenó de ira y, sin pedir explicaciones, rasgó el vestido de su mujer de arriba a abajo. Ella se descalzó y a taconazo limpio la emprendió con su marido. Ángel decidió entonces enfrentarse al acompañante de Mercedes, que varios asistentes atacaron por ser **pro-Español**. Como eran varios los que detestaban a los Españoles, incluyendo los músicos de la fiesta, la situación se fuera de control, desatándose el caos y la violencia que finalizó la celebración.

Una quinta versión señala que **negros Congos**, borrachos, y en pleno festejo, comenzaron a pelear a machetazos y terminaron matándose unos a otros en una fiesta en el barrio del **Guatao**, en la cual hasta pereció el inocente zapatero del pueblo.

¿Fue bronca de jaladera en medio de una celebración religiosa Afrocubana? ¿La motivaron los celos y la furia de un marido burlado? ¿Fue la determinación de un grupo de hombres dispuestos a vengar los muertos de la Guerra del '95? ¿Fue una batalla provocada por un marido cuya mujer coqueteaba demasiado?

No se sabe a ciencia cierta lo ocurrido y hay hasta quien asegura que no hubo tal fiesta en Guatao y sí una matanza horrible perpetrada por soldados y voluntarios Españoles contra la población indefensa del Guatao, en donde, hasta las piedras eran insurrectas. Ahí, desafortunadamente, termina nuestra historia.

Edificio y Altar de la
Iglesia del Guatao

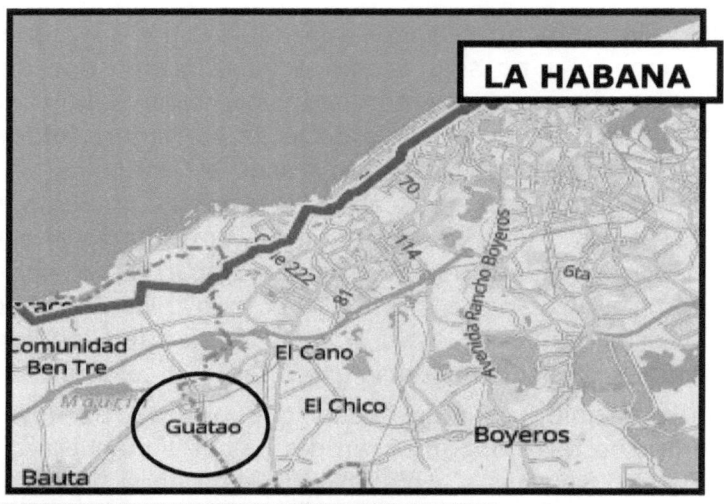

Mapa y localización del **Guatao**
y varias interpretaciones de la **Fiesta del Guatao**

VIEJAS ESTAMPAS CUBANAS

La fiesta del Guatao en Poesía

por Samuel Feijóo

Hubo en el Guatao la fiesta
más extraordinaria y rara
cuando allí asomó la cara
coqueta de Fela Cuesta.
Pronto comenzó una apuesta
sobre quién bailaba a Fela.
Aquello prendió candela
de volantes «*jaquimazos*».
Golpeaban rostros «*piñazos*»,
mordía a la espalda la espuela.

El griterío despedido
en la medianoche ardiente
de la atropellada gente
se oyó por lo más tupido
del monte. El enfurecido
puño en flor se daba entero.
Por tal revuelto tronquero
de silletazos y muelas
revolando, quedó Fela
desmayada en un alero.

Bajo el golpe en cruenta ola,
la noche caliente en mayo,
hubo quien montó un caballo
por la punta de la cola
De la enorme batahola

surgía un chispaje dorado.
Del conflicto continuado
salieron sones de estaca
y macetas de albahaca
coronando un ¡ay! helado.

Por algún hueco que hubo
los músicos escaparon
y mientras más se buscaron
más denso el misterio estuvo.
Un tipo construyó un tubo
para huir del bravo «queque».
Las tablas del bajareque
se fueron cuarteando a poco
al bronco rumor del loco
puño piñando al guateque.

Luego la Guardia Rural
vino a acabar con el brete:
quedaron doce machetes
revolando en el maizal.
¡Qué batalla! La fatal
Fela gozaba en su punto:
la mirada de cotunto,
la vista como candela.
(Guatao seguía en la «*pela*»
al acabar este asunto.)

Dos escenas pacíficas de Guatao: la **Estación de Ferrocarril** y **El liceo**

La Batalla por la Toma de Santiago de Cuba

1898

El 19 de Abril de 1898, el Congreso de los Estados Unidos aprobó mediante **Resolución Conjunta** entre la Cámara de Representantes y el Senado, la petición del presidente **William McKinley** para intervenir en la **Guerra de Independencia** de Cuba contra España. Los Cubanos pensaban que la victoria mambisa era posiblemente cuestión de tiempo. Las fuerzas Españolas estaban refugiadas en las ciudades y pueblos y el ejército Mambí en los campos en toda Cuba. Ni unos podían salir de sus resguardos, ni los otros podían penetrar en ellos. Un *impasse* total cuyo desenlace era difícil de vaticinar.

El periódico **New York Times** publicó el 22 de Abril un editorial revelador:

«... *Nosotros iremos a la guerra contra España no para satisfacer una ambición, sino en obediencia a las leyes de la naturaleza. Es la hora de actuar y nosotros sabemos que, con el tiempo, la fruta madura cae del árbol...* »

Ese día comenzó el bloqueo naval de Cuba y **John Quincy Adams**, el autor del símil de la fruta y el árbol, en 1823, se debe haber revuelto de alegría en su tumba.

Las hostilidades se rompieron tres días después, el 25 de Abril; 48 horas más tarde el Escuadrón Norteamericano del Atlántico batallaba en la bahía de Guantánamo. El 11 de Mayo, alrededor de 600 Infantes de Marina, ayudados por tropas mambisas, ocuparon un punto en las alturas de Playas del Este, donde izaron la bandera de las barras y las estrellas. El 14 de mayo, junto con un centenar de combatientes del Ejército Libertador Cubano, cayó Caimanera. El 20 de Junio arribó el grueso de las tropas, 21 buques con 16,286 hombres bajo el mando del general **William R. Shafter**, Comandante del **V Cuerpo de Ejército**, no sabían ni cómo desembarcar, ni que tenían que hacer cuando tomaran la cabeza de playa. El plan lo formuló, y fue aprobado, por el Mayor General **Calixto García**, cuyas tropas tenían el control de toda la zona.

Una vez terminado el desembarco de las tropas Americanas, llegó la prensa Neoyorquina. Inicialmente 89 periodistas y fotógrafos, y días más tarde 41 adicionales, para un total de 130 observadores que pasaban el incitando a los soldados del V Cuerpo a comenzar las conflagraciones. Pronto comenzaron a crear las leyendas y las anécdotas, como, por ejemplo, la del Teniente **Rowan** entregando el **mensaje a García**, los **Rough Riders** de Teddy Roosevelt sin suficientes caballos y escaso de artillería, etc.

Pronto se definió que el 1 de Julio habría un asalto simultáneo al pueblo de **El Caney** y al fortín de **La Loma de San Juan**, una elevación de unos 1200 pies de altura en lo alto de las colinas que impedían el acceso a la ciudad de Santiago de Cuba por el Este. **El Cuerpo de Ejército** contaba con 15,000 hombres y el **Ejército Mambí** con 4,000. **Calixto García** fue apostado con el grueso de sus fuerzas al Norte de la ciudad, para cortar la retirada de sus defensores.

El ataque de **El Caney** comenzó a las 6:30 AM. Una hora más tarde se dio la orden de abrir fuego sobre las trincheras Españolas de **La Loma de San Juan**. En la Loma, Los soldados Españoles respondieron con una tormenta de plomo y metralla, que costó la vida a dos de sus 11 oficiales Americanos: el Coronel **Wilkoff** y el Teniente Coronel **Uscum**. Por el lado Español, un Capitán y los dos oficiales al mando cayeron al pie de los cañones, sin dejar de animar a los soldados y de repetir aún en el estertor de su agonía: *"¡Fuego!", "¡Fuego!"* Sobre las 3 de la tarde se acabaron las municiones en el lado Español y callaron los cañones, inutilizados y rodeados de un mar de sangre. Estaban desapareciendo las dificultades de los atacantes para avanzar. El **V Cuerpo de Ejército Americano** comenzó a aumentar el fuego de sus ametralladoras **Gatling**, capaces de arrojar 6,000 proyectiles en ocho minutos. Las armas Españolas dieron por perdidos **El Caney** y La Loma de San Juan. Al final resultaron muertos 223 soldados Americanos, 22 de ellos oficiales, además de 1,250 heridos y 79 desaparecidos. Los Mambises perdieron alrededor de 100 hombres.

Mientras esto ocurría en tierra, el 3 de Julio tenía lugar la Batalla Naval de Santiago de Cuba.

Una vez aprobada la **Resolución Conjunta** en Abril del 1898, el gobierno de España decidió enviar a Cuba un flota de su Armada, al mando del almirante **Pascual Cervera y Topete**. Utilizando falsas informaciones suministradas en New York por los detec-

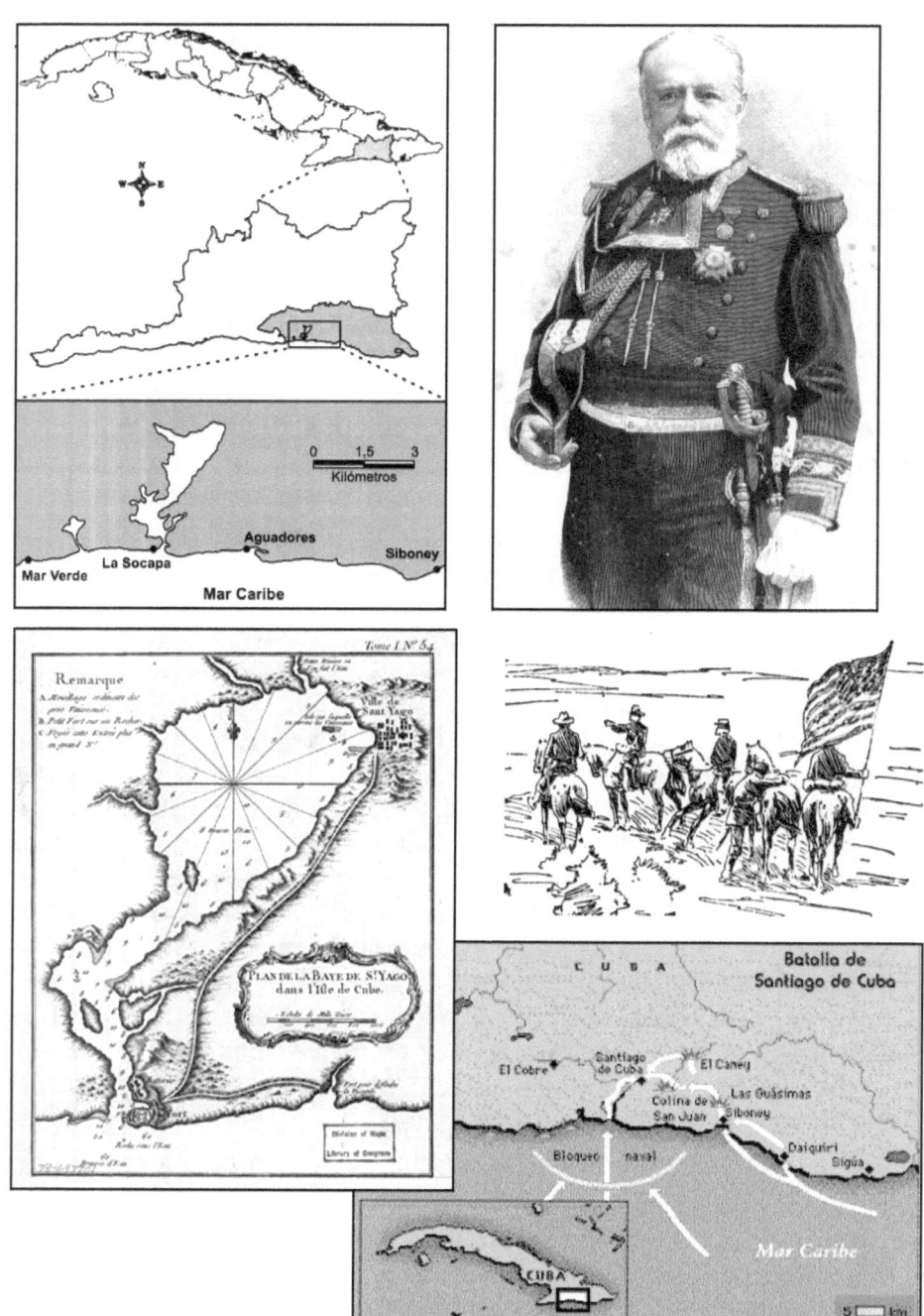

Un mapa general de la zona de **Santiago de Cuba**; El Almirante Español **Pascual Cervera y Topete**; un **antiguo mapa de Santiago**; un mapa general de los **movimientos de tropas terrestre y naval en 1898**.

tives del **Grupo Pinkerton**, al servicio de España, la escuadra zarpó de la península el 29 de Abril y en toda la costa Este de los Estados Unidos, la prensa indicó que Cervera y sus marinos iban a atacar alguna ciudad Americana importante, posiblemente New York, o quizás New Orleans, Charleston o Boston. El ánimo exaltado de los dirigentes políticos y militares de España, espoleados por la prensa Madrileña, unánimemente esperaban una aplastante victoria militar y naval frente a Estados Unidos.

Nada podía estar más lejos de la realidad. Los navíos de Cervera eran decididamente obsoletos, inferiores, lentos y mal armados. Algunos de sus armamentos eran **construcciones de cartón y madera** con el perfil de artillería, tratando de asustar a los vigías Americanos que los observaban de lejos. Más aun, las autoridades navales de los Estados Unidos, sabiendo que Cervera se dirigía a Cuba, y no a Norteamérica, enviaron a todos los posibles puntos de reabastecimiento de carbón para las naves de Cervera, agentes que acapararon todo el inventario de combustibles del trayecto, pagándolos con moneda fuerte. Fue así como el Almirante Cervera, muy escaso de carbón, tuvo que refugiarse en la bahía de Santiago de Cuba para reabastecerse. Era aparentemente un lugar seguro, pues al enemigo le resultaría casi imposible entrar en la bahía. No ha habido en la historia militar una decisión más indebida y derrotista por parte de un jefe naval.

Una vez que la flota de Cervera estaba embotellada en la bahía de Santiago, las fuerzas navales de los Estados Unidos arribaron el 19 de mayo al puerto de Santiago de Cuba. El 25 de mayo bloquearon la entrada a la bahía.

Cervera envió un telegrama al Ministro Español de Marina...

«... Estamos bloqueados. Califico de desastrosa la venida para los intereses de la Patria. Los hechos empiezan a darme la razón. Con la desproporción de fuerzas, es imposible ninguna acción eficaz. Tenemos víveres para sólo un mes».

La escuadra del Almirante Cervera permaneció bloqueada en la bahía de Santiago, sometida a presiones desde Madrid para que presentara batalla a la escuadra del almirante Sampson. Cervera se resistió a salir de la seguridad de la bahía. Por las noches siempre había dos buques Americanos vigilando e iluminando con sus proyectores la boca de salida sin que las baterías Españolas desde El Morro, Punta Gorda o La Solapa, pudiesen molestarlos.

Finalmente, el 2 de Julio, Ramón Blanco, el Capitán General de Cuba, ordenó desde La Habana a Cervera que abandonara la bahía de Santiago ante la inminente ocupación de la ciudad por Fuerzas Terrestres Americanas, con el consiguiente peligro de captura de los barcos Españoles. Cervera, convencido de la imposibilidad de lograrlo y de que el intento constituiría un verdadero suicidio, telegrafió al ministro de Marina Española, Segismundo Bermejo...

«... Con la conciencia tranquila voy al sacrificio, sin explicarme ese voto unánime de los generales de Marina que significa la desaprobación y censura de mis opiniones, lo cual implica la necesidad de que cualquiera de ellos me hubiera relevado... »

Durante la madrugada del 3 de Julio, la Escuadra Española salió de la bahía navegando hacia el oeste y pegado a la costa para salvar el mayor número de vidas posibles. Estaba compuesta por **un Crucero Acorazado** (*Cristóbal Colón*) sin su armamento principal en el lugar apropiado, **tres Cruceros Protegidos** (*Infanta María Teresa*, *Vizcaya* y *Almirante Oquendo*) y **dos modernos Destructores Contratorpederos** (*Plutón* y *Furor*), se enfrentaban a **cuatro Acorazados modernos** (*USS Texas, SS Iowa, USS Indiana* y *USS Oregon*), **dos nuevos Cruceros Acorazados** (*USS Brooklyn* y *USS New York*), **un Cañonero** (*USS Ericsson*) y **tres Cruceros Auxiliares** (*USS Gloucester, USS Resolute y USSVixen*).

Por órdenes específicas de Cervera, los buques Españoles salieron en orden decreciente de tamaño y poder de fuego. Salió encabezada por el **buque insignia** *Infanta María Teresa*, en el cual se encontraba embarcado el propio **Almirante Cervera**. Los barcos dejaron el puerto a largos intervalos de tiempo, y siguiendo todos la misma ruta. Por órdenes también de Cervera, todos los grandes cruceros, tras ser alcanzados por el fuego enemigo, resistieron suficiente tiempo a flote como para ser embarrancados junto a la costa sin hundirse, por lo que todos sus mandos, oficiales y marineros, sobrevivieron a la batalla.

Los cañones españoles causaron pequeños daños en los buques Americanos *Brooklyn, Oregon, Texas, Indiana* e *Iowa*. Los estudios posteriores a la batalla revelaron que las dos escuadras habían sido muy imprecisas en sus ataques. Los reportes navales indicaron que sólo hubo un marinero Americano muerto y dos heridos leves en contraste con 343 muertos, 151 heridos y 1,890 prisioneros Españoles. El **Almirante Cervera** fue hecho prisionero. Ninguno de los 6 buques Españoles pudo ser reflotado con éxito por la Marina Americana. Se intentó con el *Cristóbal Colón* y el *Infanta María Teresa,* dos buques de extraordinario valor económico, pero los esfuerzos fracasaron. El resto de los barcos fueron declarados pérdida total por los daños sufridos en la batalla.

Escenas de la Batalla de Santiago en 1898. La **Flota Española** camino a Santiago. El **Vizcaya** al final de la batalla. El **Cristóbal Colón** sin artillería al comenzar La batalla. El destino final del extraordinario **Reina Mercedes**.

El **USS Brooklyn** frente a la Bahía de Santiago en 1898;
La **Bahía de Santiago** vista desde el Morro; el **Almirante Cervera**, prisionero en el **USS Iowa** después de la Batalla; la ciudad de **Santiago de Cuba** en el Noreste de la Bahía de Santiago

1898

Los Repatriados Españoles al terminar la Guerra del '95

En los dos años finales de la **Guerra del '95** en Cuba, el Gobierno Español envió a suelo Cubano unos 250,000 efectivos para fortalecer la lucha contra las fuerzas mambisas. Esa decisión llevó a la ruina al Imperio Español. De ese cuarto de millón de reclutas, se produjeron 71,000 bajas, quedando España débil y sin dinero para continuar la guerra. Miles de Españoles fueron a combatir en un conflicto que sólo conocían de oídas, en una tierra lejana e ignota donde no se les había perdido nada y de la que muchos de ellos no volverían jamás. Los soldados que pudieron retornar a la península contaron verdaderas calamidades y penurias sobre la contienda, en la que los principales enemigos fueron las **enfermedades**, la mala **alimentación**, la falta de **higiene** y la escasa **atención** sanitaria, mucho más que las **balas** contrarias.

Muy poco se ha escrito sobre la repatriación del ejército Español en Cuba al finalizar la Guerra del '95. La Corona Española tuvo que afrontar la última Guerra de Independencia Cubana con las arcas vacías y un endeudamiento crónico que el país arrastraba pesadamente, por lo menos desde el reinado de Carlos IV a principios del siglo XIX.

La coyuntura bélica Cubana no la sufrieron de igual manera todas las clases sociales. Mientras que las **clases adineradas** capearon el temporal, e incluso en ocasiones salieron beneficiadas, aprovechando los tentadores negocios que se montaron en torno a la guerra, **los sectores pobres Españoles**, sin capacidad de maniobra económica, y a pesar de que en nada se beneficiaban de la posesión y explotación de Cuba, cargaron directa e indirectamente, con la factura del cierre colonial Español de finales de siglo.

La **Guerra del '95** en Cuba fue el mayor desplazamiento militar de la historia, sólo comparable el realizado por Americanos e Ingleses para luchar contra la Alemania Nazi. El **12 de Agosto de 1898** se dio por terminada la guerra, aunque la cuestión de la independencia Cubana la tuvieron que seguir peleando los Cubanos, entonces en manos del gobierno de Washington.

El Artículo IV del **Protocolo de Convenio entre los Estados Unidos y España**, fechado ese Agosto 12 de 1898, definió los detalles de la evacuación de Cuba. En una reunión en La Habana diez días después, los comisionados de Washington y Madrid procedieron a **ratificar** el Protocolo e intercambiar credenciales. Los Estados Unidos deseaban una evacuación **rápida y completa**, mientras que España aún trataba de salir lo mejor parada posible del desconcierto que siempre tienen los perdedores. La delegación Española lo expresó en estos términos...

>«Desde luego deseamos hacer constar que somos los más interesados en que la evacuación se haga con la mayor rapidez posible, y que, repetimos, la hemos comenzado fervientemente, y estamos enviando enfermos por todos los barcos de los que disponemos...»

Los Estados Unidos concedieron al gobierno de Madrid hasta el primero de Enero de 1899 para finalizar la evacuación.

Los barcos de la **Compañía Transatlántica Española**, naviera que gracias a un provechoso contrato suscrito con el gobierno Español tuvo la exclusividad en el traslado de tropas a uno y otro lado del Océano, se convirtieron en verdaderos **cementerios flotantes** de soldados repatriados. El vapor «**Alicante**,» por ejemplo, cuando atracó en el puerto de **La Coruña** el 30 de Agosto de 1898, llegó con un triste saldo de **96 muertos** durante el viaje. El 85% de ellos habían perecido a consecuencia de tres enfermedades: **disentería** (35 individuos), **diarrea crónica** (25) y **paludismo** (22); y el resto de los desafortunados, de otras tantas enfermedades, relacionadas algunas con las anteriores: **debilidad general** (6), **diarrea palúdica** (3), **desnutrición palúdica** (2) **enteritis crónica** (1), **infarto** (1) y **cirrosis** (1). La tragedia humana de la guerra ya se estaba denunciando a mediados de 1896, desde las páginas de algunos periódicos como *El Imparcial*, que no callaban el dramático estado en el que regresaban los soldados de Ultramar. El viaje de regreso, hacinados en los barcos de la **Transatlántica**, apenas sin comida ni bebida, mezclados sanos y enfermos, con una escasa asistencia sanitaria, se estaba convirtiendo en una tortura de dos semanas para los pobres repatriados que volvían a su tierra. Pero aún quedaba por llegar lo peor. Los **repatriados** tenían que enfrentarse a la problemática de su **reinserción social y laboral**, en un país que desde hacía tiempo mostraba serias debilidades económicas. Las condiciones de vida y

Grupos de **Soldados Españoles**, acantonados en Cuba durante la **Guerra de Independencia de 1895**.

de trabajo que soportaban las clases populares, eran realmente duras: niveles escasos y exiguos de **empleo**, **salarios** deficientes, problemas de **vivienda**, **alimentación**, **sanidad**, **educación**, **rehabilitación**, escasos **servicios médicos** y algunas **penurias** más.

La ciudad portuaria de **Cartagena**, por ejemplo, ilustra la situación. Era una ciudad muy directamente implicada con el conflicto colonial al actuar de retaguardia de la Escuadra Naval Española presente en Cuba. La ciudad tenía 41,00 habitantes y una media de 13 personas por edificio; al problema de la **vivienda** se le sumaron el de la **escasez** de alimentos básicos, el de la **subida** de los precios y el del **recargo por razones de guerra** que se impuso a los consumos de productos como el trigo, que hizo aumentar su precio de **49 céntimos/Kgr. hasta 72**. Todo ello sin olvidar que los salarios locales se mantuvieron por debajo de la media nacional.

Para colmo de males, el gobierno Español sabía que **ni todos los soldados ni todos los civiles** en Cuba estaban siendo repatriados a la península. Después del primero de Enero de 1899, agotado el plazo concedido por los Estados Unidos para efectuar la evacuación, quedaban en Cuba **cientos de militares y funcionarios civiles Españoles**, que por distintos motivos no habían sido embarcados para España. Desde una perspectiva positiva, tanto la política de la Cuba intervenida por los Estados Unidos como la posterior, una vez inaugurada la República, favorecían la **continuidad** de los Españoles en suelo Cubano. Después de la independencia, los Españoles podían optar por permanecer en la isla, conservando la nacionalidad Española para ellos y sus hijos nacidos en Cuba, o asumiendo la **ciudadanía Cubana**, que por ser Españoles, se les concedía **de inmediato**. El asunto que agobiaba a los funcionarios en Madrid es que no sabían a ciencia cierta si los Españoles que quedaban en Cuba, era por decisión propia o por fallas administrativas, que luego pudieran reclamar al Estado Español.

Los destrozos provocados por la Guerra de '95 en el campo Cubano y la industria azucarera afectaron seriamente la infraestructura económica Cubana. Otras circunstancias fuera de control, como la caída del precio mundial del azúcar o la reestructuración de las relaciones comerciales de Cuba con los Estados Unidos, generaron un serio problema de **desempleo**, y un **endureci-**

miento de las condiciones de vida, tanto para los nativos Cubanos, como para los soldados y civiles Españoles, que eran ahora extranjeros en suelo Cubano.

La **dantesca** evacuación Española de Cuba, agravada por el elevado contingente de personas a embarcar, muchas de ellas **enfermas** o **heridas**, dejó en tierra a un considerable número de Españoles, que se vieron abocados a soportar unas condiciones de vida verdaderamente desastrosas en espera de una orden de pasaje gratuito para abandonar Cuba. El cónsul Español en La Habana explicó la situación al Ministro de Estado en Madrid en pocas palabras:

> *«Muchos militares, empleados civiles, viudas, Españoles de todas clases sufriendo una miseria espantosa, piden repatriación. Ruego V.E. por caridad y patriotismo, que se les conceda pasaje en un plazo prudencial...»*

A pesar de esas preocupaciones, el 23 de Septiembre de 1899 el gobierno Español **dio por terminada la repatriación** y ordenó al cónsul **no emitir ni una sola orden más de pasaje gratuito**. El dinero para repatriar a los españoles se había agotado. Con esa orden en Septiembre, el Gobierno se desentendía de sus súbditos en Ultramar.

El 30 de Septiembre, la Corona Española dirigió una carta al Ministerio de Estado comunicándole que...

> *«... en cumplimiento al cablegrama de V.E. recibido el 24 del corriente, en la adjunta relación, se da por terminada la repatriación de súbditos Españoles que se encuentran sin recursos y en su mayor parte merodeando por los parques y plazuelas a consecuencia de no encontrar trabajo en el campo por la paralización de los Centrales é Ingenios y en los pueblos y villas por la pobre economía de estos...»*

De entonces en adelante, las peticiones de **pasaje gratuito**, y muy especialmente en los casos de viudas y huérfanos de militares y civiles dependientes de los órganos de la administración colonial Española, fueron constantes y nunca más atendidas, puesto que a la Hacienda Española le interesó cerrar el grifo de la repatriación gratuita lo antes posible, dando muestras una vez más del desentendimiento gubernativo frente a los problemas que dejaba en Cuba.

Soldados Españoles, enfermos y hambrientos, en el proceso de ser **repatriados** a España.

La incapacidad económica del Estado Español para asumir los costes de la liquidación colonial no se limitaron a la delicada cuestión de la **repatriación** y la concesión de los **pasajes gratuitos**. Dentro de las deudas del Estado relacionadas con la guerra iban incluidas una larga lista de reclamaciones, como las **deudas** contraídas por el Estado con el Ejército Español de Ultramar por **sueldos** y **pensiones** por retiro o por inutilidad, las **reclamaciones** por **cese de pago** de pensiones a viudas, huérfanos y familiares cercanos de soldados fallecidos durante la guerra o como consecuencia de su participación en la misma, las **exigencias** por parte de algunos particulares en reclamación del pago de **servicios prestados** al Ejército Español por traslado de tropas, enfermos y diversos suministros, y por último, las **deudas** que el Estado tenía con negociantes y prestamistas particulares que aprovechando la miserable situación de los soldados Españoles, hacían de las necesidades de éstos un negocio, adelantándoles dinero.

Lo más grave fue que el cierre colonial supuso un daño enorme para **pensionistas** del Estado español que permanecieron residiendo en Cuba después de 1898, y a quienes se les dejaron de pagar sus pensiones.

En los años que siguieron al '95, en todas las imágenes evocadoras de la última guerra colonial Española, se destacan las fotos que muestran soldados repatriados con el **rostro amarillento** y su **escuálido cuerpo** envuelto entre los harapos del uniforme de **rayadillo**. La fiel descripción de las penalidades de esos **espectros** venidos de ultramar, rica en anécdotas, duró lo que tardaba en evaporarse la actualidad noticiosa del asunto. Desde los primeros días, el regreso de las tropas no provocaba más que **indiferencia** y **desinterés** de la mayoría, con la triste excepción de las familias afectadas por el impacto de la derrota.

Tras perderse Cuba, parecía que se había **pasado la página**, sin más comentarios sobre las desgracias de la guerra. Si la repatriación de los "**quintos**" produjo un considerable cancionero patriótico, nada perduró ni en la tradición oral, ni en la literatura escrita, sobre el abandono a los repatriados. El repatriado se convirtió de pronto en un ser **incómodo** en casi todas partes, una figura muy **incolora** en el tiempo, que sólo traía **tristezas** y malos **recuerdos**. Nadie, excepto los escritores de la **Generación del '98**, cuestionó el tratamiento oficial de la derrota. La miseria, el analfabetismo, la falta de recursos, unidos a la insensibilidad de los poderes públicos, nublaron de indiferencia a los repatriados.

La prensa escrita Española, sin embargo, habló de los terroríficos **barcos-cementerios**. En un solo viaje, en 1898, se cargaron 1,200 hombres de los que no podían atenderse en Cuba, lo que un periódico Madrileño atribuyó a la dejadez en la preparación sanitaria. Dentro de aquel horror, lo que más preocupaba no era la suerte de los repatriados, sino la posibilidad de transmisión de la **fiebre amarilla** en la Península. Debía por eso procurarse el **aislamiento absoluto** de la zona de contagio, alejándolos de los puertos, de las calles y los lugares públicos, lo cual también se hizo en Cuba.

En La Habana, los moribundos habían sido amontonados en los **almacenes de azúcar** del muelle o en el **Hospital San Ambrosio** en la bahía, para no incrementar la morbilidad de la tropa. Estos espantosos locales, que algunos decían llamaban *«...los palacios del vómito...»* funcionaron como salas de espera para aquellos que iban a ser repatriados a España. Muchos de los enfermos, cuyos nombres no se conocerán nunca, ingresaron sin documentación a La Habana y fallecieron allí, casi siempre poco días antes de consumar el embarque. **Mezquindad** era la palabra que mejor expresaba el trato que rodeó a los soldados de ultramar. La demora inaceptable con que cobraron sus sueldos y pensiones —cuando pudieron hacerlo— reflejaba el abandono y la conducta negligente de la Administración, sin ser aceptable las excusas de los aprietos económicos existentes.

El gobierno Español asignó **182.5 pesetas anuales** a las viudas, por la muerte de cada soldado. Considerando que en esa época el **jornal diario** de un peón era de **1.75 pesetas**, huelga decir más nada. El **analfabetismo**, la **pobreza de solemnidad** y el **desconocimiento de la burocracia** no solo obstaculizaban el proceso de reclamar **pagos** y **deudas** gubernamentales, sino hacían que los soldados se prestasen a la intermediación de **estafadores** y **pícaros** que pretendían "*resolver*" las dificultades de los cobros a los soldados.

En espera de pagos adeudados, por las calles de las ciudades Españolas, **deambulaban** repatriados harapientos, rogando unas monedas, vestidos todavía con el uniforme militar. Ese final tan calamitoso no terminaba de encajar por completo dentro de lo que era el **entramado social** de los ex miembros de las fuerzas armadas. No se vislumbraba que el destino último de decenas de

Soldados Españoles en el proceso de ser **repatriados** a España.

ellos hubiese sido la **mendicidad** y la poca atención a sus sufrimientos. Haber defendido a España en sus guerras, los convirtieron en seres marginales, al menos más de lo que ya eran antes de ir a servir a ultramar. Encontraron en el regreso a la patria,

> «... *más hambre y fatigas que en las campañas en Cuba, y mayor el deseo vehemente de volver a ver a España y sentirse como en casa...*»

Cuando se iban, les habían dado de todo: **dinero, tabaco, vino, escapularios**... pero a la vuelta, ni los buenos días.

En los imperfectos cálculos del Ministerio de Estado, entre los repatriados en 1898 se contabilizaron **10,995 soldados inutilizados** y **33,808 enfermos**. Se le llamó **«La flota silenciosa,»** que siguió llegando hasta bien entrado 1899. Sus relativas importancias no podían ocultarse en sus cuerpos demacrados. Nunca hubo representantes políticos dándoles la bienvenida en los puertos. La sociedad pasó de una orgullosa exaltación patriótica durante las despedidas cuando se iban a Cuba, al más absoluto abandono cuando volvían a España.

Un periódico Compostelano recogió en 1899 una tétrica noticia que ilustraba esta pesadilla:

> «...*Un pobre soldado regresado de Cuba llegó hasta la puerta de su casa paterna en Enfesta. La hora era bastante avanzada y como aquel desdichado carecía de fuerzas para darse a conocer por la voz, no le abrieron la puerta, a pesar de sus repetidos golpes, por el temor de sus familiares de ser objeto de un robo. A la mañana siguiente, el cadáver del desdichado joven, muerto de hambre, apareció tendido delante de la puerta de su casa, produciéndose una desgarradora escena al ser visto por su familia...*»

Muchos de los supervivientes se vieron abocados a sumarse a la masa de **indigentes**, **vagabundos** y **buscavidas** que pululaban por las calles de las ciudades Españolas y vivían de la **mendicidad** y la **caridad** pública y privada.

> «...*El trato que recibieron fue lamentable. A pesar de las circunstancias históricas del momento, creo que podían haber recibido un mejor trato. Al ver el problema, incluso se establecieron leyes para evitar que ellos pidieran limosna. La* **Reina Victoria Eugenia**

*mostró preocupación por ellos, pero el problema es que practicaron la **caridad** con ellos en vez de la **justicia**. Para empezar, tenían que haber cobrado los sueldos atrasados, recibido una asistencia sanitaria de calidad y ser tratados con la dignidad que merece un soldado que ha luchado por la patria...»*

Así se expresó **Pio Baroja**, uno de los grandes escritores de la **Generación del '98,** añadiendo...

«Fue el precio que España pagó por no contar con un ejército profesional entrenado para guerra en la manigua, sino con un conjunto de reclutas bisoños que, más por obligación que por devoción o fervor patriótico, empuñaron las armas en una guerra que no era la suya, ni obraba en su beneficio o el de sus familias...»

Imágenes: arriba, grupos de soldados Españoles recogiendo **heridos para repatriarlos** a España. *Debajo*, el **Vapor Alicante**, una de las naves de socorro que transportaron desde puertos Cubanos a cientos de soldados Españoles repatriados.

Conversaciones entre Patriotas Cubanos durante la Guerra del 95

1898

«*Los cielos de medianoche de Cuba se iluminan de rojo en todos los lugares donde operan nuestras tropas*», había escrito Fermín Valdés Domínguez a Gonzalo de Quesada después de la **Batalla de Mal Tiempo**.

«*... Campos de caña, ingenios azucareros, haciendas de propiedad Española, pequeños edificios municipales en pueblos desprotegidos, ferrocarriles, cafetales, almacenes, graneros, casetas de curar tabaco, todo está siendo incendiado por nuestras tropas. Nuestros ejércitos avanzan, y están dejando atrás una amplia franja de desperdicio carbonizado y miseria, el resultado de nuestra ineludible* **guadaña patriótica**. *Las altas chimeneas oscurecidas son lo único que queda en pie como testigos mudos de nuestra* **determinación de ser libres.***

Día tras día esta infernal y diabólica franja de destrucción está a punto de tocar a **La Habana**. *Estamos cerca de* **Marianao** *y podemos ver caravanas de residentes que escapan hacia las zonas de* **Pinar del Río** *que controlamos. Les ayudamos lo mejor que podemos e incluso les ofrecemos lugares para pasar la noche. Son estoicos y comprensivos. Esta, más que cualquier otra cosa, es su propia guerra. Muchos hombres acompañan a sus familias en su procesión fantasmal hacia el oeste, y dan la vuelta solos para unirse a nuestras tropas. Las mujeres y los niños se turnan para dormir bajo la protección de equipos y maquinaria retorcidos y ennegrecidos. Los techos de hojalata están ennegrecidos si es que aún permanecen en pie protegiendo los desolados pisos de las fábricas.* **La Habana** *está aislada por los tres lados. Sólo le está abierta la salida al mar. Todos los ferrocarriles han detenido sus operaciones. Nuestras tropas han tomado todas las carreteras de entrada y salida de la capital.* **Quintín Banderas** *y* **Antonio Maceo** *mantienen a* **Martínez Campos** *bajo control en La Habana, mientras que* **Máximo Gómez** *ha traspasado las líneas Españolas y ha hecho marchar a todo su ejército hacia Pinar del Río...* »

Unos días después **Gonzalo de Quesada** recibió otra carta, esta vez de **Bartolomé Masó**:

> «Este es el final del camino para Martínez Campos. A pesar de su ley marcial, la isla entera está ahora en llamas. Pinar del Río está comprometiendo a todos sus hijos con Gómez, que apenas tiene tiempo para entrenar a tantos insurgentes; se están uniendo y entrenando sobre la marcha. Todas las plantaciones de tabaco de **Vuelta Abajo**, antes en manos de agricultores Españoles, ahora son terrenos yermos y campos vacíos. Cuba ya no tiene una economía de exportación. Desde **Peralejo**, Oriente es nuestra y no se cansa de apoyar la guerra en otras partes de la isla»

La situación dentro del ejército Cubano, sin embargo, no era tan optimista y brillante como lo indicaban esas cartas y comunicados. El eterno conflicto de autoridad de los civiles o los militares en el mando de la guerra seguía sin resolverse. Ya había causado tres grandes desgracias: la **deposición** de Carlos Manuel de Céspedes en Bijagual en 1873, su probable **muerte a mansalva** en San Lorenzo en 1874, y el conflicto entre **Martí** y **Maceo** en la descorazonadora reunión del **Hotel Madame Griffou** en 1884. El 21 de Noviembre de 1895, con Martí ya muerto, un hombre de indiscutible patriotismo y generosidad como **Antonio Maceo** le escribió a **Manuel Sanguily**...

> «... No hemos tenido mucha suerte en la composición del nuevo gobierno. Nuevamente hemos sido víctimas del vano esfuerzo de algunos que intentan dar una forma democrática de gobierno a una **República en Armas** que aún no está constituida ni está lista para gobernarse a sí misma. Ignoran que tenemos a un enemigo bien armado frente a nosotros, y no somos los dueños de la tierra sobre la que caminamos. Como comprenderán, mientras dure esta guerra, sólo debe haber soldados y espadas en Cuba y no oficiales gubernamentales civiles, o al menos hombres que sepan cómo llevar adelante la guerra y cómo lograr la redención final de nuestro pueblo. Cuando esto se logre, que es el objetivo al que se dirigen nuestros esfuerzos, habrá llegado el momento de formar un gobierno civil. Un gobierno civil democrático y capaz de gestionar los asuntos públicos con prudencia y moderación, atento a nuestras propias y peculiares exigencias políticas y sociales...»

Por otra parte, en el momento de la llegada de Weyler a Cuba, los exiliados en Nueva York se estaban volviendo, sin mucha razón, cada vez más optimistas sobre el resultado de la guerra que estaba desgastando a Cuba. El azúcar y el tabaco Cubano estaban a los precios más bajos que habían tenido en años, ya que no podían exportarse de manera confiable y segura. Los impuestos en

Imágenes, de arriba a debajo:
La **batalla de Mal Tiempo**;
Fermín Valdés Domínguez retratado
con **José Martí**;
Gonzalo de Quesada y
Bartolomé Masó.

Cuba estaban en su punto más alto. Incluso los españoles leales en Cuba estaban a favor de un cambio de gobierno o de estatus. **Gonzalo de Quesada** les escribía a muchos de sus amigos:

> «... El pueblo de Cuba está con nosotros. Los úniccs recursos de Cuba dependen de nuestra determinación para comercializarlos. Las cartas sólo llegan a su destino si las llevamos nosotros. Tenemos muchos hombres cultos que pueden traer prosperidad sin anarquía. Nuestros jóvenes han viajado a todas partes y conocen el mundo. Seguimos una tradición iniciada por los griegos y que practican los Estadounidenses: libertad y sólo libertad por encima de todo. O conquistamos nuestra libertad o seremos arrojados a los mares. A diferencia de los fundadores de la República Estadounidense, no tenemos una Francia que nos ayude contra la Inglaterra que ellos derrotaron. Somos solo nosotros. Los pueblos libres de la América Hispana están enmudecidos y descansando. Para nosotros, sin embargo, no hay vacilaciones esta vez. Estamos diezmando a las tropas Españolas muy cerca de La Habana, un hombre a la vez, un destacamento a la vez. Las montañas son nuestras y, a medida que desertan nuestros enemigos, los convertimos en amigos... »

En la Habana, Weyler estaba tan desanimado por los informes que recibía que se refugió en el palacio de los Capitanes Generales y no se presentó en público durante casi una semana. Se rumoraba que pasaba la mayor parte del tiempo en su baño, sumergido en la lujosa bañera de mármol estilo Romano que todos los anteriores Capitanes Generales habían disfrutado como una de las ventajas que España concedía a sus nobles por estar tan lejos de las costas Españolas. Mientras se calmaba, razonaba que sus problemas eran similares a los de todos los Generales de cualquier ejército tradicional que tenía que luchar contra una insurgencia. Sus tropas fueron entrenadas para actuar juntas; se les hizo marchar formalmente y dispusieron largas y sustanciales líneas de suministro, a veces comenzando desde la propia península. Sus oponentes eran ágiles y autónomos, casi siempre en harapos, que practicaban tácticas de golpe y fuga y vivían de la tierra, mezclándose con la población no combatiente. Valeriano Weyler, el más sanguinario de los jefes que España había enviado a Cuba, llegó a conclusiones similares pero inexpresadas a las que habían llegado sus predecesores: **para derrotar al ejército Cubano y pacificar la isla, España tenía que separar a los insurgentes de los civiles no combatientes**. Sólo se podía lograr eso vaciando los pueblos y ciudades rurales y estableciendo refugios seguros donde los residentes pudieran ser "*protegidos*" por las leales tropas Españolas. Además, esto evitaría que los civiles prestasen algún tipo de ayuda a los soldados enemigos. Y eso, más que cualquier preocupación humanitaria, pronto se convirtió en el tema principal de las estrategias y agenda de Weyler: una **reconcentración** de todos los civiles en las ciudades y pueblos de toda la isla. Una propuesta de Weyler y un novedoso invento Español que sería condenado para siempre por el mundo civilizado: los **campos de concentración**.

Una medida del optimismo del **Gobierno en Armas Cubano** sobre el desarrollo de la guerra la expresó en una carta de Bartolomé Masó a Gonzalo de Quesada el 15 de Junio:

> «… Hemos trasladado nuestro gobierno revolucionario desde la parte sur de la Sierra Maestra, en la zona entre Santiago y Manzanillo, primero a Las Tunas y ahora a la Sierra de Cubitas, en la provincia de Camagüey, a mitad de camino entre la ciudad de Camagüey y la Costa norte. Ahora estamos fabricando dinamita, **machetes**, **uniformes** y **botas** en plena selva Cubana, y acabamos de enviar al general **Antonio Maceo** una pistola de dinamita experimental. Contamos con nuestras propias instalaciones y **equipos de impresión**; continuamos **empacando carne seca** y **galletas horneadas** y tenemos toda la apariencia y apariencia de un **campamento industrial** o una **cooperativa autosuficiente**. Nuestro sistema de **correo** en toda la isla lleva las cartas a sus destinos más rápido que la correspondencia que tratan de mover los Españoles, y por casi el mismo precio; estamos capacitando a **nuestros propios guardias rurales** para deshacerse del contrabando y la especulación ilegal por todas partes. Las únicas operaciones inseguras, deshonestas y engañosas que quedan en Cuba son las que están bajo el control del gobierno Español… »

Gonzalo de Quesada se aseguró de que se colocara una copia impresa de esa carta en la puerta principal de las oficinas de **Patria** en Manhattan.

Después de la caída de Maceo, sin embargo, las tropas Cubanas entraron en pánico, y se dispersaron llenas de furor y desasosiego, dejando a los Españoles ocupar el campo, saqueando y despojando a los muertos. El ejército Español ni siquiera sabía que habían eliminado al segundo hombre al mando de las tropas insurgentes en Cuba. Un guía nativo al servicio de España reconoció su cuerpo; los Españoles intentaban asegurarlo encima de un caballo cuando los refuerzos Cubanos al mando de **Pedro Díaz** apa-

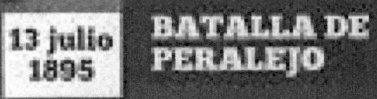

BATALLA DE PERALEJO — 13 julio 1895

Este día, en una amplia llanura ubicada entre Bayamo y Barrancas, las fuerzas cubanas vencieron a las tropas españolas, más numerosas y mejor equipadas bélicamente, y estuvieron a punto de capturar a su jefe, el capitán general Arsenio Martínez Campos. Este triunfo figura entre los más relevantes de las guerras cubanas contra el colonialismo español y significó el primer gran éxito de la campaña iniciada el 24 de febrero de 1895. Triunfó el genio militar de Antonio Maceo al derrotar a la columna española y su jefe, Martínez Campos, permaneció nueve días sitiado en las fortificaciones de Bayamo.

Imágenes, de arriba a debajo:
la Batalla de Peralejo;
Bijagual, donde fue depuesto Carlos Manuel de Céspedes;
el **Hotel de Madame Griffou** y un retrato de **Antonio Maceo**.

VIEJAS ESTAMPAS CUBANAS

recieron indignados y enfurecidos por la pérdida de Maceo. Se desencadenó una lucha salvaje y frenética que terminó con un desorden total, la derrota de los Españoles y la recuperación del cadáver de Maceo. Cuando las tropas Españolas regresaron a su cuartel general e informaron que habían matado a Maceo, nadie les creyó. Weyler fue prudente y amenazó al jefe del batallón con una degradación si le estaba diciendo una mentira o una exageración. Sin subestimar a sus hombres, no podía creer que Maceo hubiera cruzado su impenetrable trocha. Weyler sólo aceptó la noticia cuando Máximo Zertucha, el médico de Maceo se acercó a las tropas Españolas para rendirse. Tratando de complacer a Weyler, le afirmó...

> «... Honorable General Weyler: con Maceo muerto, usted, como vencedor entre dos gigantes militares en guerra, es el amo indiscutible de Cuba y de todos los Cubanos».

Inspirados en el sacrificio de Maceo, **Máximo Gómez**, **José Maceo**, **Serafín Sánchez**, **Mayía Rodríguez**, **José Lacret**, **Bartolomé Masó** y otros, unieron sus fuerzas para anotar ante España un golpe de gracia. Contaban con 20,000 hombres que estaban reunidos en el sur de Las Villas. Gómez permaneció en Santa Clara donde España sólo tenía un débil control en Cienfuegos. Se organizaron dos columnas bajo Lacret para tomar **Remedios**, y se inició un movimiento general hacia el Oeste, siguiendo las tropas de **José Maceo**. **Enrique Collazo** y **Calixto García** fueron llamados desde Oriente y Camagüey para contribuir al asalto por occidente con 25,000 efectivos.

Mientras todos estos hechos ocurrían en la manigua, **Gonzalo de Quesada** hacía su mejor esfuerzo en el Washington diplomático y político. El presidente **Grover Cleveland**, en 1896, finalmente accedió a decir lo que los Cubanos estaban ansiosos por escuchar. En su mensaje anual al Congreso discutió el tema Cubano en forma amplia y franca. Comenzó reafirmando la validez de la **Doctrina Monroe** y afirmó que incluso España tenía que reconocer que Estados Unidos tenía intereses especiales en Cuba que eran tan importantes como los de España, si no tan antiguos. Continuó diciendo:

> «... El pueblo de Estados Unidos no puede ignorar el espectáculo de la ruina absoluta en una de las tierras más fértiles y encantadoras del mundo. Estados Unidos tiene un interés pecuniario en la fortuna de Cuba, casi tanto como España, y se encuentra a sí mismo inextricablemente envuelto en la actual con-

> *tienda vejatoria y costosa. Es evidente que la incapacidad de España para lidiar con éxito con la insurrección ha demostrado que la soberanía Española está extinta en Cuba... el conflicto actual es una lucha desesperada por el restablecimiento de España de su poder y evidentemente ha degenerado en un inútil sacrificio de vidas humanas...* »

Durante todo 1897, los hercúleos esfuerzos de España para ganar la batalla de las relaciones públicas en los Estados Unidos fueron casi tan importantes como los esfuerzos de sus soldados en los campos de batalla. El ministro español en Washington recibió más de **un millón de dólares** para influir en la opinión pública y evitar resoluciones del Congreso que favorecieran a los insurgentes en la isla. Muchas opiniones unilaterales, nacidas en la Embajada de España pero hábilmente disfrazadas como escritas por periodistas imparciales, llegaron a los periódicos proclamando regularmente que los rebeldes Cubanos eran **bandidos**, **marginados** o **negros**, en medio de una **revolución racista** destinada a lograr en Cuba lo que había sido consumado en Haití. Sin embargo, los hechos no estaban dando credibilidad a esa campaña.

Horatio S. Rubens, amigo íntimo de **José Martí** y asesor legal de la **Junta de Cuba** en Nueva York, y **Gonzalo de Quesada**, el discípulo más dedicado de Martí y su fiduciario literario, fueron los dos seguidores más fieles y certeros de los acontecimientos que estaban ocurriendo en Cuba. Al recibir el informe final sobre la muerte de **Antonio Maceo** por carta de Bartolomé Masó, ambos se reunieron en la antigua oficina de **Patria** y de **José Martí** en el 214 de *Pearl Street* en Nueva York. Las oficinas de **Patria** estaban exactamente como las había dejado Martí; una atmósfera conmovedora rodeaba todo el espacio en que había trabajado Martí, nada había sido alterado por **Tomás Estrada Palma** cuando asumió la dirección del periódico. Las fotos de las paredes, el escritorio, un paraguas y un pesado abrigo de invierno todavía estaban en su lugar; también el pisapapeles del hacha taína, una taza llena de plumas y lápices y dos botes de tinta que habían alimentado las plumas de Martí para tantos escritos. Tras unos momentos de vacilación, como si ambos quisieran no romper la solemnidad de un santuario, se sentaron en las mismas sillas en las que se habían sentado durante muchas conversaciones con el Apóstol y esperaron a que el otro comenzara a hablar.

Rubens comenzó la conversación...

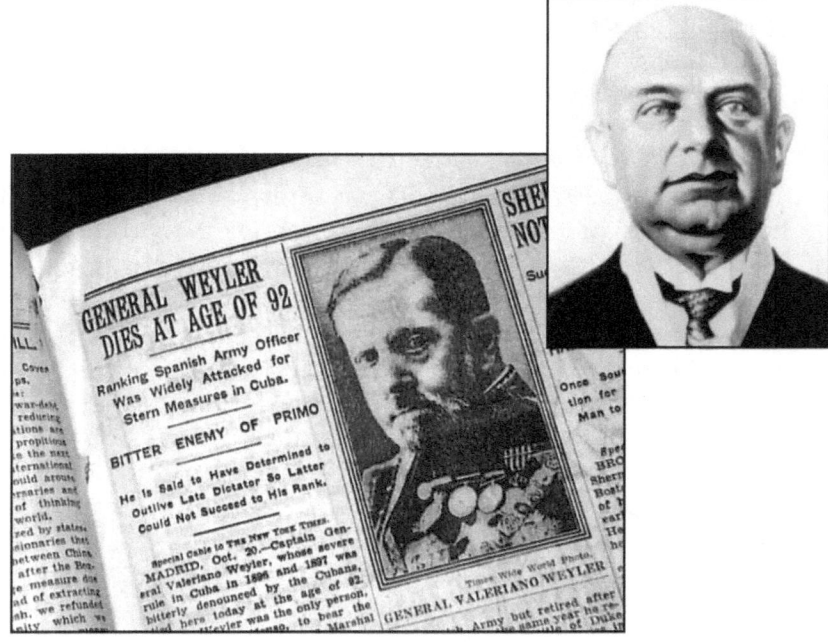

Imágenes, de arriba a debajo:
Horacio Rubens, gran amigo de José Martí;
Julio Sanguily y el Presidente Americano **William MsKinley**.

VIEJAS ESTAMPAS CUBANAS

«...Quesada, tenga en cuenta que al este de la trocha Júcaro-Morón y por todo Camagüey, Cuba es libre. **Calixto García** necesita un mínimo esfuerzo para mantener a las tropas Españolas dentro de las ciudades y fuera de los espacios abiertos. No se debe permitir que los convoyes que lleven socorro a las tropas Españolas se acerquen a ninguna ciudad. Hemos capturado cañoneras tres veces en el río **Cauto** y las hundimos con torpedos. Gómez mantiene a Weyler cerca de Santa Clara, sin voluntad de salir a la luz. Según el London Times, España necesitaría 100 millones de libras esterlinas durante el próximo año y tendría que traer su propia comida desde la península...»

«... Incluida la salsa de tomate y las morcillas,» comentó Quesada en broma.

«... Exactamente. España, por ejemplo, ha tenido que vender a una empresa británica sus derechos del Monopolio sobre el Tabaco y la sal de Cuba. Fue la única forma de pagar sus gastos de la guerra en la isla. Una vez que se acaben estos dineros, no sé qué más tendrán que vender. El London Times predice un gobierno republicano Cubano en La Habana en unos dieciocho meses. Las únicas operaciones militares Españolas en estos días son los envíos de convoyes semanales entre **Bayamo**, **Jiguaní**, **Santiago**, **Las Tunas** y **Holguín**. Cada día estas tareas se vuelven cada vez más riesgosas difíciles para ellos, a pesar de la cantidad de guardias que utilizan. Los convoyes llevan municiones, ropa y comida. Casi todos los convoyes de los últimos dos meses han sido capturados por nuestras tropas; gracias a eso, ahora mismo no tenemos escasez de alimentos ni de armas...»

Tras lo cual Gonzalo comentó:

«... Hay muchas granjas desiertas en los campos de Cuba. Supongo que las familias que las poseían, ricos y pobres, han huido a los pueblos y las ciudades más cercanas. Las puertas casi siempre están abiertas de par en par y las flores altas florecen contra sus paredes blancas como la tiza. Parece que esas propiedades se respetan y no están siendo vandalizadas...»

Por otra parte, el general **Emilio Núñez** y **Horatio Rubens** se habían sentado en muchas ocasiones para coordinar sus operaciones con el fin de mantener que los suministros llegaran a Cuba con regularidad y minimizar los problemas legales y las pérdidas por intercepciones. En una de esas ocasiones, el 4 de Marzo de 1897, ambos estaban preocupados por la incertidumbre de las acciones futuras en Cuba, ahora que el recién inaugurado presidente de los Estados Unidos, **William McKinley**, estaba a punto de prestar juramento.

Núñez le comentó a Horacio...

> «...el colapso de Cuba en el caos y la destrucción de la tierra hace que la participación de Estados Unidos sea casi inevitable... todos los esfuerzos de Martí por mantener la guerra exclusivamente nuestra se están derrumbando. Corremos el riesgo de no poder recuperar nunca el control de nuestro destino. El enemigo Español está aplastado y en total retirada. Hasta hace poco parecía que la guerra no duraría más que unos meses más. **Máximo Gómez**, a quien nunca le ha gustado poner un horario a las cosas, habla de llegar a la victoria a finales de este año. Me escribió diciendo que los meses de verano son mis mejores generales, lo que significa que son sus momentos más exitosos para luchar. Junio ya casi está aquí y las tropas Españolas se esconden en sus cuarteles. Sin embargo, el salvajismo de Weyler se ha convertido en un tema ardiente y obsesivo para la opinión pública Estadounidense. Los Norteamericanos piensan en una intervención si no podemos acabar con las tropas Españolas. No estamos en condiciones de hacerlo porque no salen a la palestra para combatirnos. Tampoco podemos tomar cada ciudad por separado; sería una guerra larga, prolongada y muy costosa en hombres y fondos...»

La respuesta de Horacio fue...

> «... los españoles saben que somos dueños del campo... esa lección la aprendieron en **Peralejo**, cerca de **Bayamo**. Maceo derrotó tan decisivamente a Martínez Campos que su ayudante de campo, el general Santocildes y muchos de sus hombres murieron en campo abierto... Maceo casi lo hace prisionero. Allí perdimos una gran oportunidad. Imagínense el precio que podríamos haber pedido por el rescate de **Martínez Campos** a las líneas españolas. Siempre pensé que estábamos cerca de ganarnos la independencia después de ese supremo esfuerzo de Maceo...»

En España, mientras estas conversaciones y noticias se esparcían por toda Cuba, el Primer Ministro Conservador **Antonio Cánovas del Castillo**, favorito del general Martínez Campos, Isabel II y su hijo Alfonso XII, fue asesinado. Era el hombre que había restaurado la Monarquía Constitucional Borbónica en España y había acabado con la amenaza de los **Carlistas**. Ese 8 de Agosto, todo el gabinete de Cánovas dimitió y el liberal **Práxedes Mateo Sagasta**, asumió el poder como Primer Ministro por octava vez, como parte del acuerdo de **turno pacífico** que alternaba conservadores y liberales en el más alto cargo político de España. En Cuba, el 1 de Noviembre, **Valeriano Weyler** fue reemplazado como Capitán General por **Ramón Blanco y Erenas**, *Marqués de Peña Plata*. Había estado en Cuba dos veces antes, la última vez durante la Guerra Chiquita en 1880.

En la madrugada del 15 de Febrero de 1898, el acorazado Estadounidense **Maine** deambulaba perezosamente por su amarradero en la bahía de La Habana. Era una noche fresca y sin luna, y las luces ocasionales provenientes de sus ojos de buey abiertos y el puente se reflejaban perezosamente en la superficie del agua. De pronto surgió una potente explosión y el Maine se fue a pique. Nadie pensó que en ese momento la historia de Cuba tomaba un nuevo curso.

Fotos, de arriba a debajo:
El acorazado **Maine** y el capitán **Sigsbee**;
el Monumento a **Martínez Campos** en Madrid.

Lo que pasó después de la Explosión del Acorazado Maine

El día 15 de Febrero de 1898, sentado frente a su escritorio en su cabina en el **Acorazado Maine**, el Capitán, **Charles D. Sigsbee** estaba ingresando su acostumbrado relato diario en su cuaderno de bitácora.

> «*El **General Ramón Blanco**, nuevo Capitán General de la isla, parece tener las cosas bajo control. Luce ser un caballero bien educado y me llevé bien con él y su esposa. Durante las últimas tres semanas no he recibido ninguna noticia valiosa sobre los rebeldes. Anoche entretuve a bordo a varios oficiales Españoles para corresponder a la invitación que recibí para asistir a una sesión taurina. Lo pasamos bien hasta que el primer torero estuvo a punto de matar al toro, momento en el que me levanté con mis hombres para dejar la función en un momento un tanto bárbaro. Varios Cubanos a mi lado izquierdo también se pusieron de pie y comenzaron a gritar **"No se vayan Maricones"**, momento en el que mis anfitriones Españoles comenzaron a disculparse por las crudas declaraciones de esos hombres. Acabo de hablar por la tarde con **Fitzhugh Lee**, nuestro Cónsul Estadounidense, y él también parece optimista. No sabía que era sobrino del General **Robert E. Lee** y había luchado con nosotros bajo su mando como Comandante de una división de caballería. Acabo de escuchar toques hace cinco minutos. En la quietud de la noche, este noble y nítido sonido debe haber viajado muy lejos dentro de la ciudad, donde hace unos minutos terminó oficialmente la jornada con el grave sonar del **cañonazo de las nueve**...* »

La toma de notas de Sigsbee terminó brutalmente con esa última frase. Una explosión inesperada y devastadora hizo temblar al **Maine** de popa a proa, tejiendo en los corazones de todos los marinos a bordo, una amenaza de desolación y un rugido ensordecedor de inmenso volumen. Nadie esperaba que en una noche tan tranquila, este chillido metálico del **acorazado Maine** despertara y devastara a la mayor parte de su tripulación y asustara a todos los ciudadanos de la capital Cubana.

Sigsbee lo supo de inmediato: el **Maine** había saltado en el agua y se estaba hundiendo rápidamente. Rápidamente se dirigió a la sección de popa y evaluó la gravedad de la situación. La parte delantera del barco, donde la mayoría de sus hombres tenían sus aposentos, ya estaba bajo el agua. En cuestión de minutos, algunos botes salvavidas del **Alfonso XII**, el barco español más grande que en ese momento estaba dentro del puerto, se acercaba al Maine tratando de rescatar a los sobrevivientes. **Sigsbee** no pudo menos que reconocer la valentía y heroísmo de esa tripulación. La explosión inicial fue seguida por otras pequeñas durante toda la noche y toda la ciudad parecía estar bajo la iluminación de llamas y conflagración. En la mañana, un retorcido **escombro** de barandillas, mástiles, vidrieras, placas, piso, puentes y secciones de chimeneas, embudos, ojos de buey, cañones y cuerpos humanos, fue todo lo que quedó del barco más grande que jamás había entrado en el puerto de La Habana.

Por la mañana, un angustiado capitán **Sigsbee** envió un telegrama a sus superiores en Washington.

>*«La Habana, 16 de Febrero. A **John Long**, Secretario de Marina de los Estados Unidos, de parte de **Charles D. Sigsbee**, Capitán del Acorazado de Segunda Clase Maine:*
>
>*El Maine explotó anoche en el puerto de La Habana a las 9:40 pm y fue destruido totalmente. Ha habido muchos heridos, y sin duda muchos muertos y ahogados. Los heridos están a bordo de un buque de guerra Español y un vapor de **Línea Ward**. Envíe la flota del faro desde Key West, para albergar la tripulación y recoger las pocas piezas de equipo que aún están por encima del agua. Nadie guardó otra ropa que la que llevaba puesta. Toda información pública debe suspenderse hasta un nuevo informe. Se cree que todos los oficiales se salvaron, pero Jenkins y Merritt aún no han contabilizado. Muchos oficiales Españoles, incluido un representante del **General Blanco**, ahora conmigo, expresan su simpatía.*
>
>*(Firmado) Sigsbee »*

El periódico **New York Journal**, propiedad de **William Randolph Hearst**, no tuvo dudas sobre los responsables del hundi-

El **Acorazado Maine** entrando en la Bahía de La Habana en 1898; una vista de la explosión del Maine el **15 de Febrero de 1898**; la foto del **Capitán Higsbee** y una foto del **Vapor Español Alfonso XII** que salió inmediatamente a rescatar la tripulación del Maine.

VIEJAS ESTAMPAS CUBANAS

miento del Maine. En su portada del día 16 mostró un dibujo en el que un saboteador Español estaba atando una mina submarina bajo la línea de flotación del Maine, y al final de un cable que llegaba hasta la orilla, un hombre siniestro estaba listo para activar un detonador. El texto bajo el dibujo leía...

«... No puede entenderse cómo se puede pedir al grueso de nuestro pueblo que tolere la espantosa infamia que ha persistido en los dos últimos años de dominio español en Cuba, mucho menos la traicionera destrucción del **Maine** y el asesinato de más de **200** de nuestros hombres. No hay poder en la tierra que pueda impedir que Estados Unidos vaya a la guerra con España. En todos los Estados Unidos se siente una fiebre de Guerra (War Fever) ...»

El **New York World** de **Joseph Pulitzer** coincidía en ese análisis...

«... Más de 250,000 voluntarios se apresuran con entusiasmo a ponerse al servicio en los Estados Unidos. El cuerpo de intendencia del ejército, sin embargo, ha declarado que sólo tiene cincuenta y siete hombres para suministrar equipo al ejército. Los soldados reunidos en la Florida tendrán que esperar a que lleguen los suministros y el transporte. Algunas personas están organizando y equipando sus propios regimientos. Uno de esos individuos, **Teddy Roosevelt**, Subsecretario de la Marina, renunciará a su cargo y organizará un Regimiento Voluntario de Caballería." Véase un Informe completo en las páginas interiores ... »

El brazo derecho de José Martí, **Gonzalo de Quesada**, se encontró con **Horace Rubens** en la oficina de **Patria**, el periódico de José Martí ambos en búsqueda de noticias. Quesada le informó a Rubens...

«... Varios grupos están presionando ahora a McKinley, principalmente los republicanos. El estado de ánimo público en los Estados Unidos, ha sido condicionado por los editores de periódicos de la nación. En los Estados Unidos de hoy, el periodismo está dominado por el sensacionalismo. Después del **New York World** de Pulitzer vino Hearst, quien ha convertido el respetable periódico de San Francisco de su padre en un tabloide sórdido pero rentable, el **New York Journal**. Ambos periódicos están entrando y saliendo del área gris entre la verdad y la fantasía. No hay nada a lo que no sean capaces de rebajarse. El senador **George Norris** de Nebraska, el mejor orador del Congreso en estos días, ha dicho recientemente que el estilo de los periódicos de **Hearst** y de **Pulitzer** se está extendiendo como una red venenosa por todas partes de nuestro país. Se han convertido en el sistema de alcantarillado del periodismo Estadounidense. Los reporteros de ambos diarios vienen a esta oficina todas las tardes buscando las últimas noticias de la Junta Cubana...»

Quesada continuó tras un gesto de asentimiento de Rubens...

«... Creo que otro grupo que presiona ahora a McKinley para que actúe, es la comunidad de expatriados Cubanos liderada por la **Junta Patriótica de Nueva York**. Éramos una fuerza a la vez refinada y cosmopolita, buena para cabildear e influir en los medios de comunicación. Muchas veces ahora, se lanzan epítetos groseros a las autoridades Estadounidenses. Nos hemos visto obligados a defender la imagen Cubana de la propaganda insultante de España, pero en ocasiones la merecimos porque nos hemos alborotado. El Cónsul **Adam Badeau**, representante Estadounidense en La Habana en 1896, publicó unas declaraciones en el **New York Times** diciendo: "Los Cubanos son un pueblo heterogéneo y raro; no acostumbrado al Republicanismo, la civilización y el Cristianismo." En una carta del magnate azucarero **Edwin Atkins,** dueño Bostoniano de la mitad de las tierras alrededor de **Cienfuegos**, al secretario de Estado **Richard Olney** en 1896, Atkins le dijo..."el elemento negro, junto con los aventureros de Nueva York y otros puntos del exterior, de los cuales hay muchos, sólo van buscando poder o ganancia en esta guerra... " **Stewart L. Woodford**, el ministro de Estados Unidos en España, le escribió a **McKinley** a fines de 1897 "... los Cubanos carecen de educación; la historia de corrupción financiera por parte de España y la presencia de una población no blanca sustancial, apuntan a la necesidad del control de Estados Unidos... " El colmo ha sido el análisis erróneo de nada menos que **Fitzhugh Lee**, el Cónsul Estadounidense en La Habana en 1897 "... los Cubanos armados quieren una

La **prensa guerrerista** de New York en 1898; la reunión de **Andrew Summers Rowan** con **Calixto García** inmortalizada en el libro **Un Mensaje a García**; y la portada de la **primera edición**.

VIEJAS ESTAMPAS CUBANAS

República independiente, pero los Cubanos inteligentes y educados desean la anexión a nuestra República...". Esas y otras palabras peores el año siguiente, fueron la razón por la que el Maine fue enviado al puerto de La Habana. *"...turbas lideradas por oficiales Españoles han atacado hoy las oficinas de los cuatro periódicos aquí que abogan por la autonomía. Un acorazado debe ser enviado a la isla porque la emoción y la incertidumbre predominan en todas partes... "* En efecto, el 1 de Julio de 1898, más de 15,000 soldados Estadounidenses fueron colocados en Tampa, Florida, con el propósito de embarcarlos hacia Cuba... »

Dos meses antes, el Martes 12 de Abril de 1898, en Washington se había adoptado la **Resolución Conjunta** por el Congreso Americano. Respondiendo a esa resolución, el Primer Ministro de España, **Práxedes Mateo Sagasta**, declaró en la Cámara de Senadores de Madrid:

«... *España prefiere arruinarse y ser abandonada por todos sus amigos antes que dejar ir a Cuba. Todos los Españoles deberían responder con prontitud y repeler con todas nuestras fuerzas nacionales este ultraje odioso, como nunca se ha visto en la historia. En Cuba, si es necesario, gastaremos hasta la última peseta y el último hombre...* »

Las palabras de Sagasta fueron aplaudidas por toda España, en reuniones públicas unánimes e histéricas de apoyo, con grandes ovaciones a la Reina Regente, el Rey, el Ejército y la Armada.

La recepción fue diferente pero igualmente obstinada en Estados Unidos. El Sábado 23 de Abril, el **Saturday Review** declaró en un editorial:

«... *Las declaraciones de España son desagradables hasta el último grado... sus tribunales y todas sus instituciones civiles son corruptas ... España no ha aportado nada al respeto de la humanidad en los últimos doscientos años, al contrario, ha mostrado al mundo entero hasta qué profundidad de depravación pública es capaz de descender la civilización contemporánea...* »

El Lunes 23 de Abril, el presidente **McKinley** ordenó al secretario de Marina, **John Davis** Long, que ordenara a todas las embarcaciones de la **Escuadra del Atlántico Norte**, que se acercaran de inmediato a las aguas Cubanas, y una vez allí, desencadenar **bloqueos** en las ciudades de **La Habana**, **Matanzas**, **Cienfuegos**, **Guantánamo** y **Santiago de Cuba**. Confiado en exceso de su propia destreza y competencia, el gobierno Español envió ese mismo día una carta a todos los gobiernos de Europa expresando su certeza de que...

«... *España cuenta con la ayuda de los Cubanos, que son Españoles como nosotros...* »

España sospechaba que convertir a los **Mambises** hostiles en aliados era absurdo; los Españoles simplemente estaban preparando el terreno para una derrota rápida y devastadora que sólo podía atribuirse a la abrumadora superioridad Estadounidense. Querían, en el fondo, que el mundo pensara que Españoles y Cubanos habían estado luchando juntos contra fuerzas superiores. Todo el mundo sabría con el tiempo, sin embargo, que la aplastante victoria de los Norteamericanos fue exclusivamente sobre el Ejército Español, gracias en parte a la desmoralizadora degradación del espíritu Español provocada durante dos años por las implacables victorias de los mambises Cubanos. Las únicas potencias Europeas que nunca declararon su neutralidad en la guerra inminente fueron **Alemania** y **S.S. León XIII**, este último históricamente un aliado cercano de la Monarquía Española, que todos en el Vaticano, fueran justicieros e íntegros o no, trataban como **Sus Majestades Católicas**.

Desde España, la flota del Almirante **Pascual Cervera**, bajo las órdenes del Ministro de Marina de España, ya había salido de Cabo Verde a toda prisa, un día a mediados de Abril. Las circunstancias se habían mantenido en secreto incluso para el gabinete Español. La modesta y lamentable armada estaba formada por los cruceros españoles **María Teresa**, **Almirante Oquendo**, **Vizcaya**, **Cristóbal Colón** y los torpederos **Plutón**, **Terror** y **Furor**. Interesantemente, el conflicto España-Cuba se estaba convirtiendo en una guerra de dos continentes, **América vs. Europa**, que incluso Chinos, Indios, Coreanos y Japoneses seguían con interés en un tercer continente.

Desconocido también para todos menos dos personas, el presidente **McKinley**, y el Secretario de Estado **William Rufus Day**, un buen amigo de Mackinley, **Andrew Summers Rowan,** un teniente de la 19[aba] Infantería de los Estados Unidos, había salido de Washington hacia **Kingston**, Jamaica, donde tomó un bote hacia la costa suroeste de la provincia de Oriente en Cuba. Una vez allí, cruzó la **Sierra Maestra** y llegó a **Bayamo**; todo el mundo en el campo Cubano sabía de su destino, si no de su misión. Los guajiros lo ayudaron paso a paso durante su difícil travesía, diciendo en silencio a sus esposas e hijos que era "**el delegado Americano.**" Rowan finalmente se reunió con Calixto García y le entregó el famoso **Mensaje a García**, que nunca dejó de conmover y fascinar a las juventudes Americanas.

Imágenes: Sello Conmemorativo Español en honor a **Sagasta**;
El **Monumento al Maine** en el Malecón de La Habana en 1958;
Una alegoría haciendo burla a la **Prensa Amarilla** de New York
de finales del siglo XIX.

Jubilosos, los Cubanos presentan la Nueva Cuba al Mundo

El 20 de Mayo de 1902 fue una ocasión delirante. La alegría de los Cubanos era grandiosa; se notaba en toda la isla. Los Cubanos expresaban ese sentimiento de un extremo a otro de Cuba. Todos estaban extáticos; no había rincón en ninguna ciudad, por modesto que fuera, que no estuviera engalanado. Los fuegos artificiales, las risas de alegría, los gritos de júbilo, los cantos y la música, desde las primeras luces del alba, con estrepitosa algarabía, celebraban la nueva aurora de esperanzas, la consagración decisiva del anhelo de libertad e independencia por el cual los Cubanos habían suspirado y peleado por treinta y cinco años.

Literatos, músicos, poetas y deportistas Cubanos de principios del siglo XX, dibujaron con sus palabras y su destrezas el estado de ánimo de los habitantes de la isla. Los vítores con los que una buena parte de la población acogió la independencia, que para muchos significaba el comienzo del progreso, modernización y democracia, no tenía paralelo en la historia de la isla. La atmósfera jubilosa ante el fin del largo colonialismo Español, los nuevos aires de paz y libertad que embriagaban a los hombres y mujeres tras esos años de guerra no daban lugar ni a desconfianza ni a dudas de que se acercaban tiempos buenos.

En La Habana, desde tempranas horas, una multitud de personas avanzaban hacia el antiguo Palacio de los Capitanes Generales desde distintos puntos de la capital, la Punta, la Calzada de San Lázaro, la barriada del Cerro, la Avenida de Paula, los alrededores del rio Almendares, la zona de Monserrate y Colón. En un extraordinario ambiente festivo se producía la nueva soberanía nacional; el final del orden colonial se lograba en un maravilloso momento en que los Cubanos tomaban el mando de sus propios destinos.

Un acto solemne iba a celebrase en la Plaza de Armas, desde donde todos miraban al techo del Palacio de los Capitanes Generales; otro iba a tener lugar en el Morro, a la entrada de la bahía de La Habana. En ambos lugares, ese 20 de Mayo de 1902, a las doce del mediodía, con una salva estruendosa de veintiún cañonazos, se iba a alzar la bandera Cubana. Fuera de la vista inmediata del público, en ese mismo instante, en el Salón del Trono del Palacio Don Tomás Estrada Palma, en presencia del General Máximo Gómez y un puñado de patriotas Cubanos, el ex presidente de la Cuba en Armas iba a recibir los Poderes del Estado de la nueva Cuba republicana.

En las calles aledañas, cientos de Cubanos cantabas el Himno que los Bayameses regalaron a la República... "Al combate corred Bayameses..." y otros entonaban una especie de rumba deliciosa... "Habaneros a gozar / cesó la dominación / y el Hispano pabellón / a las doce lo van a arriar / En su lugar subirá / la nueva bandera Cubana... / Habaneros a gozar..."

En todas las capitales de provincia ocurría lo mismo. En Matanzas, a las doce menos diez minutos, un grupo de ilustres veteranos de la Guerra del '95 entró en el Castillo de San Severino. A las doce en punto, tras el disparo de un cañonazo, se comenzó a arriar la bandera Española. Fue momento solemne, "casi religioso." Los veteranos presentaron armas... sonaron las cornetas y, tras una serie de cañonazos, se comenzó a izar la bandera Cubana. A esa misma hora, las doce meridiano, en el Palacio de Gobierno de Matanzas se llevaba a cabo una ceremonia similar ante los vítores de medio Matanzas.

En Santiago, Santa Clara, Pinar del Rio y Camagüey, a la mismísima hora, se repetía la ceremonia. Los veteranos eran aclamados donde quiera que la multitudes los avistaba. Se organizaron bailes y recepciones, se levantaron Arcos Triunfales por donde cruzaban los ciudadanos. La alegría colmaba sus corazones, convencidos de que la nueva gran nación Cubana les llevaría la paz, la tranquilidad, el trabajo que se merecían, el respeto a la ley y a las autoridades, así como la confraternidad de todos los Cubanos, sin diferencias de procedencia o ideales políticos. La lealtad a una bandera por la cual habían dado sus vidas y derramado su sangre cientos de héroes desconocidos.

Pero algunos Cubanos tenían ciertas reservas; les preocupaba la imagen de Cuba en el exterior. Para los Españoles seguía siendo *«la siempre fiel isla de Cuba... »* Para muchos Europeos, el hecho que Cuba fuera libre era opacado por la sensación de que "...*el momento pertenecía a los Estados Unidos,*" que había demostrado un poderío capaz de expulsar a España no sólo de Cuba, sino también, de un plumazo, sacarlos de Puerto Rico, las Filipinas y

Imágenes que datan del 1902: una **alegoría** de la nueva República; uno de los primeros **posters turísticos** de Cuba; y dos ejemplares de la **Revista Puck** con caricaturas políticas relacionadas con Cuba, España y los Estados Unidos.

Guam. Una potencia que estaba mostrando su fuerza a través de dos mares.

Esa sensación, ya la había expresado el Matancero Bonifacio Byrne cuatro años atrás en una de sus hermosas poesías... "Al volver de distantes riveras / con el alma enlutada y sombría / afanoso busqué mi bandera / y otra he visto, además de la mía..."

Era necesario dar a conocer al mundo que Cuba no había cambiado su situación al haber dejado atrás la colonia para convertirse en un protectorado. No había sido simplemente una sustitución de banderas. No era una negación de los valores Hispanos... ni era un regalo de la nación Americana a unos desvalidos sin patria...era algo más. Era urgente dar a conocer la imagen propia de Cuba, con su memoria y su historia, y recalcar que Cuba era toda una nación soberana con su propia identidad, capaz de ser libre, de tener un gobierno propio con el que gobernarse así misma y de ofrecer al mundo su intelecto, su chispa, su alegría, su música y su valor. Era imprescindible ir más allá del cambio en los nombres de calles, parques, edificios, avenidas y plazas.

En ese afán de revelar al mundo la Cuba independiente, el país comenzó a entregar a la sociedad mundial personajes del patio con dedicación, entereza, valor y destrezas que competían con las de los grandes países.

El primero fue **Ramón Fonst Segundo**, un Cubano cosmopolita, educado en Francia y asiduo practicante del tiro, el ciclismo, el boxeo y la esgrima. En esgrima alcanzó el más alto grado de maestría, convirtiéndose en Campeón Olímpico en la Segunda Olimpiada, celebrada en París en 1900, y cuatro años después, trayendo a las Olimpiadas en San Luis, Estados Unidos, un fuerte equipo de esgrimistas representando a Cuba que coparon casi todos los títulos, ganando 6 medallas de Oro, tres de Plata y tres de Bronce. **Fonst**, individualmente, ganó Oro en florete, espada y bastón individual; Oro por equipo en florete y sable, mientras el Cubano **Manuel Dionisio Díaz** ganaba el título en sable.

Otro Cubano que participó en la tercera Olimpiada, fue **Félix Carvajal**, conocido en La Habana como **"el Andarín Carvajal,"** que corrió en el maratón, encabezándolo por un buen tramo y terminando finalmente en cuarto lugar. Fue a los Juegos Olímpicos con el dinero recogido por colecta pública, sin preparación previa y pese a ello, solo un incidente fortuito le impidió hacerse un héroe.

El ajedrez tuvo en La Habana una plaza muy animada desde finales del siglo XIX, el **Club de Ajedrez de La Habana**, radicado en el Hotel Plaza fue sede de célebre **Torneo de La Habana** en 1913 donde participaron ajedrecistas de nivel internacional como el polaco Dawid Janowski, los norteamericanos Charles Jaffe y Frank Marshall y los Cubanos Rafael Blanco, Juan Corzo y José Raúl Capablanca. El torneo lo ganó Marshall escoltado por Capablanca.

José Raúl Capablanca Graupera, a los trece años Campeón de Cuba, fue un genio sin fuertes aperturas pero con finales devastadores. En 1909 derrotó a Frank Marshall, Campeón de los Estados Unidos con balance de 8 victorias y 14 tablas. En 1911 ganó el torneo de San Sebastián, España y luego fue segundo en el fortísimo torneo de San Petersburgo, Rusia, perfilándose como el retador del Campeón del Mundo Enmanuel Lasker, que tuvo que esperar varios años hasta que el campeón aceptara el reto. En 1919 el Club de La Habana organizó un torneo entre **José Raúl Capablanca** y el ruso **Boris Kostik**, ganado por Capablanca cinco a cero sin tablas. En Marzo de 1921 La Habana organizó por tercera vez un torneo por la discusión del Campeonato del Mundo de Ajedrez, esta vez entre **Lasker** y **Capablanca**. El torneo se desarrolló en el Club de La Habana y fue ganado por Capablanca al abandonar Lasker su asiento después de 14 partidas, sin conseguir victorias. El torneo estaba cinco a cero por Capablanca.

En el mundo del béisbol (Baseball) Cuba vivió una etapa muy prometedora en los primeros años del siglo con la creación de la **Liga Cubana de Béisbol**. Los equipos iniciales en ese período fueron: **Almendares**, **Habana** y el **Fe**, luego integrándose en los años veinte dos novenas importantes **Marianao** y **Cienfuegos**. Durante esos años los equipos de Grandes Ligas venían a La Habana buscando fogueo con los Cubanos y no pocas veces eran derrotados. Una de esas oportunidades fue lo ocurrido al Cincinnati en 1908, derrotado dos veces por el lanzador negro **José de la Caridad Méndez**, "*el Diamante negro,*" que no les permitió una sola carrera en el **Almendares Park**, entonces situado en Carlos III e Infanta. José de la Caridad no jugó en Grandes Ligas porque en esa época no se admitían negros en el Baseball.

Otras grandes luminarias del béisbol del período lo fueron, **Adolfo Luque**, que jugó hasta 1939 en la Liga Cubana y en las Grandes Ligas entre 1914 y 1935. En las Grandes Ligas fue Cam-

Imágenes recientes y viejas: **José Raúl Capablanca**, futuro Campeón Mundial de Ajedrez, en una foto a la izquierda y retratado con **Alehkine**, el Campeón Ruso del cual se convirtió en *"el único retador del mundo con posibilidades de triunfar sobre el gran Slavo."* Debajo, **Mike González** y **Adolfo Luque**, los más grandes peloteros Cubanos de la historia, y una foto del esgrimista Cubano y Campeón Olímpico Mundial **Ramón Fonst**, junto a **Capablanca** a su izquierda, y **Alfredo Oro**, Campeón Mundial de Billar, a su derecha.

peón Pitcher en 1923 jugando para el Cincinnati (ganó 23, perdió 8, con 9 lechadas). Tomó parte en dos Series Mundiales, en 1919 con el Cincinnati y en 1933 con los Gigantes de Nueva York. Su gran rival fue siempre **Miguel Ángel González**, receptor estelar y más tarde manager del **Habana**, que debutó en las Grandes Ligas en 1910 y jugó entre 1912 y 1932. Otro jugador en las Grandes Ligas fue **Alejandro Oms** considerado uno de los mejores bateadores Cubanos de todos los tiempos. Otros grandes del béisbol Cubano de esa época fueron **Julio Rojo**, **Baldomero Acosta**, **Manuel Cueto**, **Adrián Zabala**, y **Santiago Medero**, entre otros muchos que demostraron la pasión beisbolera fuera de Cuba.

Esos Cubanos de los primeros años de la República, se esforzaron en darle al país un prestigio propio, ganado a costa de esfuerzos de gran alcance, de tanto relieve que pudieron borrar la sensación de que Cuba era *"una república tutelada"* en virtud de la Enmienda Platt, la cercanía a los Estados Unidos y la enorme inversión económica del vecino país del norte. A diferencia de las naciones Hispanoamericanas de esos tiempos, que vivían bajo una persistente anarquía, en Cuba el Estado Cubano no se formó a partir de la emergencia traumática de un **caudillo** que generalmente respondía a los intereses de un sector de la economía. En Cuba, formada a la sombra de la presencia de Washington en el Caribe, la instalación del Estado Cubano se logró en un tiempo récord, apenas dos o tres años. Gracias al orgullo y las destrezas de muchos Cubanos batiéndose en territorio ajeno, el país dejó de representar la tutela de una gran potencia para convertirse en la República más avanzada y próspera de Hispanoamérica.

Los Pregoneros Cubanos
1910

Una de las costumbres más simpáticas y prácticas que los Españoles trajeron a Cuba fue la de los pregones. Los estudiosos de esa temática sostienen el origen de los pregones públicos se remonta a la Edad Media. Etimológicamente la palabra pregón viene de la voz latina **praeconĭum**, que identifica...

«... *una proclama pronunciada de manera pública, con la intención manifiesta de llamar la atención de la mayor cantidad de personas para que tomen conocimiento de la posibilidad de adquirir un objeto valioso que está a sus puertas...*»

En las fuentes Medievales Hispanas, y en los textos hispánicos del Siglo de Oro, la palabra **pregón** está vinculada a cualquier comunicación oral destinada a un colectivo. El término se refiere a una llamada que convoca al público destinatario a oír una importante noticia. De hecho, las palabras de **Rodrigo de Triana** a bordo de La Pinta, "¡Tierra a la vista!" pueden considerarse como el primer pregón en el idioma Español pronunciado en las Américas.

De la misma manera puede decirse que, probablemente, el primer pregón pronunciado en la Isla de Cuba debe haber sido por boca de **Rodrigo de Paz** en Santiago de Cuba, en 1523, cuando hizo pública la proclama o bando que anunciaba la destitución de Diego Velázquez como Gobernador de la Isla. A falta de periódicos de la época, ese pregón o proclama fue el resultado de la decisión adoptada por **Carlos V** como solución a los enfrentamientos entre Velázquez y Hernán Cortés con relación a la conquista de México. Fue la primera y última vez que definitivamente se usaron trompetas al comienzo de un pregón, para atraer la atención del púbico en un asunto tan importante.

Pero esos no son los pregones a que se refiere esta Estampa. Tampoco lo son los anuncios públicos que en el siglo XVI transmitían las órdenes y ordenanzas del rey o el gobernador a los ciudadanos de las villas. Esos pregoneros tenían gran responsabilidad y podían ser sustituidos si no cumplían bien con su trabajo, pues no sólo debían recitar los mensajes con precisión, sino también recibían castigos si estaban incorrectos en sus comunicaciones. En 1552, por ejemplo, el Cabildo Habanero tomó la decisión de sustituir y castigar a un pregonero:

> «*En día de hoy, este cabildo provisto por sus mercedes acuerda que por cuanto Bartolomé Fernández, pregonero que fue en esta dicha villa, por delitos y errores en su oficio sea desterrado de esta isla...*»

En los días iniciales cuando se establecieron **pregoneros acreditados**, se regulaba que las mercancías se pregonaran públicamente *con sus precios*, pues se sabía que estos se alteraban cuando se vendían *"secretamente"* productos como las longanizas, los buñuelos, las tortillas de maíz, los pasteles, las catibías, el tabaco, y especialmente la carne de res y de cerdo, pues en estas últimas, además de pesarse mal se cobraba más de lo establecido, y no se cumplían las ordenanzas, para perjuicio de la población.

Ya para el siglo XIX, se comenzó a ignorar la acreditación de pregoneros al servicio público o personal. Los pregones para vender se pusieron de moda y se atropellaban unos a otros en las calles comerciales más populares de todas las ciudades Cubanas. Con mayor auge comercial, los pregones se incorporaron definitivamente a la cultura popular.

Llegada la República a su madurez en 1910, era común en las áreas comerciales de las ciudades, escuchar a niños pregonando sus servicios de limpiar zapatos, o la voz espesa de ancianos pregonando los números de la suerte con la venta de billetes, o a cualquier pobre usando su imaginación verbal y musical, al seleccionar el suceso más importante del día, por lo general sangriento, para poder vender un ejemplar de algún periódico.

Con el transcurro del tiempo, comenzó a prevalecer en Cuba otra modalidad muy sonora: el **pregón comercial con ritmo**. La invocación al pueblo se hacía acompañar con melodías *"a capella,"* con la intención de atraer más fuertemente la atención del oyente hacia los objetos en trueque o en venta. En otras palabras, los criollos **Cubanizaron** la forma de lanzar los pregones que los Españoles habían traído a Cuba. Trátase de un *"mejoramiento"* del pregón, llevado a cabo por la riqueza poética y musical de ciertas personas, los **pregoneros**, que eran miembros de los estratos más marginados de la sociedad. Panaderos, vianderos, maniceros, floreros, billeteros de la Lotería, afiladores de tijeras y cuchillos, tamaleros, vendedores de escobas, cacharros de cocina y traperos, billeteros de la lotería, cantineros, aguadores, hieleros, carboneros, y pescadores, entre muchos otros.

Por supuesto, se vendía de todo con las voces de los pregoneros. Y sus palabras inspiraron a muchos autores a ponerles melodías musicales profesionalmente. Cuatro de los más viejos pregones llevados al pentagrama decían, según los estudiosos del giro:

«... *Cambio raspadura de maní por botella; con el pico o con la bemba partida, lo cambio...*"

«... *Ayaca caliente, con picante o sin picante vamo' a ve'...*»

«... *Maní... el manicero se va... Caserita no te acuestes a dormir sin comerte un cucurucho de maní...*»

«... *Buen tamaño, buen sabor, a buen precio los tamales...* »

Espontáneamente, sin educación musical alguna, los pregoneros Cubanos formaban en cierto sentido parte de la cancionística Cubana, tomando prestados ritmos de la música campesina y de otros géneros como el son y la guaracha, y adaptándolos al vocabulario del pregón.

Los músicos de profesión, lejos de ignorar ese fenómeno, lo respaldaron... **El Manisero** de Moisés Simons, perpetuado con la voz de **Rita Montaner**, *"la única"* y por **Bola de Nieve**, con su voz de *"manguero"* —como él mismo la había calificado—, dialogaba con el piano e introducía sutiles elementos de la picaresca, cuando en las frases finales cantaba: "Dame de *tu* maní".

Como olvidar la popularísima **Frutas del Caney**, del Santiaguero Félix B. Caignet, o **El Dulcero**, de Ernesto Lecuona, la **Rica Pulpa**, de Eliseo Grenet, el **Mango Mangüé**, de Gilberto Valdés, o la **Rica raspadura**, de Mercedes Pedroso, y **Se va el Dulcerito**, de Rosendo Ruiz Suárez, **El Heladero**, de Rodrigo Prats, o **El Yerberito**, interpretado inigualablemente por Celia Cruz, **El Carbonero** de Miguelito Cuní con la orquesta de Félix Chapotín, entre otras muchas piezas, que han enriquecido el cancionero Cubano con pregones famosos.

Mucha gente humilde subsistía cuando descubrían el oficio de pregonero-vendedor. Los nacidos en los años '1920 a '1950 recuerdan al **carbonero** que, pasando todos los días con una carretilla de caballo llena de carbón y con una pala en mano para despacharlo, decía con más o menos ritmo...

«...carbón, llegó el carbonero, coge tu lata y cocina tu guisado...»

¿Y el heladero? El vendedor, al que se decía el **heladero**, tenía un carrito de metal cerrado de como 3 pies de ancho montado sobre ruedas. A todo el ancho del lado posterior tenía una especie de tubo que servía para empujar el carro, del cual colgaban unas campanitas que era su manera de anunciar su presencia. En ese caso, las campanas que todos los niños conocían, sustituía al pregón hablado.

Desafortunadamente, al llegar a Cuba la revolución Comunista, el pregón dejó de existir cuando el estado se apropió de todos los pequeños negocios, inclusive los que ayudaban la economía de los pregoneros ambulantes. Hoy en día, el maní se vende con una cancioncita mediocre, entonada por una exigua cantante desconocida, que los pregona principalmente a turistas en La Habana Vieja. Para los Cubanos, los pregoneros-vendedores prestaban un servicio a la comunidad, pues las personas podían adquirir producto o resolver problemas en la puerta de sus casas, sin tener que trasladarse a un mercado o a otro lugar. Por supuesto, ese nuevo inconveniente no fue nada comparado con los rigores que la revolución impuso a las familias y a los negocios en Cuba.

El Manicero, el disco que hizo famosa a **Rita Montaner**. Al lado, un **pescador ambulante** mostrando su venta.

Disco Panart con pregones Cubanos; escenas de pregonadores-vendedores Cubanos un **manicero**, una **tamalera** y un **afilador de tijeras y cuchillos**.

VIEJAS ESTAMPAS CUBANAS

Un **carbonero** a domicilio, el típico Chinito **vendedor ambulante**, Un **vendedor de frutas**, un **florista** callejero y **música de pregones**.

VIEJAS ESTAMPAS CUBANAS

Los Cines de Cuba Durante la República
1902-1959

En 1958, Cuba tenía 694 cines y teatros. La Habana sola tenía 134, más que Nueva York o París. Con esas 134 salas de cine en la gran zona de La Habana y un total de 560 en el resto de la isla, Cuba contaba con más cines en su capital que Nueva York o París. Cuba era la isla de los cines. La mayoría de estas salas fueron construidas y gestionadas por empresas Estadounidenses como la **20 Century Fox**, **Columbia Pictures**, **Paramount** y **Metro Goldwin Meyer**, y por empresas Francesas, como **Pathé Films** y **Gaumont**, que se proyectaban las películas producidas en Hollywood y Cinecittà.

Durante los años posteriores al fin de la República, esas estructuras, que alguna vez fueron la clave de la sociedad que las rodeaba, fueron transformadas o abandonadas. Hoy en día, increíblemente, quedan sólo 19 salas que se siguen utilizando para el cine en toda Cuba. Algunos son ahora teatros, otras albergan grupos de baile locales, pero la mayoría han sido abandonadas, igual que numerosos colegios privados y se han condenado a una muerte lenta e inexorable.

Los cines Cubanos de la República no sólo eran grandes salones que impartían recreo y conocimientos, sino que eran verdaderos y exquisitos oasis de aire acondicionado en medio de las altas temperaturas tropicales de Cuba. Ir al cine era una de las actividades predilectas de muchos Cubanos. Cuando los cines comenzaron a hacerse frecuentes en las capitales y los pueblos del interior, los había de todos tamaños; algunos grandes, glamorosos, con una arquitectura que los destacaba entre las construcciones aledañas, sobresaliendo en el perfil urbano hasta entonces homogéneo. Otros más humildes y no tan conspicuos, porque sólo bastaba que no hubiera un cine cercano para que los vecinos se las arreglaran para conseguir un local adecuado.

El resultado fue que los cines, inicialmente limitados a las clases acomodadas, fueron muy pronto accesibles al público en general. Sin grandes limitaciones económicas de por medio, la única preocupación de cada aficionado era... ¿qué película ver o con quién ir a verla? Desde finales de la Segunda Guerra Mundial, en Cuba había salas de cine en todo el país, según datos que recogía la Unesco. Muchos teatros dejaron de ser un lugar suntuoso y elegante para convertirse en un reducto de la cinematografía. Era mucho más económico ver una película en un cine que pagar la entrada a una obra teatral.

Tan importante era el mercado cinematográfico de Cuba, que se convirtió en el primer gran ensayo de comercialización de las casas productoras, tanto Francesas como Norteamericanas. En pocos días de haber estrenado en New York, Los Ángeles o Chicago, los cines de Cuba estaban anunciando las películas de **Hitchcock** (Psicosis, Vertigo), **Ford** (El Hombre que Mató a Liberty Balance), **Bergman** (El Séptimo Sello), **Felini** (La Strada o La Dolce Vita), **Kubrick** (2001: Una Odisea en el Espacio), **Kurosawa** (Los Siete Samurai), **Cuckor** (Lo Que el Viento se Llevó), **Welles** (El Ciudadano Kane), **Cocteau** (La Bella y la Bestia), **Truffaut** (Los Cuatro Golpes), **Kazan** (Un Tranvía llamado Deseo), o **Buñuel** (Viridiana), así como obras geniales de **Antonioni, Bertolucci, Preminger, Malle, Renoir**, y muchos otros.

No es ya posible, ni práctico, presentar una lista de todos los cines del interior de Cuba, pero si lo es hacer un listado de las **Casas de Cine de la Gran Habana** en 1959, la cual presentamos a continuación, con sus direcciones y el número de butacas disponibles.

CINE	DIRECCIÓN	BUTACAS
23 y 12	23 y 12, Vedado	1492
Acapulco	Calle 26, Nuevo Vedado	1500
Actualidades	Monserrate 262	1700
Águila de Oro	Zanja y Rayo	900
Alameda	Santa Catalina y Párraga	1400
Alaska	Cotorro	600
Alba	Puentes Grandes	900
Alfa	Marianao	1600
Alcázar	Consulado 302	1700
Ámbar	14 y 15, Vedado	875
Ambassador	Reparto Almendares	1300

América	Galiano 257	1775
Apolo	10 de Octubre 446	1330
Arenal	Reparto La Sierra	1141
Arsenal	Casablanca	300
Aspa	Guanabacoa	350
Astral	Infanta y San José	2400
Atlantic	23 y 10 Vedado	1500
Atlas	Luyanó	1500
Auditorium	Calzada y D	2313
Autocine Novia del Mediodía	Arroyo Arenas	500
Autocine Tarará	Tarará	500
Autocine Vento	Vento	866
Avenida	Marianao	1000
Avenida	Guanabo	350
Bélgica	Monserrate 706	750
Blanquita	1ra y 10, Miramar	6730
Blisa	51 y San Miguel	1656
Buenos Aires	Buena Vista, Marianao	500
Campoamor	Industria y San José	1082
Capitolio	Prado 564	430
Capri	Industria 414	450
Carral	Guanabacoa	650
Casablanca	Guanabo	450
Central Cinema	Diezmero	400
Cervantes	Lamparilla 312	1200
Céspedes	Regla	400
Chic	Mantilla	500
Cineacción	Prado 507	475
Cinecito	San Rafael y Consulado	400
City Hall	Ayestarán y San Pablo	1396
Club de Alistados	Columbia, Marianao	400
Coloso	Prensa 315, Cerro	675
Continental	Jacomino	1200
Cuatro Caminos	Belascoaín 1077	1625

Cuba	Reina 609	900
Dora	Luyanó	900
Duplex	San Rafael y Consulado	500
Edison	Calzada del Cerro 1951	800
Ensueño	Carretera de Bejucal 852	500
Ensueño	Guanabacoa	300
Erie	Reparto Batista	700
Esmeralda	Monte 818	700
Fausto	Prado y Colón	1669
Favorito	Belascoaín 809	1528
Fénix	Santa Ana 255, Luyanó	680
Finlay	Zanja 376	1300
Florencia	San Lázaro 1064	1163
Florida	10 de Octubre y Vía Blanca	1200
Focsa	17 y M, Vedado	272
Gallizo	Los Pinos	800
Gardel	Calzada de Güines	1200
González	Marianao	700
Gran Cinema	10 de Octubre 1372	957
Gran Teatro	Marianao	1250
Habana	Mercaderes 311	800
Hatuey	Cotorro	400
Ideal	Acosta y Compostela	450
Infanta	Infanta y Neptuno	1485
Jorge	San Miguel del Padrón	300
La Punta	Castillo de la Punta	300
La Rampa	23 y N, Vedado	900
Lara	Prado 533	350
Lawton	Calle 15, Lawton	800
Lido	Ave 41, Marianao	1118
Los Ángeles	Juan Delgado y Lacret	1400
Lux	Buena Vista, Marianao	1273
Luyanó	Calzada de Luyanó 255	1200
Majestic	Consulado 210	1110

Manzanares	Carlos III	1150
Mara	Juan Delgado 6	1051
Maravillas	Calzada del Cerro 1903	1200
Martha	10 de Octubre y Marimón	1400
Martí	Dragones y Zulueta	1000
Maxin	Bruzón 62	1500
Metropolitan	Ampliación del Almendares	1300
México	Calle Salvador, Cerro	785
Miami	Belascoaín y San Rafael	850
Minerva	Santiago de las Vegas	450
Miramar	5ta Avenida, Marianao	950
Moderno	10 de Octubre 365	1180
Mónaco	Reparto Sevillano	1300
Nacional	Prado y San Rafael	1876
Negrete	Prado y Trocadero	1350
Neptuno	Neptuno 507	800
Nodarse	La Lisa, Marianao	800
Norma	Calzada de Luyanó 702	820
Novedades	Reparto San José	710
Nuevo Continental	Manrique	400
Olimpic	Línea 609, Vedado	740
Omega	51 entre Mota y Meseta	1000
Pacífico	Zanja 210	460
Palace	Belascoaín 159	1010
Palma	Arroyo Apolo	1100
Patria	Suárez 56	520
Payret	Prado y San José	1800
Popular	Santiago de las Vegas	400
Prat	Monte 775	550
Principal	Marianao	1100
Principal	Calzada del Cerro 1665	1080
Radio Centro	L y 23, Vedado	1650
Radio Cine	Prado y Neptuno	2600
Récord	Marianao	1510

Regio	Monte 564	560
Regla	Regla	350

Reina	Reina 112	1570
Rex	Buena Vista, Marianao	568
Rex Cinema	San Rafael y Consulado	750
Rialto	Neptuno 108	740
Ritz	Fábrica y Rodríguez, Luyanó	1165
Riviera	23 y G, Vedado	1006
Rodi	Línea y A, Vedado	1887
Roli	Buena Vista, Marianao	660
Roosevelt	Monte y Fernandina, Cerro	1053
Rosario	Reparto Rosario	370
Roxy	Calle 14, Almendares	704
Royal	Los Pinos	540
Salón Rey	Marianao	470
Salón Rosa	Cotorro	475
San Carlos	Almendares	600
San Francisco	Lawton	1700
San Miguel	Lawton	570
Santa Catalina	Santa Catalina y Juan Delgado	850
Santo Suárez	Santo Suárez 150	850
Sara	Marianao	600
Shanghái	Zanja y Manrique	700
Strand	San Miguel 860	1000
Tosca	10 de Octubre 1007	1000
Trianón	Línea 706, Vedado	1100
Universal	Monserrate 511	1408
Valentino	Esquina de Tejas	850
Vanidades	Calzada de Güines	1200
Verdún	Consulado 214	1350
Victoria	Lawton	1225

Cuatro de las 113 Casas de Cine, entre los 134 Cines que había en La Habana durante la República, que **no sobrevivieron el desastre de la revolución Comunista**.
El Cine **Reina**, de la Calzada de Reina 112,
El Cine **Los Ángeles**, de Juan Delgado y Lacret, en la Víbora,
El Cine **Verdún** de Consulado 214, y
El Cine **Campoamor**, de Industria y San José

Otras cinco de las 113 Casas de Cine, entre los 134 Cines que había en La Habana durante la República, que **no sobrevivieron el desastre de la revolución Comunista**.
El Cine **Cuba**, en Reina 609,
el Cine **Metropolitan**, en Ampliación de Almendares,
el Cine **Récord**, en Marianao,
el cine **Esmeralda**, en Monte 818,
y el Cine **Strand**, de Industria y San José. El abandono y deterioro de los cines del interior de Cuba fue todavía más dramático. Sólo quedaron 22 de los 560 cines que había en las seis provincias de Cuba.

VIEJAS ESTAMPAS CUBANAS

La visita de Albert Einstein a La Habana

Albert Einstein, el gran físico Judío Alemán, creador de la **Teoría de la Relatividad**, y **Premio Nobel de Física de 1921**, llegó a La Habana el 19 de Diciembre de 1930 y tuvo en la capital de todos los cubanos un gran recibimiento. Permaneció apenas 30 horas en suelo Cubano. El periódico **El Heraldo de Cuba** anunció:

> «El sabio Alemán que afirma la existencia de varios universos, descubrió que un rayo de luz puede doblarse por efectos de la gravedad y niega la prolongación al infinito de dos líneas paralelas entre sí, fue huésped ayer de nuestra capital.»

Román y **Massaguer**, los más geniales caricaturistas del momento, le presentaron sus dibujos al eminente físico, que agradeció el gesto y las guardó de recuerdo. La visita fue por invitación del **Museo Nacional Carlos Finlay de Historia de las Ciencias**, y **Sociedad Cubana de Ingenieros**, donde Einstein recibió el cálido homenaje de los científicos e intelectuales del patio.

La prensa Cubana siguió muy de cerca la visita de Einstein. El periódico **Diario de la Marina**, por ejemplo, publicó una nota importante que expresaba:

> «... Albert Einstein durante su visita a Cuba dirigió un caluroso saludo a sus anfitriones Cubanos en el paraninfo de la **Academia de Ciencias Médicas, Físicas y Naturales** de La Habana, cuyos locales son hoy en día la sede del Museo Nacional de Historia de las Ciencias Carlos J. Finlay... »

En el **Libro de Oro** de la **Sociedad Geográfica**, donde le pidieron a Einstein que dejara escritas unas líneas, el distinguido visitante escribió:

> «La primera sociedad verdaderamente universal fue la sociedad de los investigadores. Ojalá pueda la generación venidera establecer una sociedad económica y política que evite con seguridad las catástrofes.»

Einstein, Alemán de origen Judío, posteriormente nacionalizado suizo y estadounidense, fue elocuente al referirse a los problemas socioeconómicos del mundo en aquel momento.

Albert Einstein era un físico teórico nacido en Alemania, ampliamente reconocido como uno de los más grandes físicos de todos los tiempos. Hizo importantes contribuciones al desarrollo de la teoría de la **Mecánica Cuántica**. La Relatividad y la Mecánica Cuántica son los dos pilares de la **Física Moderna**. El **Nobel de Física** de Einstein le fue otorgado en 1921 por sus servicios a la Física Teórica, y especialmente por su descubrimiento de la **ley del efecto fotoeléctrico**, unos trabajos que realizó años antes de que comenzara a estudiar Relatividad y Física Cuántica, y **demostrara** la **equivalencia de masa y energía**.

Einstein nació en Ulm, Bavaria, durante la época del Imperio Alemán, pero se trasladó a Suiza en 1895, abandonando su ciudadanía Alemana al año siguiente. En 1901, adquirió la ciudadanía Suiza, que conservó durante el resto de su vida. De niño, asistió a una escuela primaria Católica en Munich, desde los ocho años, cuando fue trasladado al **Leopold Gymnasium** (ahora conocido como **Albert Einstein Gymnasium**), donde recibió educación primaria y secundaria avanzada hasta que marchó a Alemania. Con la ayuda de un amigo de su padre, encontró un trabajo en Berna, en la *Oficina Federal de Propiedad Intelectual*, la **Oficina Suiza de Patentes**, y en 1900, escribió un artículo titulado "*Folgerungen aus den Capillaritätserscheinungen*" (**Conclusiones sobre los fenómenos de Capilaridad**) en la revista **Annalen der Physik**. En 1905, la Universidad de Zúrich le otorgó su doctorado.

En su visita a Cuba, Einstein participó en un banquete organizado en su honor, pero lamentó no poder visitar la **Universidad de La Habana** porque el mayor centro de estudios de Cuba había sido clausurado por Gerardo Machado debido a las manifestaciones de rebeldía de sus jóvenes estudiantes. No obstante, visitó lugares importantes de la ciudad y luego, cumpliendo sus deseos expresos, sus anfitriones lo llevaron a recorrer zonas rurales y barrios donde convivían familias pobres y necesitadas. Para ello el famoso creador de la Física Moderna pidió que le prestaran un sombrero de **Jipijapa**, pues el día se anunciaba húmedo y caluroso. Los **Jipijapa** ya habían dejado de ser vistos con frecuencia por el extraordinario costo al que habían llegado. Ni cortos ni perezosos, los anfitriones del recién llegado lo llevaron al **Encanto**, la

19 de diciembre de 1930: Einstein dirige un saludo a sus anfitriones cubanos en el paraninfo de la Academia de Ciencias Médicas, Físicas y Naturales de La Habana, cuyos locales pertenecen actualmente al Museo Nacional de Historia de las Ciencias "Carlos J. Finlay".

Fotos de **Albert Einstein** durante su visita a **La Habana** en Diciembre de 1930.

tienda más lujosa de la capital. Los dueños tuvieron el hermoso gesto de regalarle el mejor **Jipijapa** que tenían, fabricado a mano en el Ecuador, con el cual Einstein posó para un retrato en el estudio fotográfico del propio **Encanto**.

Al comenzar las visitas de rigor, Einstein agradeció en varios de los lugares visitados, el entusiasmo y el fervor con que estaba siendo recibido y agasajado en todas sus visitas por los Cubanos:

«...Es justo enaltecer la labor del pueblo Cubano, que ya se vislumbra como núcleo de un gran y maravilloso destino...» según la versión de un cronista.

Entre las atenciones que recibió, se destacó el homenaje de la **Comunidad Hebrea de Cuba**, que recibió en compañía de su esposa Elsa. Otro fue el banquete ofrecido en su honor por el presidente de la Academia Cubana de las Ciencias en el "*roof-garden*" del Hotel Plaza. En otras visitas rápidas, los visitantes fueron conducidos a los exclusivos **Country Club** y **Havana Yacht Club**, y luego a la zona de **Santiago de las Vegas**, para que pudieran admirar «*los paisajes de la campiña cubana, en todo su verdor a pesar de la época*», y visitar las obras hidráulicas locales, el **Asilo de Mazorra** para enfermos mentales, el **Campo de Aviación Curtiss** y la **Escuela Técnica Industrial de Cuba**. El último acto de la jornada en que participó el célebre físico, fue una recepción en su honor ofrecida por la **Sociedad Cubana de Ingenieros**. Comenzó a las cinco de la tarde con unas palabras de su presidente, a las cuales el homenajeado respondió expresando su agradecimiento por las atenciones recibidas, que le habían permitido conocer los paisajes más pintorescos.

«*.. le deseo a Cuba un porvenir venturoso...* »

Fueron allí sus palabras de despedida. Tras estampar **Einstein** su firma en el libro de visitantes de la Sociedad, más de 200 Ingenieros y otros intelectuales invitados al efecto, se aglutinaron para pedirle al sabio colega autógrafos para ellos, sus amigos y sus hijos.

Además de su esposa y de una amiga de la familia, iban con el célebre científico en aquel viaje su secretaria, **Helen Dukas**, y el matemático austriaco **Walther Mayer**, quien hacía más de dos años venía colaborando estrechamente con Einstein en lo que ya entonces se había convertido para este en una obsesión:

«*... establecer una teoría de campo unificada, capaz de incluir y enlazar los fenómenos electromagnéticos con la* *atracción gravitacional entre los cuerpos sólidos, ya que la teoría general de la relatividad tenía solamente aplicación únicamente a la gravedad...* »

De hecho, estudiando en conjunto esos fenómenos, la visita de Einstein a Cuba era la iniciación de un largo viaje de consulta entre científicos. Einstein y sus acompañantes habían tomado el barco en el puerto Belga de **Amberes** el 2 de Diciembre, y los planes eran dirigirse después de la visita a Cuba, a través del Canal de Panamá, a la ciudad Californiana de **San Diego** y de ahí por carretera hasta la vecina ciudad de **Pasadena**, a donde llegaron con el año nuevo, invitados por el director del **Instituto Tecnológico de California** (Caltech), **Robert Millikan**, premio Nobel de física de 1923. Entre los visitantes a Cuba acompañando a Einstein, otro de los invitados era **Albert Michelson**, galardonado con el Nobel de Física de 1907, cuyos experimentos sobre propagación de la luz guardaban una estrecha vinculación con la Teoría Especial de la Relatividad de Einstein, formulada en 1905, cuando tenía apenas 26 años de edad.

Einstein finalmente se despidió de sus cicerones agradeciéndoles la amabilidad que habían tenido al complacerlo en sus raros empeños. A la una de la tarde, el *Burgenland*, el barco que lo había traído a Cuba, zarpó rumbo al Canal de Panamá, luego de haber permanecido unas treinta horas en el puerto de La Habana. Atrás quedaba la Cuba neocolonial:

«... *Clubes lujosos al lado de una pobreza atroz, que afecta principalmente a las personas de origen campesino...* »

Anotó Einstein con mucho respeto en su diario aquel Sábado 20 de Diciembre de 1930. Einstein falleció en Princeton, en el estado de New Jersey, el 18 de Abril de 1955, a los 76 años de edad. Los que le conocieron en Cuba guardaron como uno de sus grandes tesoros la fotografía que se tomaron con el mayor cerebro científico de la historia.

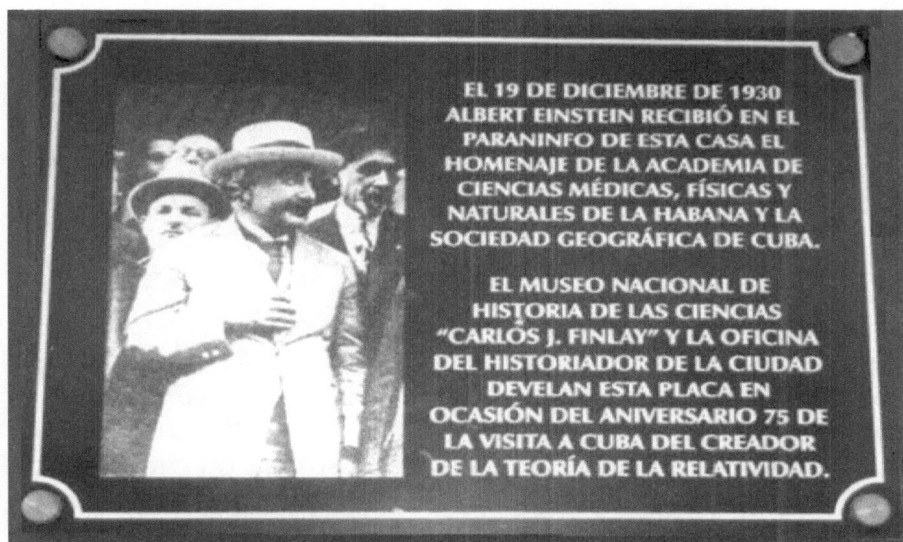

Fotos de **Albert Einstein** durante su visita a la **Sociedad Cubana de Ingenieros** en **La Habana** en Diciembre de 1930.

El Ras de Mar de Santa Cruz

1932

El 9 de Noviembre de 1932, un poderoso **Ras de Mar** arrasó el pueblo de **Santa Cruz del Sur**, en la provincia de Camagüey, en uno de los desastres más terribles que ha sufrido Cuba en su historia. Miles de personas murieron, principalmente porque tren de auxilio que estaba contratado para evacuar a los habitantes, no viajó desde la ciudad de Camagüey hacia Santa Cruz porque **Ferrocarriles Consolidados de Cuba**, la dueña del mencionado tren, lo canceló al no recibir el pago de $500 pesos que había cotizado para hacer el viaje. En la estación de trenes de la capital de la provincia, fogoneros, ingenieros y maquinistas, estaban en alerta y listos en el andén principal para salir hacia la población sureña apenas llegaran las órdenes. La compañía había acordado enviar un tren que recién había llegado de Nuevitas hacia el sur, pero negó a cumplir el contrato con el Gobierno de Camagüey porque no se le entregado por adelantado la cantidad fijada en el contrato.

En horas de la mañana, el poderoso **Huracán del '32**, de categoría 5, avanzaba peligrosamente hacia el Oeste por el sur de la isla e intempestivamente recurvó hacia el Nordeste incrementando el riesgo sobre la zona sur de Camagüey. Al llegar a las costas del sur de Camagüey, el mar comenzó a invadir las calles de Santa Cruz del Sur. Sus habitantes no tuvieron tiempo para ponerse a salvo. Algunas personas en la zona portuaria comenzaron a tratar de protegerse en los vagones de un **tren estacionado** cerca de la terminal. Por su peso, el tren estacionario hubiera podido resistir la fuerza del viento y del mar, pero no lo hizo. El tren no tenía en su enganche una locomotora, de manera que el amparo estaba estrictamente inmovilizado, sin esperanzas de poder ser arrastrado lejos de la zona del peligro. El mar batió tan fuerte que los vagones fueron volcados y movidos por la marea hacia tierra como si fueran de cartón.

Al día siguiente a la entrada del ciclón en la costa, los vientos eran un tanto sosegados. Ferrocarriles Consolidados de Cuba decidió enviar el tren sin el pago prometido para recoger sobrevivientes. Ya el desastre estaba consumado y la compañía ferroviaria, sabiendo el terror que hubiera podido evitar, decidió enviar el tren. A Camagüey llegaron centenares de **heridos graves** y personas aterradas ante el susto y la **catástrofe**, llorando desesperadamente porque atrás habían quedado centenares de familiares y amigos, muertos o desaparecidos por la codicia de la empresa que pagaban y utilizaban constantemente como clientes.

Los habitantes de Santa Cruz eran, en su mayoría, pescadores humildes, nobles y generosos, acostumbrados a "*jugar*" con el mar. Su ciudad resultó **barrida de la faz de La Tierra**. Los periódicos de La Habana y el interior reportaron que el triste acontecimiento no había sido inesperado pero si mucho más poderoso de lo que se esperaba. En Cuba, el período ciclónico comienza el 1 de Junio y termina el 30 de Noviembre. Ya al final de la temporada se producen sistemas tropicales muy inestables y difíciles de analizar, debido a una variedad de condiciones que hace muy difícil proyectar su trayectoria como puede hacerse con los que ocurren de Julio a Septiembre.

El **Huracán del '32**, recurvó, como se le conoce a ese movimiento en el lenguaje meteorológico, posiblemente bajo el influjo de los vientos del Suroeste y una vaguada simultánea en las alturas, típica de Noviembre. Estos vientos fueron los que posiblemente lo hicieron tomar rumbo al Nordeste y atacar a Santa Cruz.

En la Cuba de la primera parte del siglo XX, había dos grandes figuras del mundo de la oceanografía y los huracanes. Uno de ellos era el Ing. **José Carlos Millás**, comandante del Servicio Oficial, en el Observatorio Nacional de Casa Blanca, La Habana. Millás era una autoridad reconocida nacional e internacionalmente, desde que en 1910 lograra establecer que el célebre **Huracán de los Cinco Días** había sido un sólo huracán, cuya trayectoria describió un gran lazo; no dos huracanes como algunos pensaban, entre ellos, el Servicio Meteorológico de los Estados Unidos. En honor de su descubridor, que lo demostró fehacientemente en una conferencia celebrada en Washington, ese tipo de fenómeno huracanado fue bautizado con el nombre de "**un Lazo de Millás.**"

La otra figura era el **Padre Benito Viñes** de la Compañía de Jesús, director del Observatorio del Colegio de Belén, en La Habana. Tanto él, como su ayudante el **Padre Rafael Goberna**, también de la Compañía de Jesús, eran muy reconocidos. El Padre Viñes se hizo famoso cuando lanzó el primer **Aviso de Ciclón Tropical** del mundo, en 1875, advirtiendo del gran peligro de un huracán que se dirigía al golfo de México, el **Huracán Indianola**, que resultó en una catástrofe en Galveston con un triste saldo de 5,000 a 8,000 muertes. Interesantemente, el *Huracán Indianola* fue "*un Lazo de Millás*," o sea, un fenómeno similar al ocurrido en Santa Cruz del Sur, que ocasionó en Galveston un Ras de Mar y una devastación similar a la de Camagüey en 1932.

No fue sino hasta 1940 que Cuba se vio en circunstancias casi similares con el **Ciclón de 1940**.

La **trayectoria** del Ciclón que arrasó con Santa Cruz del Sur y una foto aérea de los **estragos**.

La prensa Cubana reportó los efectos del ciclón con lujo de detalles. *Debajo*, uno de los **vagones** donde se refugiaron varios habitantes, y una **embarcación** de 30 pies de eslora, ambos movidos por el ras de mar **más de 150 pies tierra adentro**.

VIEJAS ESTAMPAS CUBANAS

Fotos del **Padre Benito Viñes SJ** y **Juan Carlos Millás**, dos grandes pioneros de la meteorología en Cuba.
Debajo, vistas de los desastres: pesados **carros tanques** abatidos como juguetes, un vista de la **ciudad** y otra del **Central Siboney**, totalmente destruido

La Reunión en la cual por poco "cepillan" a Batista

1933

En el vernáculo Cubano, "**cepillar**" significa matar, asesinar, dar de baja, etc. Esta es una historia del día que por poco fusilan a Fulgencio Batista y Zaldívar, el futuro y ambicioso militar que dio al traste con la democracia Cubana un **10 de Marzo de 1952**.

Gerardo Machado y Morales (1861-1939) tomó posesión como quinto presidente de Cuba el 20 de Mayo de 1925. Con su **Coalición Liberal-Popular** había derrotado al equipo **Menocal-Méndez Capote** con 200,000 votos contra 136,000. El padre de Machado había luchado en la **Guerra de los Diez Años** y Machado había luchado en la **Guerra de 1895** a las órdenes de José Miguel Gómez, alcanzando el grado de General. De hecho, fue uno de los generales Cubanos más jóvenes en esa guerra.

Nunca fue un hombre culto y hasta su muerte habló como un campesino poco sofisticado. Machado fue un presidente muy popular en su primer mandato y su peor error fue presionar a sus aliados para reelegirse para un segundo mandato. Siempre fue una persona muy firme y solía decirles a sus amigos que su propósito en la vida era "vencer, no convencer, prevalecer, no persuadir."

Cuando fue galardonado con un *Doctorado Honoris Causa* **por la Universidad de La Habana**, comenzaron sus problemas. Era una decisión políticamente cargada que enfureció a los estudiantes y profesores de la Universidad.

Sus dos períodos de gobierno fueron, el primero uno de los **mejores** (política económica, campaña anticorrupción y obras públicas) y el segundo, el **peor** de su época (un dictador en su segundo mandato, en la peor tradición Latinoamericana).

Amigos y enemigos de Machado se sorprendieron cuando inesperadamente se convirtió en dictador. Había sido uno de los generales Cubanos más jóvenes de la **Guerra del '95**. Sólo **Calixto Enamorado** (1874-1951) y **Enrique Loynaz del**

Castillo (1871-1963) habían sido más jóvenes. Había luchado junto a José Miguel Gómez (1858-1921) y había estado en la **Guerra de Chambelona** en 1917, luchando en el bando liberal que resultó ser derrotado. Estaba fuera de carácter, decían sus adeptos, cuando lanzó un grupo represivo clandestino llamado **La Porra** contra sus adversarios políticos en 1930.

La situación metaestable de su segundo período de gobierno finalmente explotó. **Bombardeos**, **secuestros**, **incautaciones de armas**, **protestas callejeras**, **marchas**, **boicots** y **asesinatos a mansalva** comenzaron a ser hechos cotidianos. Sus opositores convocaron una **huelga general** a principios de Agosto de 1933. Cuba estaba paralizada. Trabajadores, estudiantes, empresarios, bancos, escuelas, clínicas, tiendas, todo cerrado. Parecía que ya nadie apoyaba a Machado, salvo los miembros más leales de los partidos **Liberal**, **Conservador** y **Popular**. En el último momento, **Benjamin Sumner Welles**, un importante asesor de política exterior del presidente **Franklin D. Roosevelt**, intentó llegar a un acuerdo pacífico entre los políticos Cubanos y sugirió que Machado renunciara de inmediato y nombrara un Vicepresidente que fuera del agrado de todos, limitando así su mandato a solo tres años. Machado no podía creer la arrogancia autoritaria de Welles y se enfureció. Pidió una sesión especial del Congreso para rechazar públicamente la propuesta, prometiendo seguir siendo presidente de Cuba hasta que expirara su mandato.

Finalmente, el 12 de Agosto de 1933, la huelga general forzó la mano de Machado. Él y la mayoría de sus principales seguidores tuvieron que abandonar Cuba. El país entró en un estado de **anarquía**. La huelga que había ayudado a derrocar a Machado no fue cancelada. En La Habana y otras capitales de provincia, la población se vengaba personalmente contra los ex Machadistas, **linchando** a muchos de ellos en las calles a plena luz del día. La mayoría de las casas de los ex Ministros de Machado y muchas oficinas gubernamentales fueron saqueadas y su contenido quemado en las calles. Fue, hasta entonces, el episodio más sórdido de las tres décadas de vida republicana.

Cuba, sin embargo, rebosaba de alegría después de la caída de Machado. Las calles se llenaron de ciudadanía con grandes expectativas de paz y prosperidad. A pesar de eso, los políticos estaban preocupados porque no se veía una solución fácil al vacío de poder que dejó Machado.

Fotos, de arriba a debajo:
Batista y **Grau** con la soldadesca;
Prío, **Grau**, **Batista** y **Carbó** en la terraza
sur del Palacio Presidencial;
Batista saludando a **Sumner Wells**;
Gerardo Machado al escapar de Cuba.

La situación en Cuba en 1933 no era fácil de resolver. El terror creado por el gobierno de Machado no pudo derrotar a sus adversarios. Las acciones terroristas de la oposición no pudieron derrocar al gobierno. La situación económica se estaba volviendo insostenible. Los Comunistas, detrás de las bambalinas, estaban listos para tomar el poder en medio del caos. Estados Unidos, por otro lado, no estaba dispuesto a intervenir invocando la Enmienda Platt.

Ningún presidente de Cuba había recibido opiniones más variadas y contradictorias que Machado. Inicialmente lanzó un eslogan magnífico, "*Agua, caminos y escuelas.*" Sus logros fueron sobresalientes, construyendo una infraestructura progresiva con valiosas obras públicas, pero se deslucieron en pocos años al terminar con una ambición de poder y una imposición tiránica sobre los mismos ciudadanos que lo habían apoyado y ensalzado.

Los periódicos de Cuba no podían atender la vorágine de noticias después del 12 de Agosto de 1933. El día 13, **Carlos Manuel de Céspedes** tomó posesión de la presidencia y Roosevelt declaró que Céspedes era reconocido *de facto*. El día 14, Welles informó a Roosevelt que todos los miembros del nuevo gobierno eran **personas respetables y capaces**. El día 15, el Directorio procesó y ejecutó a **José Soler**, un espía anti-Machado. El día 17, **Manuel Márquez Sterling** fue nombrado Embajador en Washington y **Carlos García Vélez** Embajador en España. El 18, **Grau San Martín** regresó del exilio y un sargento desconocido llamado **Fulgencio Batista** actuó como orador principal en un funeral por un opositor asesinado por la policía de Machado. El día 20, **Menocal** regresó del exilio en Miami. El día 24, se declaró nuevamente en vigor la **Constitución de 1901**. El día 25, comenzó a reunirse en el Campamento Militar de Columbia un grupo de sargentos, bajo la dirección de **Fulgencio Batista** y **José Eleuterio Pedraza**.

El 3 de Septiembre un huracán azotó la costa norte de Cuba y el presidente **Céspedes** visitó la localidad de **Sagua la Grande**. Al día siguiente, aprovechando su ausencia, un grupo de suboficiales militares en Columbia, bajo la dirección del taquígrafo-sargento **Fulgencio Batista** (1901-1973), tomó el campamento con el apoyo del **Directorio Estudiantil Universitario**. Depusieron al presidente en lo que se llamó la **Revuelta de los Sargentos** e instalaron una Comisión Consultiva que la gente bautizó como **Pentarquía**, es decir, un comité de cinco para asumir la presidencia: los profesores **Ramón Grau San Martín** (1887-

1969), y **Guillermo Portela Möller** (1886-1958), el periodista **Sergio Carbó Morera** (1891-1971), el banquero **Porfirio Franca Álvarez de la Campa** (1878-1950) y el economista y abogado **José Miguel Irizarry Gamio** (1895-1976).

FDR y su Embajador **Sumner Welles** se sorprendieron, ya que pensaban que el problema Cubano se había resuelto con la renuncia y fuga de Machado y el nombramiento de Carlos Manuel de Céspedes Quesada (1871-1939) como presidente de la República.

Una semana después se hizo evidente que la **Pentarquía** y **Batista** no se llevaban bien. Los estudiantes nombraron presidente por aclamación a **Grau San Martín**. Una multitud que lo vitoreaba se reunió frente al Palacio Presidencial para su inauguración. No asistió ningún diplomático, y eso era una mala señal. Pronto quedó claro que **Sumner Welles** y el gobierno de los Estados Unidos tenían fuertes "*reservas*" sobre Grau San Martín. En Diciembre, Batista se había unido a Sumner Wells y comenzó conspirando abiertamente contra Grau.

En 1933, cuando la Pentarquía llegó al poder, el embajador Sumner Welles, que vivía en el **Hotel Nacional** le pidió a Washington que enviara Marines para proteger la Embajada de Estados Unidos y el Hotel. El general **Julio Sanguily** y otros oficiales del ejército Cubano también tomaron refugio en el Hotel, ya que parecía una fortaleza defensiva inexpugnable. El nuevo ejército, todos soldados no comisionados leales a Batista, inició un asedio que duró un día, el 2 de Octubre. El hotel fue bombardeado con daños considerables en la instalación y numerosas muertes. Los jefes y oficiales fueron inmediatamente encarcelados en La Cabaña. Batista ya se estaba volviendo un obstáculo para la restitución de paz en el país.

Muchos historiadores han considerado el incidente del **Hotel Nacional** como un hecho intrascendente y curioso. El asedio, sin embargo, moldeó el curso de la acción política en Cuba durante las próximas décadas. Legitimaba la **venganza**, la **violencia** y la práctica de no conceder piedad a los opositores o disidentes vencidos. Eventualmente iba a ser posible la toma del poder de Fulgencio Batista.

En medio de todo el revuelo que siguió a ese 12 de Agosto de 1933, **Sergio Carbó**, el periodista que había formado parte de la **Pentarquía**, realizó una maniobra improvisada e indiscreta. Sin ninguna consulta ni motivo justificado, él solo ascendió a Batista

Imágenes, de arriba a debajo:
El Sargento-Taquígrafo **Fulgencio Batista**;
la portada del **New York Times Magazine**
mostrando al soldado raso que mató a
Antonio Jiménez, jefe de **La Porra** al
comienzo de la Revolución del '33 en Cuba;
la **Pentarquía, Carbó, Grau, Portela, Franca**
e **Irizarri**;
finalmente una caricatura de **Batista** en el
periódico **Prensa Libre**.

del rango de Sargento al rango de Coronel. Consumado el hecho, Batista aprovechó la oportunidad para autoproclamarse **Jefe del Ejército**.

En Noviembre de 1933 se produjo un episodio interesante que podría haber cambiado medio siglo de historia cubana.

El **Directorio Estudiantil**, y fundamentalmente Carlos Prío se enteraron de que se estaba gestando una conspiración para un Golpe de Estado de Batista, que tenía la ambición de ser presidente y no solo Jefe del Ejército. Varios personajes aliados a Grau San Martín acordaron una reunión en la casa de Carbó en la calle 17 entre O y N, en El Vedado, para decidir lo que hacer con Batista. Estaban presentes **Grau**, **Guiteras**, varios miembros del **Directorio** y algunos de los máximos mandos militares. La estrategia acordada fue que en una reunión que iban a organizar con la presencia de Batista, Grau lo acusara de **traición** y los miliares presentes lo llevarían preso a la fortaleza de La Cabaña para fusilarlo.

La reunión se llevó a cabo, y el enfrentamiento **Grau-Batista** ocurrió. Pero el plan no contaba con la actitud de Batista al ocurrir ese serio enfrentamiento. Batista se arrodilló en medio de la sala y pidió perdón por su agresividad. Grau, atónito ante la reacción de Batista, decidió calmarse y no presionar sus acusaciones de traición. El resultado fue que Batista salió precipitadamente del encuentro, vivo y más fuerte que nunca. Nadie supo nunca por qué Grau no terminó de hacer su parte en el plan para deshacerse de Batista. Algunos pensaron que estaba tratando de afirmar su independencia política del Directorio. Días después, frustrado por la indecisión de Grau, el Directorio decidió no apoyarlo más, y abandonando su militancia se disolvió.

La reunión en la casa de Carbó debilitó la posición de Grau más que la de Batista. Grau perdió la confianza de los estudiantes debido a su indecisión de último momento, que muchos interpretaron como una secreta coartada de Batista con Grau. Batista se dio cuenta de que su alianza con los estudiantes era frágil y poco confiable y que su verdadera fuerza estaba con sus compañeros soldados. En sus planes sólo había un obstáculo, el **ABC**, una organización política fundada en Octubre de 1931, por un grupo de estudiantes y profesionales de clase media, bajo el liderazgo del economista y profesor Joaquín Martínez Sáenz, en oposición al gobierno autoritario de Gerardo Machado. En el **ABC** figuraban numerosos intelectuales prestigiosos como **Jorge Mañach** y

Francisco Ichaso. Estaba organizado con una estructura de células clandestinas, en la cual cada miembro supervisaba otra célula del siguiente nivel. La primera célula era designada A; la siguiente B; luego C, etc.

El 8 de Noviembre de 1933, varias unidades del ejército y la fuerza aérea se unieron a miembros del **ABC** en una rebelión abierta bajo el liderazgo del coronel **Juan Blas Hernández** (1879-1933). Batista, presionado por sus oficiales, ordenó al ejército a defender al gobierno.

A medianoche sólo había rebeldes en el **Castillo de Atarés**, al final del puerto de La Habana. Los alzados se rindieron al día siguiente. Blas Hernández recibió un disparo tras rendirse. A los ojos de la gente, el **ABC** no sólo no había logrado retener su influencia política, sino que no la había podido recuperar con las armas. El partido comenzó a perder popularidad una vez fracasado el asalto a Atarés, y finalmente desapareció en 1952.

Arriba, **Fulgencio Batista**, **Juan Blas Hernández** y **Grau San Martín**; *Debajo*, una vista del **Castillo de Atarés** en La Habana.

Chacumbele, el mismito se mató

1941

El 9 de noviembre del año 1912, en el pueblo sureño de Santa Cruz del Sur, en la provincia de Camagüey, nació **José Ramón Chacón Vélez**. Desde muy pequeño, José Ramón se interesó por los circos y soñaba con ser trapecista. Cuando cumplió 20 años, un ciclón y ras de mar violento, con vientos que superaban los 140 millas por hora, mejor conocido como el **Ciclón del '32**, arrasó por completo con su pueblo natal, generando olas de más de 30 pies de altura, que llegaron a penetrar hasta 15 millas tierra adentro, lo que afectó seriamente a ciudades como Camagüey, Júcaro, Guayabal, Morón, Ciego de Ávila, Nuevitas, Florida, Puerto Tarafa, Caibarién, Pastellido, Camajuaní y Jatibonico. En la costa sur, el pueblo natal de José Ramón desapareció del mapa, arrasado por las enormes olas del ras de mar.

2,248 personas perdieron la vida en Santa Cruz del Sur. José Ramón se salvó al subirse, a un alto y frondoso algarrobo que se ubicaba atrás de su casa. Su familia entera, sin embargo, pasó a formar parte de la lista de fallecidos. Luego de esta tragedia, José Ramón decidió emprender un largo viaje a La Habana, con solamente el poco dinero que consiguió al vender (casi regalar) el terreno donde había estado la casa familiar.

Al llegar a La Habana, el joven José Ramón deambuló varios días por las calles de la Habana Vieja, desorientado y casi al final de su capital. Fue entonces que descubrió un cartel a la entrada del periódico **El Diario de la Marina**, que anunciaba la próxima apertura del **Circo Santos y Artigas**.

Desde 1916, el Santos y Artigas ofrecía sus funciones en el **Teatro Payret**, que estaba arrendado por dos promotores de negocios, el equilibrado y sosegado **Pablo Santos** y el vehemente y apasionado **Jesús Artigas**. Originalmente, Santos y Artigas subalquilaban el Teatro Payret durante algunas semanas de verano a los primeros creadores de las fantasías circenses en Cuba: **Santiago Pubillones** y su sobrino **Antonio**, que habían comenzado el espectáculo de los circos en el sentido más clásico del término, coordinando las diferentes representaciones siempre vestidos de frac en medio de la pista, con sombreros de copa relucientes y prendas costosas, como el fabuloso *"brillante Pubillones,"* con el que Santiago deslumbraba ostentosamente al público luciéndolo sobre su blanca pechera.

Los Pubillones habían comenzado el negocio del circo en tiempos de la colonia. Comenzaban en la Habana alquilando siempre un gran teatro, el **Chacón**, el **Irijoa** (Hoy Teatro Martí), el **Campoamor**, y seguían por toda la isla visitando las ciudades y pueblos cercanos a las vías del tren. El espectáculo se montaba en grandes carpas que albergaban magos, acróbatas, trapecistas, tragafuegos, domadores, payasos, elefantes, leones, monos, osos, y hasta perros bailarines.

Fue en el Santos y Artigas que José Ramón se inició como aprendiz de trapecista. Su maestro fue el renombrado trapecista polaco Bronislav Korchinsky, conocido en la farándula como **El Gran Korchinsky**. Al cabo de un año, José Ramón se reveló como un nuevo y gran talento de los aires, el primer criollo que lograba hacer un salto triple sin red protectora. Fue entonces, como substituto de su maestro, que adoptó el nombre de **Chacumbele**, una contracción de sus dos apellidos, Chacón y Vélez. Su pareja fue la joven que había sido pareja de Korchinsky, **Llona Szabó**, conocida como *"La Muñequita Húngara."* La Szabó, joven de gran figura y extraordinaria belleza, terminó siendo no sólo la pareja artística de Chacumbele, sino también su amante.

Así las cosas, la suerte parecía sonreírle a **Chacón Vélez** después de su infausta experiencia en Santa Cruz del Sur. Pero la vida trae muchas sorpresas, buenas y malas. Después de tres temporadas en el Santos y Artigas, el circo había crecido tanto que necesitaba más espacio para sus funciones y Pablo Santos decidió llevar al espectáculo a una gran carpa que pudiera erigirse en un solar yermo bien localizado en La Habana. En el primer año de la nueva sede del Santos y Artigas, fue contratado **Harry Silver**, un norteamericano nativo de Mississippi que cantaba, bailaba tap, hacía malabarismos y tocaba el banyo en lo alto de las cuerdas.

José Ramón sospechó que su amante y compañera **Llona Szabó**, estaba impresionada no sólo con la figura sino con las habilidades del Americano, y comenzó a hostigarla con unos celos aparentemente injustificados. Llona, por su parte, no pudo aparentemente resistir la seductora presencia de Mr. Silver. Los celos consumieron al trapecista Cubano y un buen día, mientras hacía maromas sin la red de protección en una gran altura, contempló desde lo alto a Ilona y Harry Silver besándose, lo que ocasionó que perdiera el equilibrio y cayera al suelo.

Ese fue el último día de Chacumbele en el Santos y Artigas. De inmediato fue llevado al recién inaugurado **Hospital Calixto García**. Pasó los siguientes seis meses en cama con varias fracturas, las dos piernas rotas y un pulmón perforado por una costilla. Como consecuencia de este accidente quedó cojo y sin suficiente fuerza en las manos a consecuencia de la caída, lo que hizo que el Santos y Artigas lo cesanteara.

Con el tiempo consiguió trabajo en la Policía, sumido en la más profunda depresión. Varias veces le dio por regresar a la Habana Vieja, recordando los días en que había llegado a la capital. Una noche de Abril, al notar un anuncio del Santos y Artigas que abría la temporada en los terrenos de la *Ermita de los Catalanes*, cerca del Vedado, se quitó la vida usando su pistola de policía.

Después de su muerte, el **Trío Servando Díaz** lo inmortalizó con un bolero que se hizo popular en todo el país. **Llona Szabó** abandonó Cuba y se marchó a Francia, ignorando todas las advertencias de sus amigos y familiares sobre los Nazis. En Paris fue detenida y llevada al campo de concentración de **Bergen Belsen**, donde finalmente perdió la vida. **Harry Silver** pereció en 1937, en medio de una trifulca en Mississippi entre feligreses de una Iglesia Negra y el Ku Kux Klan, que no le perdonó que, siendo de color, estuviera saliendo, como era su costumbre, con una joven blanca.

El Teatro Payret en la Habana colonial

Anuncio del debut del Circo Santos y Artigas en el Teatro Payret en 1922

Una foto de **José Ramón Chacón Vélez,** un anuncio de atracciones del **Santos y Artigas** y una cruel caricatura de **Chacumbele, Llona Szabó** y **Harry Silver.**

VIEJAS ESTAMPAS CUBANAS

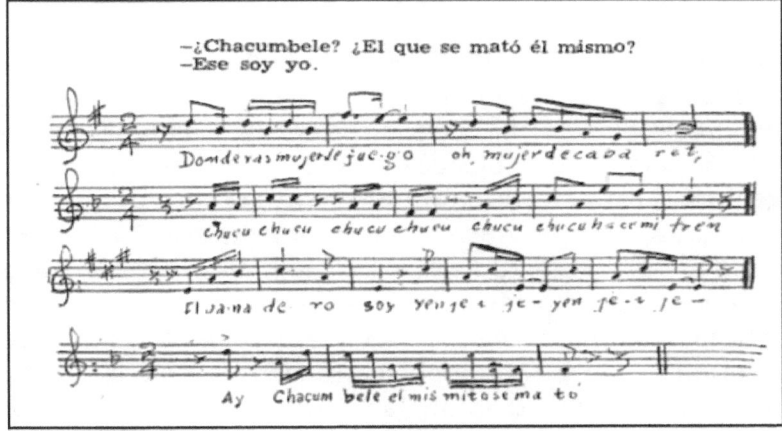

Llona Szabó, la compañera y amante de **Chacumbele**

La popularidad de **Chacumbele** ha durado casi un siglo.

Un Famoso Autor a la caza de Submarinos Alemanes en las costas de Cuba

1942

Según cuenta la historia, en 1941 los **Nazis** ya habían penetrado la isla de Cuba. En las afueras de La Habana tenían un *Centro de Entrenamiento Paramilitar*, donde se celebraban reuniones secretas y una docena de espías se comunicaban a todas horas del día y la noche con una flota de submarinos Alemanes que vigilaban desde Cuba las costas de los Estados Unidos. **El gobierno Cubano** y la **Embajada Americana en La Habana** estaban al tanto de esas sigilosas operaciones de espionaje y las permitían bajo una cuidadosa y cautelosa vigilancia.

En esos años residía en Cuba un novelista que disfrutaba, según sus propias palabras, "sus mejores y más prolíficos tiempos," rememorando y escribiendo sobre sus más bravas y temerarias aventuras: **Ernest Miller Hemingway**, conductor de ambulancias de la Cruz Roja en Italia durante la **Primera Guerra Mundial**, donde fue gravemente herido por fuego de mortero; corresponsal extranjero y escritor expatriado en la comunidad Parisina conocida como la *«generación perdida,»* en la década de los '20; periodista durante la Guerra Civil Española, donde escribió su primera gran novela, **Por Quién Doblan las Campanas**, y años después, estuvo de cuerpo presente en el desembarco Americano en Normandía y el desfile celebrando la liberación de Paris. Allí conoció a futuros colegas como **Gertrude Stein**, **James Joyce** y **Ezra Pound** y vivió en el 74 rue du Cardinal Lemoine, en pleno Latin Quarter (Barrio Latino), que lo habituó para siempre a la vida extravagante y a las juergas alcohólicas.

Hemingway era hijo de un padre médico y una madre autora y concertista musical. Desde muy joven siempre estuvo lleno de energía y entusiasmo y con una gran afición a la literatura. También, desde pequeño, adquirió un gusto por cazar, pescar y acampar en bosques y zonas remotas y aisladas, y una gran pasión por las aventuras al aire libre.

Para Hemingway, Cuba, y en especial La Habana, fueron un lugar exótico y sosegado en el que pudo liberarse de las tensiones y las conmociones de la Europa de los '40. No pudo evadir, sin embargo, como profundo **antifascista**, la atracción por la excitante vida al borde del peligro. Puso manos a la obra para fundar, primero, una organización de contrainteligencia para descubrir operaciones Nazis en la isla, y segundo, convenir una tripulación de hombres temerarios y valientes que le acompañaran a salir a mar abierto para detectar submarinos alemanes, atraerlos y neutralizarlos con granadas y metralletas. Una aventura **rocambolesca** en la vida del escritor que, de haber dado con una nave enemiga como pretendía, es probable que **jamás hubiese vivido** para contarlo.

Hemingway llegó para asentarse en Cuba en 1939, mientras la Segunda Guerra Mundial estremecía al mundo. Venía de haber concluido su oficio como corresponsal en la Guerra Civil Española y se mudó con su tercera esposa, la también periodista **Martha Gellhorn**, en la **Finca Vigía**, una casona bastante bien montada en las afueras de La Habana. De todos los lugares en que vivió Hemingway, Finca Vigía fue definitivamente la residencia donde más armoniosa fue su vida, donde guardaba su biblicteca personal de más de 9,000 libros, y donde escribió una de sus obras maestras, *El viejo y el mar*, la novela que le ganó el **Nobel de Literatura** en 1954, siete años antes de su trágico suicidio en Estados Unidos.

Allí se enfrascó en una labor **antifascista** a todo tren. Comenzó creando el servicio de contrainteligencia que iba a destapar las muchas organizaciones Nazis que, en su opinión, florecían en La Habana. Se enfrentó a lo que él llamaba **"La fábrica de Maleantes,"** (The Crook Factory) y para ello reclutó, entre otros, a un grupo de Españoles antifascistas, veteranos del **Club Vasco** de **La Habana**, donde él solía darse tragos con frecuencia. No era desconocido para la policía Cubana que en La Habana había **miles de falangistas Españoles**, muchos de ellos pertenecientes a sociedades **pro Nazi**, que en los años '40 se reunían secretamente y operaban clandestinamente en La Habana.

La Embajada Americana en La Habana veía con buenos ojos las labores del grupo de Hemingway, y particularmente contaba con el beneplácito y la aprobación de **Spruille Braden** el Embajador de Estados Unidos en Cuba. Nunca se ha podido esclarecer si Hemingway se ofreció como voluntario a esas faenas, o si la Embajada lo reclutó para que organizara una secreta organización extra gubernamental de contrainteligencia.

Vista de **La Habana en 1942**; la sala de la casona de **Finca Vigía**, en San Francisco de Paula, donde vivió por muchos años Hemingway; una foto de **Hemingway** en los días que patrullaba las costas de Cuba en 1942.

Durante unos meses en 1942, Hemingway trató de destapar espías fascistas para la Embajada Americana en La Habana. **Jamás encontró alguno**, aunque redactó una serie de informes "*...de calidad dispar...*" cuenta Nicholas Reynolds, historiador Estadounidense y autor de otra biografía sobre las aventuras secretas del escritor.

Probablemente, llegó el punto en que Hemingway se cansó de que le llegara poca información relevante y decidió lanzarse a la acción y cazar a los submarinos alemanes que rondaban Cuba desde 1941.

Haya sido cualquiera el origen, durante varios meses en 1942, Hemingway trató de desenmascarar espías Fascistas para la Embajada Americana. Cierto que no encontró ninguno, pero fielmente redactó informes mensuales confidenciales... "**sólo para los Ojos del Embajador.**"

Ya desde antes de la entrada de Estados Unidos en la Segunda Guerra Mundial, Alemania había comenzado a desplegar submarinos en el Golfo, el Caribe y el Atlántico del Norte. Los submarinos Alemanes, en ausencia de poca y escasa defensa antisubmarina... "*... exploraban, espiaban y atacaban los barcos aliados que iban a Inglaterra cargados con petróleo Venezolano y azúcar y níquel Cubano.*" El despliegue incremental que surgió cuando los Estados Unidos le declaró la guerra a Alemania, sorprendió poco preparados a los Estados Unidos.

Fue entonces que la Marina Americana pidió a los dueños de yates de la costa Este del país que mantuvieran los ojos abiertos ante posibles atisbos de submarinos Alemanes. De esa forma se impulsó la organización de una especie de patrullas ciudadanas voluntarias. Hemingway, frustrado por la escasez de espías que encontraba en tierra, vio con buenos ojos el mover sus operaciones a las aguas del Norte de Cuba.

El objetivo de esas patrullas era simplemente **vigilar**. No estaba en los planes que se enfrentaran a la armada Nazi. Solo debían **informar inmediatamente a la Marina** en caso de avistar alguna embarcación Alemana merodeando las aguas Cubanas. **Hemingway** se enteró por sus contactos en la Embajada y miembros de la Marina que eran habituales en el **Floridita**, y en 1942 reclutó su propia tripulación, preparó **El Pilar**, su bote de pesca, y salió a rastrear las costas Cubanas. Su objetivo iba más allá de simplemente detectar e informar sobre los submarinos. **Hemingway decidió que en su caso, iban a tratar de darles caza.**

El Pilar era meramente un barco de pesca que Hemingway había comprado en 1934, una pequeña embarcación de madera con eslora medía de unos 12 metros y una manga menos de 4. La preparación a la que fue sometido al comenzar la patrulla fue **camuflagearlo** para que luciera como una embarcación científica. No fue fácil disfrazar como vehículo de investigaciones científicas a un pequeño barco cuya misión real, en la práctica, iba a ser lanzarse sobre el enemigo en una operación "**kamikaze.**"

El Pilar fue equipado con **granadas de mano, pistolas, explosivos, municiones, un fusil antitanque, cinco ametralladoras, una emisora de radio, chalecos de salvamento** y **prismáticos nocturnos**, así como **provisiones, alimentos** y, sobre todo, **bebidas**.

Durante alrededor de dos años, Hemingway y sus acompañantes se dedicaron a rastrear la costa Norte de Cuba, desde Pinar del Río hasta Camagüey, incluyendo las bahías de **La Habana, Mariel, Bahía Honda** y **Nipe.**

Como acompañantes, Hemingway escogió, un capitán para el barco, y un grupo formado por **Cubanos, Estadounidenses y Españoles**, entre estos últimos varios jugadores de **Jai Alai**. Hemingway mantenía que los **pelotaris** tendrían la **destreza** y **fuerza** requeridas para colar las granadas dentro de las escotillas de los submarinos. Era fácil comprender que Hemingway pudiera reclutar a ocho hombres para sumarlos a esta aventura, ya que se trataba de **un proyecto con algunas posibilidades de acción y muchas de pasar un buen rato.** La operación, "*colmada de temeridad y valentía*," fue bautizada con el nombre de **Friendless** (Sin amigos), nombre que compartía con uno de los más de 50 gatos a que Hemingway dio albergue en su finca **La Vigía**.

El propósito de Hemingway y el **Friendless** era aparentar ser un bote de investigaciones marinas, atraer de algún modo a los Alemanes y, cuando estos se acercaran, comenzar a disparar la metralleta y lanzar las granadas hacia las escotillas de los submarinos. De haberse acercado el **Friendless** lo suficientemente a los Alemanes, por supuesto, el plan habría resultado desastroso y

El barco de pesca **Pilar**, reformado como guardia costanera por **Hemingway** en 1942; el **Frontón de Jai Alai**, sede de los jugadores Vascos que patrullaban con Hemingway las costas de Cuba; la entrada al **Centro Vasco** de **La Habana**.

potencialmente suicida, con el Pilar terminando en el fondo del mar junto a todos sus tripulantes.

El tipo de operación, semejante a la de una guerrilla, se ajustaba a la personalidad indomable por naturaleza de Hemingway. La realidad es que durante los dos años que duró el periplo, Hemingway y sus camaradas jamás se enfrentaron a ningún submarino Nazi. En una ocasión apenas divisaron uno, pero este no cayó en la trampa y se alejó al encontrarse con la *"embarcación científica"*.

Hemingway, en la vida real, no sólo era bebedor, juerguista y aventurero, sino también era un hombre tremendamente organizado y disciplinado con su trabajo. Hay muchas leyendas sobre Hemingway y claro que le gustaba beber, pero era un tipo altamente instituido y dedicado a su trabajo. Si realizó esa empresa fue porque era un patriota y estaba convencido de la viabilidad de la operación. No se enfrentó a ningún peligro, pero durante dos años prestó un servicio útil y serio patrullando las costas Cubanas.

Derecha, **Heinz August Luning**, el espía Nazi detenido en una casa de huéspedes de la calle Teniente Rey No.366, en La Habana Vieja en 1942. *Izquierda*, **Hemingway** en el Pilar, cazando espías Nazis en costas Cubanas.

Los Terribles y Atroces Sucesos del Reparto Orfila

1947

En 1933, Cuba sufrió una de sus más sangrientas revoluciones con la caída del Presidente **Gerardo Machado y Morales**. Su primer período presidencial había logrado un gran progreso en la joven República con maravillosas obras de gobierno como la construcción de la Carretera Central, el Capitolio Nacional y las majestuosas escalinatas que daban acceso a la Universidad de La Habana. Machado, sin embargo, tuvo la ambición de postularse para un segundo período, dando lugar a un costosa, terrible y dolorosa **Revolución del 1933**, que nada bueno contribuyó a Cuba pero rompió el ritmo democrático de la isla, abriendo las puertas a la violencia, los golpes de estado, el crimen organizado y las pandillas de gánsteres que azotaron el país por largos años.

A escasamente unas horas de la caída de Machado, el 13 de Agosto de 1933, un grupo de insurrectos Cubanos formaron una organización que llamaron **Pro Ley y Justicia**, cuyo objetivo era derrocar el gobierno de **Carlos Manuel de Céspedes**, el presidente impuesto por los revolucionarios del '33 mediante el llamado **Proceso de Mediación**. Tres semanas después, el 4 de Septiembre, varios de sus miembros más prominentes, incluyendo al entonces Sargento **Fulgencio Batista**, se personaron en el Campamento de Columbia para apoyar el golpe militar propinado por los oficiales y soldados contra el gobierno de Céspedes. Los revolucionarios de **Pro Ley y Justicia** se integraron a la **Agrupación Revolucionaria de Cuba (ARC)**, que junto **al ABC Radical**, al **Directorio Estudiantil Universitario (DEU)** y otros sectores extremistas, en alianza con Batista y los militares sublevados, decidieron tomar el poder. Al constituirse el **Gobierno de los Cien Días**, Pro Ley y Justicia estuvo entre las organizaciones que lo apoyó.

Pro Ley y Justicia, dio más tarde lugar a un grupo revolucionario, el **Ejército Caribe**, que apoyó con las armas en la mano a **Ramón Grau San Martín**, el presidente que sustituyó a Céspedes. Grau fue defenestrado por Batista el 15 de Enero de 1934, lo cual lanzó a la clandestinidad a los que le apoyaban. La oposición se fracturó en diversos grupos, entre los cuales estaba la **Legión**

Revolucionaria de Cuba (LRC), comprometida a seguir el camino de la insurrección armada. En la LRC militaron **Mario Salabarría** y su hermano Julio, **Manolo Castro** y **Armando Leyva**, entre otros. El Coronel **José Eleuterio Pedraza**, jefe de la Policía en La Habana, los persiguió violentamente durante una huelga en Marzo de 1935, y el grupo acordó convertirse en una organización insurreccional que, bajo el lema *Por la liberación económica, política y social de Cuba,* respondió al liderazgo de Mario Salabarría.

Tanto Machadistas como Batistianos le dieron a Salabarría el calificativo de **Enemigo Público No.1**. Salabarría, por su parte, decía estar comprometido...

«... *con un futuro de grandes logros y realizaciones para Cuba, con el pleno disfrute de la Justicia, el Progreso y la Libertad para todos los hombres por igual...*»

Diez años después, cuando **Ramón Grau San Martín** fue electo presidente en 1944, Salabarría, ahora con el grado de Comandante, recibió la jefatura del *Servicio de Investigaciones e Informaciones Extraordinarias de la Policía Nacional*, un cargo que *"acreditaba"* su rectitud y honestidad. Su primer encargo fue acusar públicamente a **Alberto Inocente Álvarez**, entonces Ministro de Comercio del presidente Grau, de participar en un turbio negocio de trueque de azúcar Cubano por carne Argentina, que le propició a Álvarez y otros funcionarios Cubanos millones de dólares *"por debajo de la mesa."*

Como ocurrían las cosas en Cuba, Grau depuso a Álvarez en Comercio y lo nombró Canciller, propiciando que el corrupto ciudadano Álvarez llegara a ser, por los acostumbrados turnos temporales, *Presidente del Consejo de Seguridad de la ONU*.

Salabarría, por su parte, aumentó su prestigio al lograr *"a golpes,"* la confesión del asesino del hijo de 15 años de **Joaquín Martínez Sáenz**, baleado por **Enrique Sánchez del Monte**, el millonario propietario del *Central Santa Lucía*, en un encuentro en la Quinta Avenida. Todo el mundo sabía, sin embargo, que Salabarría estaba inmerso en operaciones de incautación ilegal de mercancía en la Aduana, de estar *"metido hasta el cuello"* en la bolsa negra, y de cobrar por *"hacerse de la vista gorda"* a los atracos de tahúres de juegos al azar fraudulentos. Se rumoraba inclusive, que recibió $100,000 dólares de un contrabandista Español, por permitirle *"paso abierto"* a sus operaciones de contrabando.

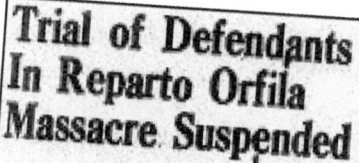

Trial of Defendants In Reparto Orfila Massacre Suspended

The Third Vacation Chamber of the Havana Court of Appeals suspended yesterday morning the scheduled trial of fifteen men involved in the massacre at Reparto Orfila in September 1947, in which Major Emilio Tro and the wife of Major Antonio Morin Dopico were slain.

The suspension of the trial was due to the fact that one of the defendants was not [before] the court and failed to receive s[ome] of documentary evid[ence] ed of the military tried the defendants who were members [of the] forces.

The police had ado[pted precau]tionary measures, st[ationed po]lice cars and guards [around the] court building to ave[rt any pos]sible disorders. The [defendants] were brought to the c[ourt under] military guard and w[ere return]ed to prison in the [afternoon] when it was learned [that the] hearing had been susp[ended].

Imágenes, de arriba a debajo:
El reportaje de los **Sucesos de Orfila** en el New York Times de Septiembre del '47; Una foto de **Emilio Tró**; la escena en el momento que fallece la esposa embarazada de Morín Dopico, **Aurora Soler**; debajo, una foto de pandilleros Cubanos de la época, sentados, **Manolo Castro** (izquierda) y **Mario Salabarría**.

Uno de los más fuertes aliados de Salabarría era **Emilio Tro Rivero**, un veterano de la Guerra Civil Española, que en 1941 se había refugiado en los Estados Unidos y en 1944 volvió a Cuba para fundar la **Unión Insurreccional Revolucionaria (UIR)**. La UIR fue una organización que en sus propias palabras *"creía febrilmente en la violencia como estrategia,"* a la cual se suscribió **Fidel Castro Ruz**, entonces un simple joven universitario, admirador y devoto de Emilio Tro. El impetuoso Tro, Trotskista declarado y acusado de haber dirigido en 1940 un atentado contra **Orestes Ferrara**, Ministro de Gobernación de Machado, era famoso por *"estar siempre con el dedo en el gatillo de una ametralladora,"* y competía en su gansterismo con el **Movimiento Socialista Revolucionario (MSR)**, dirigido por **Rolando Masferrer**, también veterano de la Guerra Civil Española.

Otra figura importante en el mundo gansteril de La Habana era **Antonio Morín Dopico**, un *"bonchista"* universitario implicado en la muerte del profesor **Ramiro Valdés Daussá**, en 1940. El Senador **Félix Lancís**, Primer Ministro de Grau, nombró a Morin Dopico *Jefe de la Policía de Marianao*, con la esperanza de que se «*regenerara.*» Morín Dopico, ya en su cargo, fue acusado de propiciar el escape de **José Noguerol Conde**, sentenciado por la muerte de Valdés Daussá, mientras estaba siendo atendido en la sala de penados del hospital Calixto García.

En otra ocasión, en Mayo de 1942, **Morín Dopico** fue acusado de *"tapar"* las actividades de una casa de juego en Marianao, donde pululaban numerosas personas, casi todas con antecedentes penales. Las fuerzas del Ejército allanaron la casa, ocupando...

> «...dos ruletas, cuatro mesas de póquer y de bacará, 36 taburetes, 70 juegos de barajas, 4,786 fichas, dos termos de café y 40 tazas de café servidas... »

Cuando Morín Dopico, se enteró del allanamiento del garito y la detención de los jugadores, trató infructuosamente de liberarlos *"a punta de ametralladora."* En esos días, **Morín Dopico** y **Emilio Tro** mantenían un alianza principalmente estratégica: ambos eran enemigos de **Salabarría**.

Así las cosas, en Cuba fue inevitable lo que años más tarde, en 1947, se conoció como **Los Sucesos del Reparto Orfila**.

Como antesala, es necesario hacer referencia al atentado que **Orlando León Lemus**, «*el Colorado*», había sufrido en la Calzada de Ayestarán y la calle Lombillo, el Lunes 25 de Mayo de 1947, perpetrado por **Emilio Tro** o, por lo menos, por militantes de la **Unión Insurreccional Revolucionaria (UIR)**. El atentado era la riposta a lo ocurrido el 5 de Septiembre cuando el automóvil de Emilio Tro había sido baleado por hombres del **Colorado**. Tro no estaba a bordo en ese momento pero, en respuesta a esa agresión, una semana después, partidarios de Tro ultimaron a balazos, en la bodega de 21 y D, en el Vedado, al capitán **Rafael Ávila**, *Jefe de la Policía del Ministerio de Salubridad*, que la gente del UIR pensaban estaba involucrado en el atentado a Tro el día 5. Era el comienzo de una guerra a muerte entre siniestros grupos gansteriles que comenzaron a organizarse en Cuba.

Orlando León Lemus, a la edad de 22 años, era ya un gánster pelirrojo, enjuto, intranquilo y afable, que se ganó en la *Escuela de Artes y Oficio de La Habana* y en el *Instituto de Segunda Enseñanza* el apodo de **El Colorado**. Perteneció al grupo inicial de **Acción Revolucionaria Guiteras (ARG)** y ganó celebridad en 1939, cuando resultó herido en el *Teatro Principal de la Comedia*, en la calle Ánimas, en una refriega con que cerraron a tiros los del **ARG** un acto organizado por los **Comunistas**. El Colorado salió del *Principal de la Comedia* herido con cuatro tiros y una acusación ante el Tribunal de Urgencia que, en definitiva, lo absolvió.

Batista, por medio del **General Manuel Benítez**, *Jefe de la Policía Nacional*, les ofreció a León Lemus y a Emilio Tro una gruesa suma de dinero si se marchaban de Cuba, oferta que León Lemus no aceptó, pero Emilio Tro si lo hizo.

El día de los **Sucesos del Reparto Orfila**, 15 de Septiembre de 1947, **Emilio Tro** estaba invitado a almorzar en la residencia de **Antonio Morín Dopico**, en calle 8 y D del *Reparto Benítez*, conocido por **Reparto Orfila** por una farmacia existente en la zona. Dopico estaba suspendido desde meses antes en sus funciones de *Jefe de la Policía de Marianao*, a causa de un escándalo que protagonizó en Guanabacoa. Con él estaban invitados **Luis Padierne**, **Arcadio Méndez** y **Alberto Díaz González**, todos miembros de la **Unión Insurreccional Revolucionaria (UIR)**. Ese día Tro tenía una orden de detención por la muerte del **Capitán Rafael Ávila**, la cual había sido confiada al Comandante **Mario Salabarría Aguiar**. Después de almorzar, Tro, Padierne y Méndez se hallaban sentados pacíficamente en el portal de la casa cuando, de repente, tuvieron que entrar y cerrar la puerta. Dos automóviles con hombres armados con ametralladoras se habían parapetado frente a la casa y rápidamente comenzaron a tirotear

Imágenes de arriba a debajo:
Mario Salabarría, Una foto del Profesor **Ramiro Valdés Daussá** con el Rector de la Universidad de la Habana, el **Dr. Clemente Inclán** (con sombrero); la terrible escena del comienzo del asalto al hogar de **Morín Dopico**; debajo, la figura siniestra de **Rolando Masferrer**.

la casa. **Tro**, desde el interior, ripostó de inmediato. Un amigo de Tro, el **Teniente Mariano Puerto**, enterado del ataque, intentó llegar hasta la casa para ayudarlo, pero lo tirotearon al llegar a la residencia, siendo el primer muerto. El segundo muerto fue el **Teniente Luis Padierne**, que recibió una ráfaga de ametralladora y cayó muerto en la acera.

Los agresores eran **Orlando León Lemus** (*El Colorado*), **Rogelio Hernández Vega** (*Cucú*), segundo jefe de la Policía Secreta, **José Fallat** (*El Turquito*), el **Teniente Roberto Pérez Dulzaides**, el **Comandante Roberto Meoqui Lezama**, acompañados de una tropa de 200 hombres, todos allegados a **Mario Salabarría**, y algunos pertenecientes al *Servicio de Investigaciones Especiales y Extraordinarias,* la dependencia policial que Salabarría dirigía.

Germán Pinelli, entonces locutor de *Radio Reloj* comenzó a transmitir los sucesos, y la acción fue filmada en su totalidad por **Guayo**, del *Noticiero Nacional de Cine*. Las fotografías capturadas por ellos a todo lo largo de los sucesos fueron publicadas en el periódico **El País**, en **Prensa Libre**, y en **Información**. Los senadores **Pelayo Cuervo** y **Eduardo R. Chibás** las utilizaron en el Senado como pruebas acusatorias. Un reportero Estadounidense, **Louis Hamburg**, de la *Revista LIFE*, una vez publicadas sus fotos, recibió amenazas de muerte de varios miembros del grupo de Salabarría.

Los hombres de Salabarría descargaron sobre la casa una verdadera lluvia de plomo, recurriendo inclusive a gases lacrimógenos. Tro logró comunicarse por teléfono con el *Campamento Militar de Columbia*, gestionando la intervención del Ejército. El general **Ruperto Cabrera**, *Jefe del Estado Mayor de las Fuerzas Armadas*, no accedió a participar en la refriega. Miembros de la UIR y elementos vinculados a Tro acudieron al Palacio Presidencial. No pudieron ver a Grau, pero lograron entrevistarse con **Paulina Alsina**, *Primera Dama de la República*, que les aseguró que el Presidente daría la autorización para que el Ejército interviniera en el altercado. Nunca llegaron a Orfila los refuerzos. **Grau San Martín** sufría de *epilepsia*, y durante lo que transcurría en Orfila estaba en crisis y, no pudiendo intervenir los sucesos, ordenó enviar un mensaje al **General Genovevo Pérez**, *Jefe del Ejército*, que estaba de visita en Washington, para actuar en lo que estaba sucediendo. Genovevo dispuso desde Washington el envío de carros blindados para poner fin a la matanza.

En medio de la confusión, aparecieron trapos blancos en las ventanas y se oyeron gritos de **"¡No tiren! ¡No tiren!... ¡Van a salir niños y mujeres!"** La gente de Salabarría respondió con gritos violentos. Tro insistió y se permitió la salida, en el momento de llegada de tropas del *Ejército Nacional Cubano*, equipadas con tanques, camiones blindados y armas largas.

El primero en salir de la casa fue **Morín Dopico**, llevando en brazos, herida a sedal, a su hija **Miriam**, de apenas diez meses de nacida. Luego salió **Aurora Soler de Morín**, en estado de gestación, y detrás **Emilio Tro**. Todo parecía en orden cuando se escuchó un nuevo tableteo de ametralladora. La esposa de **Morín** cayó al suelo herida de muerte. Un policía la tomó por los brazos para levantarla, y Tro trató de alzarla por los tobillos con el propósito de sacarla a la calle. Apenas llegados a la acera, se escuchó otra ráfaga y **Emilio Tro** se desplomó cosido a balazos, con 15 perforaciones en el tórax, dos en la región escapular, seis a flor de piel, tres en el hombro, una en el muslo y otra más en la cara que le destrozó el maxilar superior y le vació el ojo derecho.

En el documental que filmaba **Guayo**, se pudo apreciar cómo **José Fallat**, *El Turquito*, disparó sobre **Aurora Soler** y **Emilio Tro**. También como un teniente de la Policía Nacional, encañonaba con su ametralladora a los rendidos, sobre todo a Emilio Tro cuando, de rodillas, trataba de levantar el cuerpo agonizante de la esposa de Morín Dopico. El tenebroso suceso finalizó cuando el Ejército impidió que siguiera la matanza, exigió la entrega inmediata de las armas, y procedió a la detención de **Salabarría** y todos los agentes a sus órdenes. Esa misma noche, Lunes 15 de Septiembre, **Raúl Adán Daumy**, agente del *Servicio de Investigaciones Especiales y Extraordinarias* que dirigía Mario Salabarría, fue acribillado a balazos al descender de un ómnibus en la calle San Lázaro. La venganza por los sucesos de Orfila había comenzado.

Semanas después el pleno del *Tribunal Superior de la Jurisdicción de Guerra y Marina* radicó la **Causa 95** de 1947 del *Estado Mayor General del Ejército* contra **Mario Salabarría**, **Antonio Morín Dopico** y numerosos oficiales, por los delitos de homicidio, desorden público, atentado y daños a la propiedad. Orlando León Lemus, se evaporó de la escena. En el afán de encontrarlo, el Ejército ocupó, sin éxito el *Hotel Sevilla*, donde se le suponía escondido. La Guardia Rural lo buscó por el interior de la Isla. Al final se supo que permaneció escondido en El Vedado, en la casa del Senador **Paco Prío**, hermano del futuro presidente **Carlos Prío Socarrás**, hasta su salida clandestina hacia México.

Más de 3,000 personas participaron uniéndose al sepelio y al cortejo fúnebre de las víctimas hasta la necrópolis de Colón. Para garantizar el orden, fuerzas del Ejército se situaron a lo largo del trayecto y rodearon el cementerio.

El final de los principales encartados en este suceso fue el siguiente:

José Fallat, *El Turquito*, escapó en 1951 de la prisión del *Castillo del Príncipe*, donde estaba confinado, en una fuga organizada por el gánster **Policarpo Soler** y dirigida, desde fuera, por **El Colorado**.

En Febrero de 1955, fuerzas comandadas por el Teniente Coronel **Lutgardo Martín Pérez** abatieron a muerte a **El Colorado** en la casa con número 211 de la calle Durege, en la barriada habanera de Santos Suárez.

Mario Salabarría, sentenciado a treinta años de prisión, salió del *Presidio Modelo de Isla de Pinos* en 1959, con el triunfo de la Revolución, sin que, gracias a una decisión de **Fidel Castro**, llegara a cumplir íntegramente su condena. En 1963 fue detenido de nuevo por participaciones gansteriles, pero consiguió de nuevo la excarcelación anticipada y salió del país, falleciendo en Estados Unidos en Abril del 2004.

Morín Dopico falleció en La Habana a fines de los '80, y por la misma época su hija **Miriam** abandonó el país. **Rogelio Hernández Vega (*Cucú*)** fue ultimado en Julio del '48 en el Consulado Cubano de Ciudad de México. El **Comandante Roberto Meoqui Lezama** murió en el sanatorio antituberculoso de *La Esperanza*, en 1950.

El Gobierno Cubano requisó las copias del documental que **Eduardo Hernández (Guayo)**, como camarógrafo del Noticiero Nacional, filmó minuto a minuto durante el combate. Guayo falleció en el exilio en 1978 y su colección completa de películas y reportajes (ocho cajas de films de 35mm) se encuentra en depósito en la Universidad de Miami's *"Guayo Film Collection."* Pueden verse pidiendo el récord **chc5205.PDF**.

Imágenes de arriba a debajo:
La lápida del panteón de la **Necrópolis de Colón**, en La Habana, que guarda los restos de las víctimas de la **Masacre de Orfila**; el reporte de la **Revista Bohemia**; los periodistas en la escena: **Eduardo Hernández (Guayo)** y **Germán Pinelli**; escenas de la película que tomó **Guayo** arriesgando su vida.

1950s

La de Atrás Viene Vacía

Antes de comenzar debe aclararse que los Cubanos llamamos "**guaguas**" a los ómnibus utilizados para moverse de un punto a otro en la ciudad. Las primeras guaguas usadas en La Habana eran hechas en los Estados Unidos y, dice la leyenda, que tenían un letrero en la parte superior del frente que decía "**wagon**," y de ahí viene el nombrete de "*guagua*" que ha perdurado a través de los años. Otro enfoque, con énfasis onomatopéyico, señala que los ómnibus tenían unos "*fotutos*" que sonaban **gua-gua** y que es ese el origen del término guagua. Una tercera explicación señala que la primera fábrica Estadounidense en exportar autobuses a Cuba fue la **Wa & Wa Co. Inc**. (*Washington and Walton, Company Incorporated*), y de ahí viene llamar a esos autobuses guaguas. Nunca los entomólogos podrán ponerse de acuerdo.

El sistema de transportación pública de La Habana era uno de los más estables y cuantiosos entre las grandes ciudades del continente. En la capital Cubana llegaron a circular simultáneamente por la ciudad nada menos que 2,000 ómnibus. Esta abundancia de transportes hizo que pudieran descartar los **tranvías**, cuya eliminación, más allá de la nostalgia, pasó sin penas ni glorias.

Muchos Habaneros recuerdan que originalmente y hasta los años '50, en Cuba se podía ver recorriendo sus calles a algunas "**guaguas**," cuyas carrocerías no estaban hechas de completamente de metal sino de madera. Aquellas guaguas estaban fabricadas en Cuba con una superestructura de madera que se complementaba con lonas enceradas para impermeabilizar los techos. Las ventanas eran también de maderas y cristales, y los motores y los chasis eran similares a los de los camiones. Su diseño se veía bastante delicado, aunque en realidad era muy resistente y solo fue superado cuando comenzaron a fabricarse las carrocerías metálicas a finales de los años 40.

Cada ruta de guaguas en La Habana era propiedad de un solo inversionista o un grupo de financieros, de ahí que el conjunto de transportación urbana era una cooperativa. La primera ruta que sustituyó sus guaguas de madera, por iniciativa de sus propietarios, fue la **Ruta 58** de la "Cooperativa de Ómnibus Aliados," que cubría el trayecto **Ceiba-Avenida del Puerto**.

Como se trataba de un servicio más completo y seguro, los dueños de las "*guaguas de metal*," subieron el precio del pasaje a seis centavos, aunque naturalmente, el precio del pasaje en las "*guaguas de madera*" siguió siendo tres centavos. Esas guaguas, también conocidas como "*guaguas de palo,*" fueron todas reemplazadas poco a poco, ya que los inversionistas de la **Cooperativa de Ómnibus Aliados** fueron ejerciendo presión entre sus socios para que se sustituyeran las antiguos guaguas por otros que contasen con carrocería metálica y así hacerlos más competitivos frente a los **tranvías** de la Compañía Cubana de Electricidad, un sistema de transporte que fue indispensable por más de medio siglo en la capital Cubana. La **Compañía Cubana de Electricidad**, fue la sucesora de la **Havana Electric Railway Company** y la **Havana Electric Railway Light & Power Company**, dos de las mayores compañías de Cuba hasta separarse la generación eléctrica del servicio tranviario en Mayo de 1928.

Las llamadas "guaguas de palo" circularon hasta mediados de los años 50 en La Habana. La opción de utilizar carrocerías metálicas propició que la rudimentaria industria local se fuese desarrollando. Un ejemplo de esto fueron los talleres **Merens, Rodríguez y Betancourt**, los cuales comenzaron a abastecer a los operadores menos solventes de la Cooperativa. Al desaparecer los tranvías en 1952 y ser las guaguas de madera sustituidas por guaguas de metal, las primeras fueron vendidas a precios muy económicos a muchas instituciones educativas que necesitaban medios de transporte para mover a su personal, alumnos y otras necesidades como la de llevar jóvenes estudiantes a excursiones. Otro uso para las guaguas de madera fue el incorporarlas a los trayectos interurbanos e interprovinciales, llegando a cubrir rutas como Habana–Santiago de Cuba.

Las guaguas de palo pueden parecen incómodas, lentas y hasta peligrosas, pero comparadas con sus competidores, los **tranvías** en cuanto a rapidez, comodidad, ruido y espacio fueron un importante paso de avance.

La transportación pública en La Habana en los años '40. **Tranvías**, generalmente abarrotados, lentos y ruidosos. En la década de los '50, las **guaguas de madera**, también llenas de pasajeros.

Así la situación, y haciendo historia, el servicio de ómnibus de La Habana de los 1950s, lo llegaron a prestar 630 **Autobuses Modernos** de marca **Leyland** Inglesa, que sustituyeron los tranvías, y unas 1,500 guaguas de la **Cooperativa de Ómnibus Aliados (COA)**, estas con diferentes años de fabricación y de las más diversas marcas. En una esquina como la de Infanta y San Lázaro, por mencionar una, paraban unas ocho o nueve rutas diferentes y se formaban colas, no de personas, sino de guaguas, una detrás de la otra, casi siempre con asientos disponibles. Se llenaba toda la cuadra con hasta ocho ómnibus, o más, en fila, luciendo como un tren de transportar pasajeros.

En cualquier foto Habanera de los años 50, aparecen y se ven siempre guaguas de alguna que otra ruta. La COA, por ejemplo, para modernizar su parque y competir con los Leylands de Autobuses Modernos, adquirió en 1957, 250 ómnibus modernos **General Motors TDH 4512**, un modelo mucho más cómodo para los pasajeros que además ofrecía un pasillo más ancho que permitía cargar un mayor número de pasajeros de pie. Una espera de 15 ó 20 minutos era poco frecuente; lo normal era que la guagua o el autobús que uno necesitaba llegara a los 5 a 10 minutos. Los pasillos de las guaguas iban relativamente desahogados, y por ellos podía desplazarse el "*conductor*," o gratuitamente el vendedor ambulante pregonando golosinas y chucherías, o un vendedor de billetes de lotería anunciando en clave de charada los números que ofrecía para el próximo sorteo.

Las guaguas Cubanas, por lo general, tenían gran personalidad, y eran como buenos amigos de nuestras vidas. Sus continuos ir y venir eran motivo de chistes, críticas, inquietas esperas bajo el sol, y una inmensa lección de filosofía callejera. En los años de los 1940s, circulaban guaguas de madera, que luego se conocían como "*las corrientes*," a veces guaguas tan viejitas y destartaladas, que parecían un montón de chatarra ambulante. Sin embargo, transitaban perfectamente, tomando las curvas de las esquinas rugiendo y casi en dos ruedas, echando humo por todas partes, con gran orgullo de seguir funcionando, a pesar de sus años. Lo único que las hacía ver una lágrima en los ojos de los peatones, era verlas balanceándose como lanchas en altamar, y rugiendo como ballenas sofocadas, cuando subían la empinada colina universitaria por la calle San Lázaro.

Todo eso se acabó en los 1950s con las inyecciones de capital que los transeúntes reclamaban. A esas guaguas nuevas los usua-

La llegada de los **Autobuses Layland** a La Habana;
Una guagua de la **Ruta 10** de la **COA**, Jacomino-Vedado;
La **Ruta U4** de **Autobuses Modernos**, Víbora-Vedado.

rios las bautizaron como "*las especiales*." Estas eran modernas, chatas, anchas, amenazantes, y se paseaban entre las demás como si fueran "*los guapos del barrio.*" Entre las primeras "*especiales*" en llegar a La Habana, estaban la **Ruta 20**, Palatino-Miramar, y la **Ruta 79**, Lawton-Playa. Las últimas que quedaron de "las corrientes," más viejitas y ferrosas, fueron la **Ruta 23**, Lawton-Vedado, y la **Ruta 27**, Palatino-Avenida del Puerto. La **Ruta 30**, Playa-Parque de la Fraternidad, y la **Ruta 79**, Lawton-Playa, eran de las más concurridas y gustaban por su seductor recorrido, que llevaba gente a las Playas de Marianao.

Por supuesto, los autobuses blancos y azules, conocidos como "*las enfermeras*," también tenían recorridos muy solicitados, como el **U4**, Víbora-Vedado. Tanto en guaguas como autobuses, la transportación Habanera era muy democrática, y blancos, negros, mulatos o chinos viajaban en total armonía pagando tan solo **8 centavos**, y 2 más por una transferencia que les permitía viajar gratis en otras guaguas o autobuses que se cruzaban con el transporte original de los 8 centavos. La tarifa incluía el lujo de tener un "***conductor***" que, en ocasiones haciendo de malabarista, no sólo cobraba por el asiento sino daba consejos y explicaba cualquier pregunta que se le hiciera sobre las "***paradas***" más cercanas al destino del pasajero, cómo y dónde usar una "***transferencia***" y muchas cosas más.

Parte de toda la aventura de coger una guagua eran las espontáneas serenatas de cantantes de guagua que subían siempre con su guitarra y daban una serenata gratis, pero aceptando donativos cuando pasaban una latica donde sonaban las monedas, diciendo repetidamente "*cooperen con el artista Cubano.*" Muchos Habaneros recuerdan también a una extraña mujer albina, ya mayor, llamada **Pelusa**, a la que los niños le tenían miedo, porque se montaba en las guaguas, nunca en los autobuses, siempre en silencio, llevando colgado del cuello un misterioso cartelito que decía "*Si me desmayo, llevo amoniaco en la cartera*".

Los Habaneros siempre sintieron admiración y horror cuando veían hombres jóvenes montando bicicletas, que se agarraban peligrosamente de las ventanillas o de la parte posterior de la guagua, ahorrándose el pedaleo a lo largo del recorrido. También recuerdan los apretones en los pasillos, las guaguas inclinadas hacia la derecha, en una versión criolla de la Torre de Pisa, cuando doblaban velozmente una esquina, los gritos de "**en la esquina**"; y los gritos y las protestas violentas desde las aceras, de los que se quedaban **plantados** en las paradas, cuando la guagua, llena hasta al tope, seguía de largo. Nunca se olvida tampoco el riesgo de los hombres, ya fueran adolescentes o ancianos, que tenían que bajarse con la guagua en lento movimiento. Las guaguas sólo paraban **"en firme,"** cuando se trataba de bajar una mujer. Si un hombre no descendía con la guagua en marcha, siempre se oían los gritos de los pasajeros diciendo... *"pajarito..."*

No puede terminarse la historia de la transportación de pasajeros en La Habana sin mencionar los choferes, conocidos popularmente como **"los guagüeros,"** personajes inmortalizados en populares piezas musicales e infinidad de cuentos picartes. Lo mismo recibían de sus pasajeros un sonoro ¡**Gracias**!, cuando paraban en el sitio preciso y esperaban a que suba hasta el último transeúnte, o les llovían improperios, si se pasaba sin detenerse o abandonaba a alguien en la multitud que lo esperaba.

A propósito, la frase que encabeza esta estampa, **"La de Atrás viene Vacía,"** era el mensaje que los pasajeros que iban colgando de las puertas de una guagua abarrotada, gritaban a los pobres transeúntes que el guagüero dejaba abandonados en la esquina, sin ni siquiera detener la guagua.

La **Cooperativa de Ómnibus Aliados (COA)** presentando orgullosamente frente al **Hotel Nacional**, las nuevas guaguas de la **Ruta 4**, Mantilla-Palacio.

Escenas del **interior de una guagua** Habanera; pasajeros **colgados de las puertas**; el "**Conductor**" expidiendo una "**transferencia**," y uno más de los "**tranques**" habituales en La Habana.

Las Rutas de Guaguas De La Habana
1950s

Ruta	Salida	Final
1	Lawton	Fortuna
2	Párraga	Vedado
3	Guanabacoa	Estación Central de Ferrocarriles
4	Mantilla	Palacio Presidencial
5	Guanabacoa	Terminal de Ómnibus
6	Antonio Guiteras	Regla
7	Cotorro	Parque de la Fraternidad
8	Playa	Habana Vieja
9	Playa	Santa Fe
10	Jacomino	Vedado
11	Jacomino	Cerro
12	Diezmero	Centro Habana
13	Fortuna	Víbora
14	Palatino	Manzana de Gómez
15	Lawton	Ave. del Puerto
16	Palatino	Regla
17	Palatino	Habana
18	Palatino	Avenida del Puerto
19	Cerro	Habana Vieja
20	Palatino	Miramar
21	La Lisa	Muelle de Luz
22	La Lisa	Centro de la Habana
23	Lawton	Vedado
24	Lawton	Centro de la Habana
25	Lawton	El Reboredo
26	Antonio Guiteras	Alamar
27	Palatino	Avenida del Puerto
28	Buenavista	Parque Central
29	Guanabacoa	Terminal Casablanca
30	Playa	Parque de la Fraternidad
31	Santiago de Las Vegas	Víbora
32	Playa	Estación Central de Ferrocarriles

Ruta	Salida	Final
33	Habana Vieja	Güines
34	La Lisa	Estación Central de Ferrocarriles
35	Habana	Artemisa
36	La Lisa	Punta Brava
37	Lawton	Miramar
38	Palatino	Miramar
39	San Antonio de los Baños	Alquízar
40	La Lisa	Santa Fe
41	Cotorro	Cuatro Caminos
42	Güira	La Salud
43	Barbosa	Estación Central de Ferrocarriles
44	La Lisa	Cerro y Boyeros
45	Santiago de las Vegas	Comunidad La Lutgardita
46	Santiago de las Vegas	Finca El Rocío
47	San Antonio de los Baños	Artemisa
48	Habana	Ceiba del Agua
49	Habana Vieja	Jaruco
50	Marianao	El Rincón
51	Regla	Casablanca

Ruta	Salida	Final
52	Marianao	Wajay
53	Miramar	Guanabacoa
54	Lawton	Barrio Chino
55	Barbosa	Casa de Beneficencia
56	Güines	Melena del Sur
57	Vedado	Terminal Pesquera
58	Antonio Guiteras	Terminal de Ómnibus
59	Vibora	Melena del Sur
60	Cerro	Santiago de las Vegas
61	Alturas de la Lisa	Habana Vieja
62	Habana Vieja	Guanabo
63	Santiago de las Vegas	Cuatro Caminos
64	Playa	Estación Central de Ferrocarriles
65	El Cerro	Cojimar
66	La Lisa	Valle Grande
67	Palatino	Estación Central de Ferrocarriles
68	Reparto Eléctrico	Túnel de Línea
69	Playa	Lawton

Ruta	Salida	Final
70	La Habana	Canasí
71	Cojímar	Santa María del Mar
72	Habana	Alquízar
73	Víbora	Calabazar
74	Lawton	Vedado
75	Santiago de las Vegas	Alquízar
76	Santiago de las Vegas	Parque de la Fraternidad
77	Guanabacoa	Cojímar
78	Guanabacoa	Lawton
79	Lawton	Playa
80	La Lisa	Torrens
81	Playa	Ciudad Deportiva
82	Vedado	Avenida del Puerto
83	Alamar	Fortuna
84	Mariianao	Vedado
85	Párraga	Cuatro Caminos
86	Arimao	Playa
87	Palatino	Hosp. Nacional
88	Lawton	Finca El Rocío
89	Calabazar	Víbora
90	Vedado	Marianao
91	La Lisa	Playa de Marianao
92	Playa	Punta Brava
93	Playa	Jaimanitas
94	Regla	Cojímar
95	Guanabacoa	Centro Habana
96	Miramar	El Palmar
97	Cotorro	Guanabacoa
98	La Lisa	La Rampa
99	La Lisa	Bauta
100	Víbora	Playa

Viejas Estampas Cubanas

El Aldabonazo que Conmovió a Cuba

1951

La historia del aldabonazo de 1951 comenzó en el año 1927. **Gerardo Machado**, Presidente de Cuba, apoyado por el Partido Liberal y numerosos grupos conservadores de Cubanos, decidió prolongar su mandato presidencial, haciendo caso omiso de las disposiciones constitucionales que prohibían la reelección presidencial. Los Cubanos se encontraron en el camino franco de una dictadura, o al menos así pensaba una buena parte de ellos. Muy pronto Machado, que había sido un presidente ejemplar en su primer período de 1925 a 1929, comenzó a perseguir a sus opositores, clausuró periódicos, silenció protestas y castigó a sus adversarios haciendo que los Grausistas les administraran violentas y forzadas dosis de fuertes laxantes.

Ante esos abusos, el **Claustro de la Universidad de La Habana** se volvió agresivamente en su contra. Frente a las pretensiones continuistas de Machado, el Profesorado hizo constar su unánime repudio. La causa anti Machadista fue impulsada fuertemente por el Profesor de Fisiología **Ramón Grau de San Martín**, un preceptor cuarentón de origen Pinareño, dotado de cierto carisma, capacidad y probada honestidad, según sus seguidores. El estudiantado se unió a las protestas y la lucha verbal del profesorado y, entre ellos, el más combativo era **Eduardo Renato Chibás**, un joven Santiaguero de apenas 20 años, invadido de una fogosa pasión anti Machadista que contrastaba con el flemático y reservado maestro.

Chibás había nacido en Santiago de Cuba el 26 de agosto de 1907, en el seno de una familia acomodada, que le permitió una esmerada y meticulosa educación y viajes a los Estados Unidos y Europa. Temprano, el joven Chibás renunció a la vida fácil para luchar contra la corrupción de los malos políticos, sufriendo prisiones, persecuciones y exilio. El destino le preparó una mala jugarreta y todas sus ilusiones se vieron vencidas y malogradas. Todas las causas nobles encontraron en él a un paladín inclaudicable. Defendió a la **República Española**, se opuso a las dictaduras de **Stroessner** en Paraguay, **Somoza** en Nicaragua, y **Franco** en España, favoreció a **Pedro Albizu Campos** en su lucha por la independencia de Puerto Rico y ayudó en lo que pudo a Patria, Minerva, María Teresa, and Dedé, las hermanas **Mirabal**, en su lucha por la democracia en la República Dominicana.

Gracias a la unidad de propósitos y pensamiento político, **Grau San Martín** y **Eduardo Chibás**, formaron una especie de **alianza política** que habría de durar casi 20 años. Con el tiempo, San Martín y Chibás, que provenían de las dos regiones más extremas de Cuba, no pudieron evitar sentir una profunda y exacerbada enemistad personal y política. Cada uno tomó por su lado, **San Martín** participando en contra del aparato represivo de Machado y en 1944 llegando a la presidencia de la República, y **Chibás** confrontando la fuerza pública, sirviendo tiempo como preso político, tomando el camino del exilio y militando furiosamente en la izquierda Revolucionaria de los años '30 y '40.

En 1944, con el **Partido Revolucionario Cubano (Auténtico)** y su fundador Grau San Martín en el poder, Chibás fue inicialmente un ardiente defensor del gobierno. Ya para 1947, sin embargo, Chibás renunció al Autenticismo y fundó el **Partido del Pueblo Cubano (Ortodoxo)**, desde el cual aglutinó y movilizó a las masas populares Cubanas en interminables discursos, con acusaciones contra el lucro Auténtico y en luchas fogosas de carácter cívico. Su lema fue **"Vergüenza Contra Dinero,"** un slogan tan sonado y vibrante que hasta **Luis Muñoz Marín** lo adoptó para su **Partido Popular** en **Puerto Rico**. El programa del Partido Ortodoxo de Chibás era progresista y se basaba en varios **puntales**: la soberanía nacional, la independencia económica del país, la diversificación de la producción agrícola, la supresión del latifundio, el desarrollo de la industria, la nacionalización de los servicios públicos, la lucha total y efectiva contra la corrupción de los políticos y la justicia social en defensa de los trabajadores. En las elecciones de 1948 fue candidato a Presidente, sin pactar ni aceptar coaliciones con los políticos tradicionales. Perdió las elecciones frente a Carlos Prío, el candidato Auténtico, pero su figura fue consolidada como líder nacional y la Ortodoxia salió fortalecida en todas las provincias Cubanas.

Washington consideró el programa del **Partido Ortodoxo** excesivamente liberal y nacionalista. En un memorándum confidencial, **Cordell Hull**, Secretario de Estado Americano, lo calificó en

Fotos de **Eduardo Chibás** durante sus luchas políticas en los años '40 y '50

estos términos...

> «... Chibás favorece la 'cubanización' de toda la actividad económica, para 'emancipar a Cuba del imperialismo extranjero'; nacionalización gradual, basada en una compensación adecuada, de todos los sectores y empresas públicas de naturaleza monopolística; 'libre mercado' basado en controles estrictos de producción y exportación [...]; distribución forzada de tierra de cultivo, impuestos a las propiedades no cultivadas, eliminación del sistema feudal y colonial, uso masivo de la maquinaria agrícola y el desarrollo de proyectos de irrigación y de cooperativas agrícolas. Chibás desarrollaría un sistema de seguridad social controlado por el gobierno que brindaría a los ciudadanos una protección adecuada frente a los riesgos económicos de la vejez, la enfermedad, el desempleo y el deceso, con una protección particular a las mujeres y los huérfanos. Establecería una estructura tributaria sobre una base clara, justa y científica... »

Con ello los Americanos desconocían que Chibás era un feroz anticomunista, que no escondía su desconfianza hacia el **Partido Socialista Popular**, el partido Comunista Cubano de la época, principalmente por su colaboración con el gobierno de Fulgencio Batista en los años 1940-1944 en que Batista se había aliado con el Comunismo. A nivel internacional, Chibás denunció regularmente *"el imperialismo totalitario comunista de Moscú, el más despótico, cruento y agresivo de la Historia"* e incluso brindó su apoyo a Estados Unidos en la Guerra de Corea.

El talón de Aquiles de Eduardo Chibás, sin embargo, resultó ser **Carlos Prío Socarrás**. El resentimiento de Chibás hacia Prío se llegó a convertir en algo patológico. Si Grau San Martín había resultado un político *"cantinflero"* predicando que *"la Cubanidad es Amor,"* Prío resaltaba como un hombre educado, simpático y atrayente. Sus ministros, por el contrario, se aclimataron al poder y crearon un ambiente de permisividad a la corrupción. Con Carlos Prío, el panorama Cubano se tornó más tenebroso y las acusaciones de corrupción se recrudecieron, mientras se quebrantaba la disciplina interna de los Auténticos. A los reclamos de Prío de que su gobierno era *"el clímax de la Generación del '30,"* Chibás respondió diciendo que Prío presidía *"no la generación del '30 sino el gobierno del 30%..."*

Chibás acusó a Prío de nepotista, despilfarrador, negociante inescrupuloso, aludiendo en medio de ironías, a la vida fácil y corrupta y las **mansiones** que repentinamente estaban adquiriendo Prío y sus secuaces. El caso se centró muy especialmente, en las propiedades que el Ministro de Educación, **Aureliano Sánchez Arango** había comprado en Guatemala. La críticas de Chibás, socavaban, no solo la autoridad de los Auténticos, echando abajo el poco prestigio que aún disfrutaban, sino también la estabilidad de las instituciones políticas ya frágiles de Cuba. Por otra parte, Sánchez Arango acusó a Chibas de mantener en semiesclavitud a los trabajadores de su cafetal en Yateras, Guantánamo.

Cuando **Sánchez Arango** retó a Chibás a presentar las pruebas que respaldaban sus acusaciones, Chibás, en un discurso Dominical, dijo tenerlas en una maleta que estaba dispuesto a abrir frente al propio Sánchez Arango en los predios de la **Universidad de La Habana.** En el día acordado, minutos antes de la cita, Chibás reconoció su error de interpretación de los papeles que poseía, declarando que había cometido un fallo vergonzoso. Preso de la desesperación y quizás reconociendo haber traicionado su honradez, el principal emblema de su causa. Tal vez en ese momento decidió salvar su dignidad con lo poco que le quedaba: su integridad física.

El Domingo 5 de Agosto de 1951, en medio de una emotiva transmisión de radio, Chibás sacó un arma que siempre llevaba consigo y se disparó en el estómago, en un intento por hacer que la población Cubana entrara en acción a pesar de que él había fallado en sus acusaciones de corrupción contra Sánchez Arango. Un minuto antes del fatal disparo, llamó a los Ortodoxos a luchar por la independencia económica, la libertad política, y la justicia social , exhortándolos a barrer a los ladrones del gobierno. Sus últimas palabras fueron:

> *«Pueblo de Cuba, levántate y anda. Pueblo de Cuba, despierta, este **es mi último aldabonazo.**»*

La muerte de Chibás tres días después provocó más tristeza que enojo y creó un vacío político y una ruptura entre la Ortodoxia que facilitó el golpe de estado de Fulgencio Batista el 10 de Marzo de 1952. Las invectivas críticas de Chibás, además, ayudaron a socavar, no solo la autoridad de los Auténticos y el poco prestigio de que aún disfrutaban, sino también la estabilidad de las instituciones políticas ya frágiles de Cuba.

De arriba a debajo: **Eduardo Chibás** y su famosa **maleta** ccn las pruebas de corrupción de Sánchez Arango; una foto del Ministro **Aureliano Sánchez Arango**; una caricatura en el periódico **Prensa Libre** mostrando el conflicto; dos fotos de la multitud en **el entierro de Eduardo Chibás**.

Años después, **Guillermo Cabrera Infante** relató que *irónicamente, ni el aldabonazo metafórico a la conciencia Cubana ni el disparo real y su caída ante el micrófono, salieron al aire"*. El programa duraba 25 minutos y Chibás no llevó bien el tiempo y se suicidó mientras pasaban los anuncios comerciales (*"Café Pilón, sabroso hasta el último buchito"*). Cabrera Infante añadió... *"...si algo hay más poderoso que la tendencia suicida de los Cubanos, es su gusto por mover la singüeso y lanzar catilinarias..."* La literatura de la psicología social denomina bajo el nombre de *"protesta suicida,"* los actos políticos como el de Eduardo Chibás, en el que un individuo intenta cambiar el equilibrio de poder de su grupo social o, en general, en la sociedad

No se recuerda en la historia de La Habana, un entierro similar al que el pueblo Cubano dio a Chibás. El viernes 17 de Marzo, más de 50,000 personas acompañaron al cadáver de **Eduardo Chibás**, desde el *Aula Magna de la Universidad de La Habana*, donde estuvo en capilla ardiente, hasta el *Cementerio de Colón*. Casi todos los establecimientos comerciales de la ciudad cerraron sus puertas. Las estaciones de radio silenciaron sus programas habituales. Muchos hombres lloraron al paso del ataúd y más de 50 mujeres fueron admitidas en hospitales a lo largo de toda la isla, presas de histeria emocional. El Ejército le tributó honores de Coronel, muerto en acción. Sólo las figuras del gobierno Cubano permanecieron ausentes.

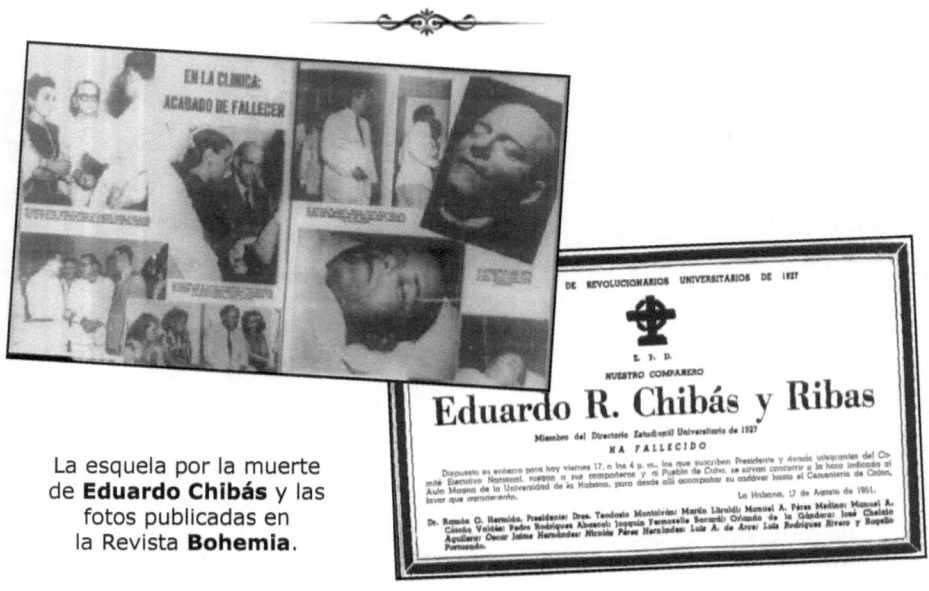

La esquela por la muerte de **Eduardo Chibás** y las fotos publicadas en la Revista **Bohemia**.

El Platillo Volador de La Habana

1954

Era la época de oro de los platillos voladores, y en los terrenos donde se construía la Ciudad Deportiva, frente por frente a la fuente más pretenciosa de la capital, llamada **El Bidet de Paulina** por los habaneros (que honraban así a Paulina Alsina Viuda de Grau, «Primera Dama de la República»), amaneció uno de esos artefactos interplanetarios conocidos en Cuba como *"platillos voladores,"*. Era el Martes 28 de Diciembre de 1954. La nave, descubierta a las **6:30 AM**, era redonda, plateada y enigmática, y a cada rato alzaba un periscopio giratorio, «*escalofriante*» según más de 50 periodistas presentes. Pero no daba otras señales de vida. Fueron movilizados la policía de la ciudad con su **Estado Mayor**, un batallón blindado del **Ejército Nacional** y el **Cuerpo de Bomberos** de la capital. La **CMQ** estableció que Cuba había sido escogida para dar a conocer la primera visita de seres extraterrestres. **COCO**, **Radio Reloj**, la cadena **Suaritos**, **Radio Progreso**, y el resto de la prensa televisada, que ya pululaba en el país, no se perdía un segundo.

De repente, hacia las **4:00 PM**, luego de medio día de expectación, se abrió, lenta, amenazadoramente, una escotilla de la nave y, ante el espanto general de los televidentes (a esa hora ya habían huido todos los que estaban en los alrededores, y el jefe de la policía, brigadier **Rafael Salas Cañizares**, pistola en mano, se parapetaba tras su Mercury de matrícula oficial), surgió una modelo, actriz y bailarina Cubana muy famosa, ataviada con un ajustado traje de navegante espacial, sobre todo ajustado en lo que respecta la zona de las caderas y el busto, desplegando una radiante sonrisa. Por la misma escotilla, detrás de ella, emergieron otros cuatro integrantes de un popular programa de televisión, cada uno enarbolando sendas botellas frías de **cerveza Cristal**. Un popular "jingle," procedente de los altavoces ocultos de la nave, daban pie a que los cinco extraterrestres coreaban, en tiempo de chachachá, un estribillo contagioso: *«Hasta los marcianos toman **Cristal**.»*

Ese 28 de Diciembre, como era costumbre, era el Día de los Santos Inocentes. La idea de que uno de estos platillos voladores amaneciera en la plazoleta donde se construía el Palacio de los

Deportes, fue de un reportero de la **CMQ** de apellido Condall. Los dueños de la cerveza **Cristal** rápidamente compraron la idea y contribuyeron al montaje. Dentro del platillo volador, un voluminoso equipo de sonido amplificaba una grabación que consistía en una enorme avalancha de tarántulas.

Los artistas emergieron de la nave después de casi 10 horas de tensiones, asedio militar, amenazas de Salas Cañizares y la transmisión en vivo y directo desde los alrededores de la nave. Ellos resultaron ser: el obeso comediante **Rogelio Hernández**, el galán **Armando Bianchi**, y las «*glamorosas*» **Martha Vélez**, **Herminia de la Fuente** y **Rosita Fornés**. Todos ellos eran parte del elenco de *"Mi Esposo Favorito,"* un programa televisivo semanal patrocinado por la cerveza **Cristal**. Los cinco fueron arrestados de inmediato, subidos a empellones en los coches policiales y tuvieron que pasar la noche en los calabozos del Servicio de Inteligencia Militar (SIM), a donde los condujeron. De conquistadores del espacio a carne de presidio. Marcianos o no, tenían que aprender a respetar a los institutos armados de la República, y sobre todo al jefe de la Policía, el brigadier **Rafael Salas Cañizares**, que sufrió un papelazo que no estaba dispuesto a tolerar. Ya de madrugada, **Julito Blanco Herrera**, el gran *tycoon* criollo, dueño de la cervecería **La Tropical**, fabricante de **Cristal**, logró sacar a sus artistas interplanetarios de las mazmorras a que los había confinado el jefe policíaco que años después, si Ud. se acuerda, fue ajusticiado por una de sus víctimas, en la masacre de la Embajada de Haití.

Artistas del programa «Mi Esposo Favorito», de la Cerveza CRISTAL Canal 4

De pie: **Rogelio Hernández** y **Armando Bianchi**.
Sentadas: **Herminia de la Fuente** y **Rosita Fornés**.

Un anuncio de la **Cerveza Cristal** en la Revista **Bohemia** en 1954.

Rosita Fornés saliendo del Platillo Volador.

Fuerzas policiacas rodeando el platillo bajo las órdenes del Brigadier **Salas Cañizares**.

VIEJAS ESTAMPAS CUBANAS

1956

Irma, la Estimagtizada *"que se pasó de rosca..."*

Durante la Semana Santa de 1956 en Cuba, una joven de sólo 19 años de edad, nombrada **Irma Izquierdo**, natural de Güira de Melena, en las afueras de La Habana, acaparó la atención de la prensa y la televisión cuando comenzó a mostrar estigmas y marcas de latigazos a todo lo largo de su del cuerpo, así como, aparentemente, heridas producidas por clavos en manos y pies, con las letras **INRI** claramente escritas en lo que parecían venas azules en el frente de sus muslos. Irma, según su historia, desde niña afirmaba tener visiones donde veía a **San Antonio**, **San Tarcisio** y al propio **Jesucristo**, y estaba obsesionada con el suplicio sufrido por Tarcisio y Jesús. Los estigmas se hacían más claros, dolorosos y agudos, decía Irma, casi siempre al acercarse la **Semana Santa**, lo cual venía ocurriendo desde la edad de los 12 años. La revista Bohemia presentó numerosas fotos de Irma, comenzando a llamarla "**La Estigmatizada.**"

Los rumores en la prensa capitalina señalaban que, en 1956, ella había decidido ir caminando por la carretera Central desde La Habana hasta El Cobre, en Oriente, con una cruz de madera a cuestas. Creía que su más poderosa arma para sentirse mejor era caminar novecientos kilómetros a lo largo del país a cuestas con la cruz, una "*promesa*" que todos los que la conocían pensaban que era algo sorprendente pero imprescindible.

En ese entonces todos pensaban que **La Estigmatizada** a pesar de ser una mujer joven sería, triste y sufrida, estaba bien ensimismada en sus pensamientos como corresponde a una religiosa fanática extrema, pero realmente era todo lo contrario; era una mujer de 19 años alegre, simpática, conversadora y sociable, lo más alejado del aura extraterrenal o divina que le había asignado en la prensa sus seguidores. Se alegaba que, por lo general, las personas con una vida vacía y poco común eran introvertidas y de carácter recogido, pero **Irma Izquierdo** tenía una personalidad que era totalmente opuesta. No había nada de místico en su recorrido, sino exclusivamente una ambición de que su gesta fuera bien promocionada y anunciada, como todo artista que se nutre del aplauso del público. La gente imaginaba que Irma se pasaba el día en la carretera, bajo el fuerte sol de Cuba, cargando sobre sus hombros una cruz pesada, durmiendo a la intemperie, y apenas comiendo. La realidad no era esa. No estaba delgada, al contrario, ella declaró en plena carretera Central en una ocasión, que había subido **7 libras** en lo que llevaba de trayecto. A penas comenzaba a caminar, según comentó, alguien del pueblo por el cual atravesaba, se aparecía para cargar la cruz y después era relevado por otro ser piadoso, y así sucesivamente.

Cuando decidía no caminar más, tras tres o cuatro horas de camino en donde el único esfuerzo que hacía era mover sus pies y cargar su propio cuerpo, daba por terminada la jornada, y dejaba la cruz en una casa de gente pobre al borde de la calle o carretera. Esa gente la acogían agradecidos hasta que comenzaba la jornada de llegar al pueblo más cercano. En esas ocasiones se montaba en un **pisicorre** azul del '56, propiedad de su familia, que la llevaba a un hospedaje, ya fuera un hotel o una pensión, donde la acogían gratuitamente. En el pisicorre iba siempre su equipaje y hasta refrescos fríos, como si se tratara de un picnic. Cuando pasó por **Colón, en Matanzas**, por ejemplo, la esperaba una procesión de fieles. Se fue al frente del grupo, se puso a cuestas la cruz, atravesó el pueblo con ella a cuestas y echó a caminar. Todos en el pueblo salieron a contemplar la marcha y se persignaron ante su paso, pensando que era una verdadera heroína.

Irma era joven, delgada y menuda, por lo que caminaba con mucha vitalidad y afirmaba que Dios le había ordenado a cumplir esa **misión**. Cuando lo normal es caminar cuatro o cinco kilómetros por hora, ella avanza a un ritmo de siete u ocho. Un reportero que la acompañó en gran parte del recorrido, desde la entrada a Las Villas hasta cerca de Holguín, afirmó que nunca vio a Irma rezar ni entrar a una Iglesia, aunque reportó el hecho de que, en efecto, rezaba por las noches y se sentía Católica pero no fanática, y no tenía nada de curandera o algo parecido, no obstante lo cual muchos se le acercaban para tocarla y pedirle que rezara por sus hijos enfermos.

Los médicos a lo largo de Cuba daban una explicación científica al caso de **Irma La Estigmatizada.** Muchos pensaban que todo era una **superchería**, aunque no era fácil explicar las crisis cuando brotaban los estigmas, que aparentemente era dos o tres veces al año, siempre cerca de las fiesta más solemnes de la Iglesia. Muchos dudaban de las visiones que Irma decía tener, sobre todo las que envolvían la presencia de **Jesucristo** o algún que otro **Santo**. En esos momentos, haciendo uso de su habilidad histriónica o respondiendo a una imagen que sólo existía en su mente, Irma aseguraba sentir los **latigazos** que le dieron a Jesús y surgían surcos de sangre en su espalda, así como marcas de los clavos con que sujetaron las manos de Cristo en la Cruz. Unas pruebas médicas que le hicieron durante su peregrinar, dieron que los tiempos de **coagulación** y **hemorragias** eran normales y la fragilidad capilar era negativa, pero determinaron que las letras *INRI* en sus piernas eran provocadas por un simple **dermografismo**.

Irma Izquierdo hacía sus viajes acompañada por su esposo, otros familiares, su cuñado que manejaba el automóvil y los suegros, así como una pequeña escolta del **Ejército Nacional.** Los viajes, señalaba, le habían permitido conocer a Cuba, desviándose de la Carretera Central en muchas ocasiones para atender fieles y conocer lugares como el *Salto del Hanabanilla* y *Topes de Collantes.* Sus viajes eran más impresionantes cuando caminaba de noche, al frente de una multitud de seguidores, con faroles encendidos, velas y linternas. La caravana lucía como un desfile fantasmal que interrumpía el tránsito al ritmo de gritos de admiración, bendiciones y, raramente, unos cuantos gritos de crítica. En una de esas caminatas se desmayó, pero aparentemente fue porque ese día no había comido, así que en una bodega cercana le dieron una **Maltina** que resolvió la situación.

En el interior del país, más que en La Habana, el tema de actualidad del que todos hablaban era *"la peregrinación de La Estigmatizada."* Ella contribuía al espectáculo cargando la cruz cuando entraba a un pueblo y no la soltaba hasta salir de él, dándole un serio carácter religioso y sobrenatural a esa experiencia. El tiempo muerto, la política, el calor, la pelota y la situación económica pasaban a un segundo lugar y lo relevante eran los **estigmas** de Irma.

El cuadro clínico de **Irma Izquierdo** no representaba nada extraordinario ni novedoso para la ciencia; era un caso más de la histeria. En 1959, Irma y sus padres, tíos y hermanos emigraron a los Estados Unidos, estableciéndose en New York, donde ella siguió manifestando los mismos síntomas, sobre todo en las fechas acostumbradas. Su caso fue estudiado por eminentes psicólogos y psiquiatras de la Universidad de New York, pero ya **Irma** no volvió a llenar las primeras planas de los diarios ni los noticie ros televisivos o radiales. **La Estigmatizada** dejó de ser una figura de relieve en la actualidad nacional y hasta internacional, sus revelaciones y su peregrinar hasta el **Santuario de El Cobre** con una cruz a cuestas, la habían hecho famosa y las discusiones sobre su caso habían sido apasionadas.

Mientras para unos Irma era una **escogida de Dios**, para otros era una impostora. La Iglesia se mantuvo al margen de los acontecimientos hasta que hubo un pronunciamiento de un vocero del **Cardenal Manuel Arteaga**, Arzobispo de La Habana, explicando que aunque hacía declaraciones a título personal, no consideraba el caso como una **estigmatización** genuina según los cánones de la Iglesia Católica, y que las estigmas eran muy posiblemente causadas por autosugestión, histerismo o trastornos neuro psíquicos. El caso de Irma añadió Arteaga, era equívoco al compararse con otros en la historia de la Iglesia, cuando han ocurrido verdaderas estigmatizaciones, muy pocas realmente, como fueron los casos de **Santa Gemma Galgani** y **San Francisco de Asís**. Muy delicadamente Arteaga caracterizó el caso de Irma como una crisis de alucinaciones dignas de ser estudiadas por la psicopatología, pero que fue presentado como milagroso por la publicidad periodística, llegando a ser tratado como una cuestión propia de Teólogos, cuando en realidad merecía ser estudiado por Científicos.

Tanto Psiquiatras, como Psicólogos, Alergólogos y Fisiólogos en Cuba coincidieron con la conclusión del Cardenal Arteaga, por lo que la Iglesia concluyó que no había milagro alguno, ni misterio sobrenatural presente.

Cinco años después, el **Cardenal Arteaga**, perseguido por los Comunistas, tuvo que refugiarse desde 1961 a 1962, en el edificio de la Nunciatura de Cuba, bajo la protección de la Santa Sede. Finalmente falleció en el **Hospital San Juan de Dios** de La Habana, en 1963, a los 83 años, y fue enterrado en el Cementerio de Colón.

> **Estigma**. Marca o señal en el cuerpo, ya sea impuesta por un hierro candente como signo de esclavitud e infamia, o marcada sobrenaturalmente en el cuerpo de algunas personas santas, como señal de su participación en la pasión de Jesús.

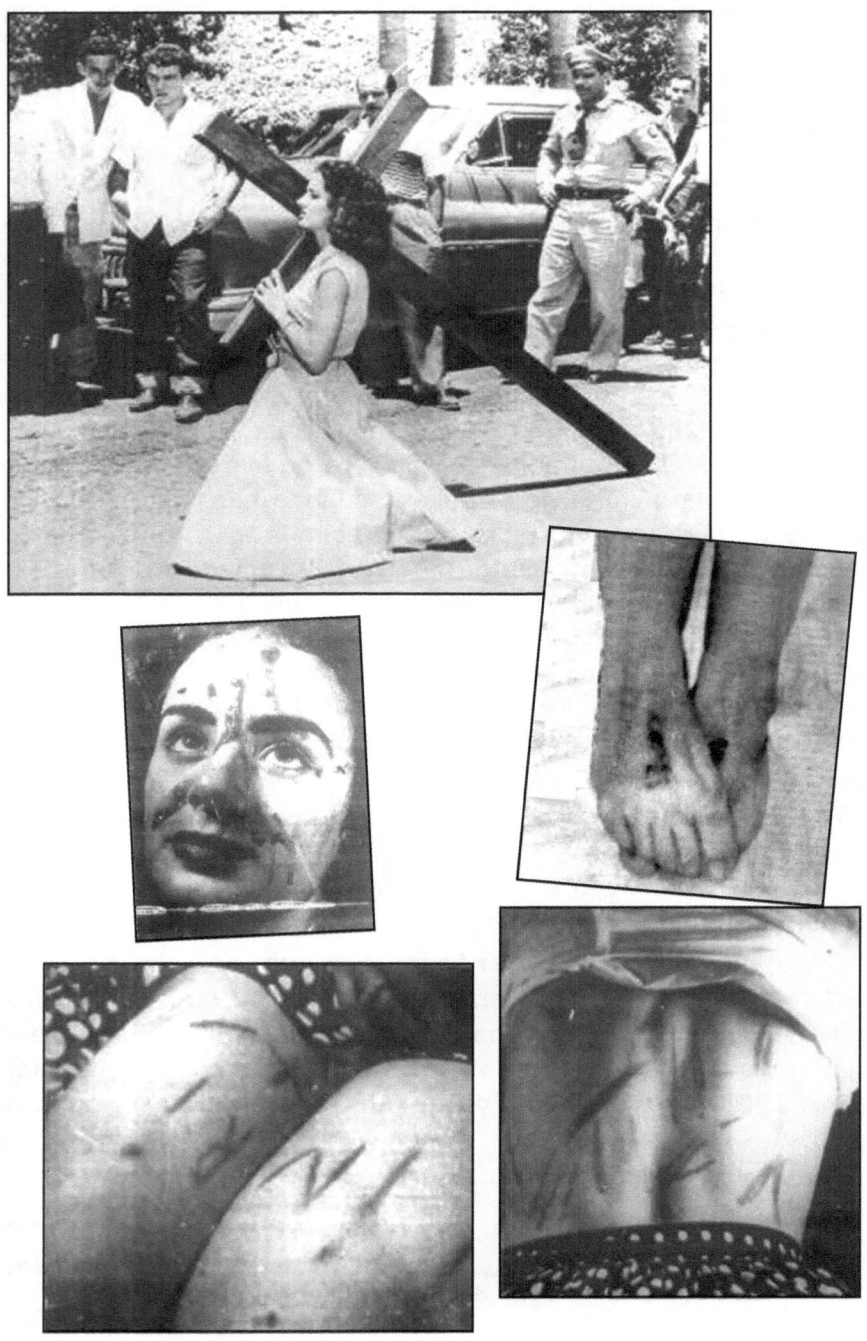

Fotos **de Irma Izquierdo**, en procesión, y sus estigmas, según vistos en varias ciudades y pueblos de Cuba en 1956.

VIEJAS ESTAMPAS CUBANAS

De arriba a debajo: **Manuel Cardenal Arteaga**, el más alto prelado Cubano, que expresó serias reservas sobre los estigmas de **Irma Izquierdo**; fotos de las procesiones y la protección prestada por el Ejército Cubano.

El Encuentro entre Castro y Lojendio

1960

El 20 de Enero de 1960, **Juan Pablo de Lojendio e Irure, Marqués de Vellisca**, Embajador de España en La Habana, se hallaba en su departamento personal en la Embajada Española viendo tranquilamente la Televisión. Su imaginación lo había trasladado a San Sebastián, su ciudad natal, donde ese día se celebraba la tradicional *Tamborrada*, por lo que el Marqués se hallaba nostálgico pero de buen ánimo. De pronto, en la pantalla de la Televisión apareció la figura de **Fidel Castro**, quien desde los estudios de la CMQ, pronunciaba uno de sus ya célebres largos y vehementes discursos.

Lleno de curiosidad, Lojendio se acomodó en su sillón reclinable, y como corresponde a un acreditado miembro del Cuerpo Diplomático en Cuba, se preparó para escuchar atentamente la arenga que salía de boca del máximo líder de la revolución Cubana.

Lojendio era un hombre ducho e industrioso en el mundo diplomático. Su carrera incluía un juicioso escalafón de puestos y destinos... Argentina, Chile, Marruecos, Francia y Uruguay. Su título de Grande de España lo había adquirido al esposarse con *María Consuelo Pardo-Manuel de Villena y Verástegui, Marquesa de Vellisca*. Sus estudios le habían ganado ser miembro del **Instituto de Cultura Hispánica**, una institución destinada a fomentar las relaciones entre los pueblos Hispanoamericanos y España, y académico correspondiente de la **Academia Cubana de la Lengua**, el organismo rector de la norma y el uso del idioma Español en Cuba, donde se codeaba con los lingüistas más ilustres y distinguidos de Cuba.

La comparecencia de **Fidel Castro** en TV esa noche tenía que ver con una **carta interceptada**, escrita por ya exiliado exjefe de la Fuerza Aérea, **Pedro Luis Díaz Lanz**, en la que este afirmaba que desde las embajadas Española y Norteamericana se ayudaba a los movimientos contrarrevolucionarios. La Carta, según explicaba Castro desde los estudios de la CMQ, corroboraba que Lanz había sido ayudado por sacerdotes Españoles en Cuba y que había **armas, dinamita y una imprenta clandestina** *"...escondidas en alguna iglesia de este país..."* Castro mostró la carta en la pantalla, afirmando que la ponía a disposición de las entidades Eclesiásticas para que decidan sobre su autenticidad.

Tras esa lectura, uno de los tres periodistas que entrevistaban a Castro se refirieron a la carta pidiéndole que comentara la reciente visita de varios Sacerdotes al Embajador de España, el cual, evidentemente, estaba involucrado en el apoyo a la lucha contra la revolución Cubana.

Desde su sillón reclinable, **Lojendio** no podía dar crédito a lo que oía. Indignado y dispuesto a defender el honor patrio, abandonó la Embajada Española, pidiéndole a su chofer que lo llevara a los estudios televisivos de la **CMQ** in 23 y L en El Vedado. Era ya las 12:38 AM, cuando Lojendio, con su imponente presencia, robusto y fornido, con su solemne negra y lustrosa cabellera, entró en los estudios de CMQ TV. Sus primeras palabras fueron dirigidas al moderador y director del programa, **Alfredo Muñoz Pascual**, al cual le comunicó:

«... un momento por favor. Vengo a rebatir las acusaciones que se hacen contra la Embajada de España...»

Muñoz Pascal le respondió:

«... estimado señor, Cuba es una democracia y yo soy el moderador que dirige este programa y el que decide su contenido...»

Fidel Castro, en ese momento, ripostó airado:

«... ¿se atreve a hablar de democracia el Embajador de la mayor dictadura de Europa?»

Lojendio se exaltó aún más, y dirigiéndose a Castro y le manifestó que...

«... España, Sr. Castro, ha sido 'injuriada' por sus manifestaciones calumniosas...»

Lojendio subió impetuoso a la plataforma en la que se encontraba Fidel Castro y pidió que se le dejara contestar ante el micrófono. **Castro**, abrumado por la vehemencia del aguerrido Español, reaccionó claramente enojado e inquirió a Lojendio, con voz contenida...

«... ¿tiene usted permiso del jefe del gobierno Español para hablar...»

Lojendio ripostó:

> «...no lo he pedido porque no hace falta cuando se ofende el honor de España...»

Mientras tanto, el estudio se convirtió en un verdadero **pandemónium**: policías, guardaespaldas de Castro, periodistas e inclusive personal de la **CMQ TV** rodearon al **Embajador Lojendio**, todos profiriendo gritos y exabruptos. El programa se hacía en directo con presencia de público, transmitiéndose a todo el país. La emisión fue interrumpida pero no así el sonido, lo que permitió a los televidentes seguir oyendo los improperios y las amenazas.

Siete minutos más tarde se reanudó la trasmisión en vivo. Castro continuó su discurso. **Lojendio**, a quien por supuesto se le prohibió el derecho a hablar, fue obligado a abandonar el recinto acompañado por oficiales del Ejército Cubano. **Fidel Castro** pidió que el embajador abandonase el país en **24 horas**, orden que es inmediatamente transmitida por el presidente de Cuba, **Oswaldo Dorticós**, que se hallaba presente y silencioso durante el incidente. Castro acusó al representante Español de abusar de su situación como diplomático, al tiempo que anunció que había telegrafiado al Embajador Cubano en Madrid, **José Miró Cardona**, ordenándole regresar a La Habana de inmediato.

Horas después, ya en altas horas de la madrugada, el director del programa de CMQ TV leyó un comunicado en el que se declaraba al Embajador Español, Juan Pablo Lojendio, Marqués de Vellisca, persona *'non grata'*, informando de su expulsión del país. la Embajada Española dio a conocer un texto escrito por el Embajador Lojendio en el que ratificaba categóricamente que **las imputaciones realizadas durante el programa contra la Embajada carecían de fundamento**, concluyendo con el mensaje...

«...Deseo para Cuba todo lo mejor...»

Tres días después, el 23 de Enero, a la 1:30 PM, **Lojendio** arribó al aeropuerto de **Barajas**, donde fue recibido con grandes aplausos de una multitud que le recibía. Personalidades oficiales, numerosos medios de la prensa televisada y escrita y centenares de ciudadanos le aclamaron y aplaudieron. **El Marqués de Vellisca** se había convertido en un auténtico héroe. Antes de dirigirse a Madrid declaró a los periodistas su agradecimiento por la calurosa acogida, comentando que a su paso por Nueva York se le había dispensado un recibimiento similar, añadiendo que ni allí ni en ese momento podía hacer ninguna declaración hasta tanto no presentase su informe al ministro de Asuntos Exteriores, **Fernando María Castiella**.

El Jefe de Estado Español, General Francisco Franco, por su parte, recibió a Lojendio con cierta frialdad. En su primera reunión le dijo claramente su opinión...

«...Como Español, ha sido Usted muy bueno...como diplomático, muy malo...»

Sea como fuere, el fervoroso comportamiento patriótico del Marqués ni fue ensalzado por Francisco Franco, ni tampoco fue castigado. **Juan Pablo de Lojendio** pudo proseguir con su carrera diplomática hasta su muerte, en una clínica de Madrid, el 13 de Diciembre de 1973. Unos días antes había sufrido un ataque al corazón. En ese momento desempeñaba el puesto de **Embajador de España ante la Santa Sede**.

Tres vistas del altercado **Lojendio-Castro** en la **CMQ TV**

La **prensa internacional** se dio gusto reportando sobre el incidente

Índice Onomástico

A

ABC, 203, 204, 217
Agosto, 29, 104, 118, 133, 134, 154, 198, 200, 201, 217, 242
Agramonte, 71, 78, 79, 80, 81, 84, 87, 104
Albemarle, 19, 22, 23
Albizu Campos, 238
Aldabonazo, 238, 242, 244
Aldama, 31, 32, 34, 35, 88, 93, 104
Alderete, 73, 74, 76
Altamirano, 14, 16
Anarquía, 147, 171, 198
Antifascista, 211
Antonio Maceo, 9, 71, 81, 87, 96, 97, 103, 104, 106, 107, 118, 119, 144, 145, 148, 151
ARG, 221
Atarés, 204

B

Baraguá, 4, 9, *96*, 104
Bellamar, 9, 60, 61, 63, 64
Benítez, 221
Benito Viñes, 194
Bianchi, 246
Bijagual, 9, 85, 87, 88, 90, 145
Blanco Herrera, 246
Bonchista, 220

C

Cabalgata, 9, 35, 112, 113, 115, 116
Caballero, 71, 79, 80
Cabrera, 223, 244
Cabrera Infante, 244
Café del Louvre, 68
Calixto García, 73, 84, 85, 87, 100, 126, 127, 150, 153, 164, 207, 220
Caltech, 190
Calvar, 87, 94, 96, 97, 101, 106
Camagüey, 29, 78, 85, *94*, 100, 101, 103, 104, 106, 107, 115, 148, 150, 153, 166, 192, 193, 194, 205, 214
Campo de Marte, 55, 56, 57
Campoamor, 67, 180, 206
Cañonero, 130
Capablanca, 73, 169
Capitán General, 130
Carbó, 201, 203
Cardenal Arteaga, 251
Cartagena, 17, 136
Caruso, 35, 73
Castro, 9, 218, 220, 225, 254, 255, 256

Catástrofe, 193, 194
Causa 95, 224
Cauto, 101, 113, 153
Central Valley, 109, 110, 112, 115, 118
Centro Gallego, 34
Cervera, 4, 127, 129, 130, 131, 163
Céspedes, 9, 32, 34, 84, 85, 87, 88, 90, 91, 93, *94*, 96, 101, 103, 107, 109, 145, 180, 200, 201, 217
Chacón Vélez, 205, 206
Chacumbele, 9, 206, 207
Chambelona, 198
Chibás, 223, 238, 239, 241, 242, 244
Chopin, 32, 34
Churchill, 71
Ciclón, 28, 194, 205
Cienfuegos, 20, 68, 94, 104, 115, 150, 160, 163, 169
Cisneros, 85, 87, 88, 90, 101, 103, 109
COA, 230
Cojímar, 19, 20, 115, 237
Comité del Centro, 94, 107
Comunistas, 200, 221, 251

Concha, 56, 100
Constituyente, 91, 109, 119
Cordell Hull, 239
Country Club, 189
Cristal, 245, 246
Crombet, *96*
Crucero, 130
Cuba, 4
Cuba en Armas, 84, 87, 101, 103, 109, 166
Cuba Libre, 1, 7, 73, 81

D

Danzón, 60
DEU, 217
Diario de la Marina, 57, 186, 205
Díaz Lanz, 254
Diego Grillo, 14, 16, 17
Directorio, 200, 203, 217
Dorticós, 256
Dupuy de Lòme, 81

E

Einstein, 5, 9, 186, 187, 189, 190
Ejército Nacional, 224, 245, 250
El Caney, 127
El Chorrillo, 94, 107
El Cobre, 248, 251
El Louvre, 70
El Morro, 20, 26, 35, 129
El País, 223
El Pilar, 213, 214
El Vedado, 26, 203, 224, 255
Embajada, 151, 201, 210, 211, 213, 246, 254, 255, 256

Embajada Americana, 210, 211, 213
Embajador, 200, 201, 211, 213, 254, 255, 256, 257
Emilio Tro, 220, 221, 224
Escarcha Salitrosa, 25, 26
Escauriza, 67, 68
Esclavitud, 87
Espada, 54
España, 4, 11, 13, 17, 19, 20, 23, 24, 35, 68, 70, 73, 81, 100, 104, 107, 109, 112, 113, 122, 126, 127, 133, 134, 136, 140, 142, 143, 147, 148, 150, 151, 153, 154, 159, 160, 162, 163, 166, 169, 200, 238, 254, 255, 256, 257
Especiales, 51, 150, 232
Estados Unidos, 8, 28, 40, 42, 73, 81, 85, 87, 93, 112, 126, 129, 134, 136, 150, 151, 153, 154, 157, 159, 160, 162, 163, 166, 168, 169, 171, 194, 200, 201, 210, 211, 213, 220, 225, 227, 238, 241, 250
Estévanez, 70
Estévez Romero, 112, 115
Estigmatizada, 9, 248, 249, 250, 251

Estrada Palma, 3, 9, 82, 87, 101, 104, 106, 107, 109, 110, 112, 113, 115, 116, 118, 151, 166

F

Farragut, 112
Ferrara, 220
Figueredo, 90, 94, 96, 97
Figueredo Socarrás, *96*, *97*
Finlay, 181, 186
Floridita, 213
Flota de Indias, 13
Francis Drake, 13, 15
Friendless, 214

G

Gabriel Veyre, 45
Gabriela Mistral, 42, 71
Galvanic, 78
García Lorca, 40, 42
Genovevo, 223
Gilberto Girón, 14, 16, 17
Goberna, 194
Gómez, *96*
Grau, 200, 201, 203, 217, 218, 220, 223, 238, 239, 241, 245
Guaguas, 227, 228, 230, 232
Guagüeros, 233
Guanabacoa, 19, 20, 71, 180, 181, 221, 235, 236, 237
Guantánamo, 96
Guatao, 9, 121, 122, 123, 125
Guateque, 122

Guayo, 46, 223, 224, 225
Guerra de los Diez Años, 70, 71, 73, 78, 81, 84, 88, 90, 93, 97, 109, 113, 197
Guerra del '95, 71, 122, 123, 133, 166, 197
Guiteras, 203, 221, 235, 236

H

Hemingway, 210, 211, 213, 214, 216
Henry Reeve, 80, 104
Holguín, 96, 101, 107, 113, 153, 249
Hotel Inglaterra, 67, 71, 73, 76, 77
Hotel Nacional, 201
Hotel Sevilla, 224
Huelga, 140, 198, 218
Huracanes, 25, 28, 29, 193

I

Ichaso, 204
Independencia, 4, 70, 85, 97, 108, 112, 115, 126, 133
Información, 223
Inocente, 218
Isabel II, 31, 42, 67, 70, 73, 154

J

Jacques de Sores, 13
Jai Alai, 214
Jazz, 39
Jimaguayú, 4, 79

Jipijapa, 187
José Fallat, 223, 224, 225
José Martí, 70, 71, 91, 109, 113, 151, 159
Julián del Casal, 71
Junta Patriótica, 109, 160

K

Kamikaze, 214

L

La Cabaña, 14, 19, 20, 35, 201, 203
La Coruña, 134
La Habana, 9, 13, 14, 16, 17, 19, 20, 22, 23, 24, 25, 26, 28, 29, 31, 32, 34, 35, 39, 40, 43, 45, 54, 55, 56, 67, 68, 71, 73, 74, 76, 78, 85, 103, 112, 115, 121, 130, 134, 137, 140, 144, 147, 153, 155, 157, 160, 163, 165, 168, 169, 175, 178, 186, 187, 190, 193, 194, 197, 198, 204, 205, 206, 210, 211, 213, 214, 217, 218, 220, 221, 225, 227, 228, 230, 232, 233, 237, 238, 242, 244, 248, 250, 251, 254, 256
La Porra, 198
La Solapa, 129
La Tropical, 246
Lacret, 51, 74, 76, 90, 96, 150, 181
Lacret de Mola, 74

Las Villas, 39, 93, 94, 100, 103, 104, 106, 107, 115, 150, 249
Lecuona, 35, 174
León, 96
León Lemus, 220, 221, 223, 224
Leonardo, *97*
Lersundi, 103 Library of Congress, *8*
Lojendio, 9, 254, 255, 256, 257
Loynaz, 32, 78, 87, 197
LRC, 218

M

Machado, 3, 5, 187, 197, 198, 200, 201, 203, 217, 220, 238, 239
Mambí, 45, 97, 126, 127
Mañach, 203
Mangos de Mejía, 106
Manuel Arteaga, 251
Mármol, *96, 97*
Márquez Sterling, 70, 200
Marta Abreu, 115
Martínez Campos, 94, 96, 97, 100, 104, 107, 144, 145, 154
Martínez Sáenz, 203, 218
Marty, 31, 34
Marxists, 4
Masó, 103, 109, 112, 113, 144, 148, 150, 151
Matanzas, 4, 9, 28, 60, 100, 115, 163, 166, 249
Matías Pérez, 9, 55, 56

Matinée, 9, 46, 51
Máximo Gómez, 4, 87, 94, 96, 97, 100, 103, 104, 106, 107, 109, 110, 116, 118, 144, 150, 154, 166
McKinley, 109, 126, 153, 159, 160, 162, 163
Mediación, 217
Méndez Capote, 197
Meucci, 32
Millás, 28, 193, 194
Mirabal, 239
Miró Cardona, 256
Moncada, 96
Morell de Santa Cruz, 20
Morín Dopico, 220, 221, 224, 225
MSR, 220
Muelle de Luz, 116, 235
Muñoz Marín, 239

N

Najasa, 91
Nazi, 133, 211, 213, 216
Nazis, 207, 210, 211
New York, 28, 40, 57, 81, 90, 97, 109, 112, 118, 126, 127, 130, 157, 159, 160, 179, 250
New York Times, 28, 126, 160
Nobel, 40, 186, 187, 190, 211

O

Ortodoxo, 239

P

Patentes, 187
Payito, 96
Payret, 67, 68, 70, 182, 205
Pedraza, 200, 218
Pentarquía, 200, 201
Pinelli, 223
Pinkerton, 129
plantados, 233
Pleyel, 34
Prensa Libre, 223
Prío, 203, 225, 239, 241, 242
Protocolo, 134
Pubillones, 67, 205, 206
Punta Brava, 121, 236, 237

Q

Quesada, 14, 45, 82, 85, 87, 88, 91, 93, 144, 147, 148, 150, 151, 153, 159, 160, 201
Quincy Adams, 126

R

Radio Reloj, 223, 245
Ramón Fonst, 73, 168Real Compañía, 22, 23
Repatriación, 133, 137, 139
Repatriados, 134, 136, 139, 140, 142
Revolution, 4
Rita Montaner, 35, 174
Rius Rivera, 110, 118
Roloff, 94, 104

Roosevelt, 127, 159, 183, 198, 200
Rosita Fornés, 246
Rough Riders, 127
Rubén Darío, 71
Rubinstein, 35

S

Saco, 68
Saffir-Simpson, 25
Sagasta, 100, 154, 152
Sagua La Grande, 39, 40
Salabarría, 218, 220, 221, 223, 224, 225
Salas Cañizares, 245, 246
San Juan, 60, 118, 127, 251
San Quintín, 85, 90, 96
Sánchez Arango, 242
Sanguily, 9, 71, 73, 74, 78, 79, 80, 81, 104, 145, 201
Santa Clara, 94, 115, 150, 153, 165
Santa Cruz, 9, 29, 107, 115, 119, 192, 193, 194, 205, 206
Santa Cruz del Sur, 9, 29, 107, 115, 192, 194, 205, 206
Santa Ifigenia, 113
Santos y Artigas, 205, 206, 207
Sarmiento, 112
Sedición, 9, 88, 100, 104, 107
Semana Santa, 248
Shafter, 126

Sociedad Geográfica, 186
Spotorno, 94, 101, 103, 109
Stroessner, 238
Sumner Welles, 198, 201

T

Teatro Irioja, 45
Teatro Nacional, 31, 35
Teatro Tacón, 9, 34, 35, 45, 67, 70
Transatlántica, 134
Tranvías, 227, 228, 230
Tratado de París, 20, 73
Tres Amigos, 118

U

UIR, 220, 221, 223
Undonoso, 40

V

Valdés Daussá, 220
Valmaseda, 104
Vicente Aguilera, 85, 88
Vicente García, 87, 88, 94, *96*, 97, 100, 103, 104, 106, 107
Víctor Hugo, 100
Villalón, 9, 118, 119
Vives, 54

W

Washington, 7
Weyler, 118, 119, 145, 147, 150, 153, 154

Z

Zambrana, 70
Zanjón, 93, 94, 97, 109

Raúl Eduardo Chao recibió su doctorado de la Universidad Johns Hopkins y después de un breve paso por la industria estuvo 18 años en el mundo académico, como Profesor Titular y Director de los Departamentos de Ingeniería Química en las Universidades de Puerto Rico y Detroit. En 1986 fundó una firma de consultoría enfocada a ayudar a empresas y agencias gubernamentales a desarrollar un ambiente de trabajo positivo e implementar técnicas de mejorar procesos para asegurar aumentos simultáneos en productividad y calidad. El *Grupo Systema* tuvo como clientes empresas de las catalogadas como *Fortune 100* y diversas organizaciones federales y estatales, tanto en los EE.UU. como en el extranjero. Como Presidente de Systema, Chao ha escrito más de 30 libros sobre gerencia, política, ciencias e Historia de Cuba y numerosos artículos en periódicos y revistas. Él y su esposa Olga viven en Lakeland, Florida.

www.ingramcontent.com/pod-product-compliance
Lightning Source LLC
Chambersburg PA
CBHW030515080526
44586CB00011B/195